Dieter Eisfeld

COMMEDIA DELL' EXPO

Dieter Eisfeld

COMMEDIA DELL' EXPO

Die Anfänge
der Universalen
Weltausstellung
»Expo 2000«
in Hannover
mit dem Thema
»Mensch, Natur,
Technik«

schlütersche
Verlagsanstalt und Druckerei

Die Deutsche Bibliothek —
CIP-Einheitsaufnahme

Eisfeld, Dieter:
Commedia dell'Expo: die Anfänge der
universalen Weltausstellung »EXPO 2000«
in Hannover mit dem Thema »Mensch, Natur,
Technik« / Dieter Eisfeld. — Hannover:
Schlütersche, 1992

ISBN 3-87706-374-8

© 1992 Schlütersche Verlagsanstalt
und Druckerei GmbH & Co.,
Hans-Böckler-Allee 7, 3000 Hannover 1.

Gestaltung: Polkehn —
Atelier für Werbung & Design, Hameln.

Gesamtherstellung:
Schlütersche Verlagsanstalt und
Druckerei GmbH & Co.,
Hans-Böckler-Allee 7, 3000 Hannover 1.

INHALT

VORBEMERKUNG

Der französische Philosoph Blaise Pascal meinte, wenn er sich zuweilen damit beschäftigt habe, die vielgestaltige Unrast der Menschen zu betrachten, die Gefahren und Mühsale, denen sie sich aussetzten, dann habe er entdeckt, daß alles Unglück der Menschen aus einer einzigen Ursache komme: nicht ruhig in einem Zimmer ausharren zu können. Man suche die Unterhaltungen und Zerstreuungen der Spiele nur auf, fährt Pascal fort, weil man nicht freudig zu Hause bleiben könne. Der französische Philosoph hätte dies vermutlich mit noch größerem Nachdruck zu Papier gebracht, hätte er Gelegenheit gehabt, eine moderne Weltausstellung zu erleben. Glücklicherweise, so würde er vielleicht notiert haben, starb er bereits 189 Jahre vor der ersten Versuchung dieser Art, der Weltausstellung 1851 in London.

Weltausstellungen eignen sich jedenfalls auch dazu, Pascal recht zu geben. Sie sind bei manchen Leuten Ausdruck menschlicher Langeweile ebenso wie menschlicher Rastlosigkeit. Sie zeugen von der seltsamen Neigung, die menschliche Existenz selbst in friedlichen Zeiten herauszufordern. Lärm und Hektik werden der Ruhe vorgezogen, Aktionismus der Kontemplation, die künstlich geschaffene der »natürlichen« Natur und der bloße Kommerz leicht der Kultur. Im Pascal'schen Sinn wird bei diesem Abenteuer selten gewonnen, meistens verloren. Dies ist offensichtlich der Standpunkt von Menschen, die sich für eine Weltausstellung, welcher Art auch immer, nicht erwärmen können.

Doch die Welt richtet sich kaum nach den Erkenntnissen der Philosophen, erst recht nicht, wenn auch sie nicht ohne Anstrengungen zu haben sind. Wen hält es schon in seiner Wohnung, wenn draußen etwas in Bewegung gerät? »Expos« sind noch immer begehrte Veranstaltungen, sowohl für die, die sie betreiben, als auch für die, für die sie betrieben werden. Staaten und Städte streiten sich mit geradezu martialischem Ehrgeiz und diplomatischer Raffinesse darum, eine Weltausstellung ausrichten zu dürfen. Sie stürzen sich mit lebhafter Begeisterung in Unkosten, ohne jedesmal genau zu wissen, ob sich ihr Einsatz am Ende bezahlt macht. Sie lenken Völkerwanderungen auf ihre ohnehin überfüllten Straßen und nehmen in Kauf, nach dem Ereignis auch einmal auf einer kahlen Fläche sitzen zu bleiben. Voller Stolz nehmen sie wahr, wie ihre Stadt international im Gespräch ist, die Konkurrenten übertrumpft, das Interesse von Geldgebern auf sich lenkt, Kaufleute und Künstler anzieht, wie das Ereignis die lokale Politik in Schwung bringt, Architektur und Schnellbahnen entstehen läßt und das Bruttosozialprodukt erhöht. Die Veranstalter entfachen mit aller Phantasie und Leidenschaft, derer sie fähig sind, ein wunderbares sechsmonatiges Spektakel mit dem Ziel, alle vorangegangenen sechsmonatigen Spektakel in den Schatten zu stellen. Sie versprechen das Fest der Feste, und niemand mag dabei fehlen!

Warum dies so ist, welche schöpferischen und konstruktiven, aber auch welche verhängnisvollen Seiten die unphilosophische Lust auf Weltausstellungen haben kann, möchte ich an den ersten Überlegungen, Planungen und Aktivitäten der für das Jahr 2000 vorgesehenen Weltausstellung in Hannover zeigen. Seit Juni 1988 bin ich als Leiter des Weltausstellungsbüros der Stadt Hannover an den Vorbereitungen beteiligt. Das Projekt befindet sich zwar noch in seinen Anfängen, erlaubt also keinen abschließenden Bericht mit entsprechenden Texten und Abbildungen. Doch wie bei allen menschlichen Vorhaben, die unter dem unausweichlichen Druck der Zeit stehen, muß auch bei der Expo 2000 das »Drehbuch« sehr früh geschrieben werden. Damit aber zeichnet sich bereits heute ab, vor Beginn der sinnlich wahrnehmbaren und der Öffentlichkeit zugänglichen Ereignisse, was von dieser Weltausstellung zu erwarten sein kann.

Dieter Eisfeld

DIE COMMEDIA DELL' EXPO

oder

Wie Weltausstellungen aufzufassen sind

1

Was Olympische Spiele sind, wissen wir alle, was eine Universale Weltausstellung ist, weiß kaum jemand. Nehmen wir einmal an: Weltausstellungen sind vor allem theatralische Inszenierungen. Wie das Theater haben sie, in einer unauflöslichen Mischung, mit Unterhaltung auf spielerische Art, mit einem reichen Angebot an Belehrungen und Erkenntnissen und mit wirtschaftlichen Interessen zu tun. Wir werden sehen, daß sich dieser Vergleich zwischen der Commedia dell'arte (der Begriff steht hier ausnahmsweise für das Theater schlechthin) und der Commedia dell'Expo, zwischen dem Theater und der Weltausstellung, zwischen dem Spiel auf der Bühne und der Veranstaltung auf dem »Site«, in allen folgenden Kapiteln ziehen läßt. Einmal paßt er mehr, einmal weniger. Hier mag er ernsthaft oder nüchtern wirken, dort erheiternd oder frivol. Doch jedesmal erlaubt er uns, mit seiner Hilfe anschaulich darzustellen, was eigentlich bei einer Weltausstellung und durch sie in der gastgebenden Stadt und an anderen Stellen des Erdballs geschieht. Unsere These soll sein, daß die Weltausstellung ein Schauspiel in seiner größtmöglichen Dimension darstellt und sich auch aus diesem Blickwinkel am besten schildern läßt.

Die Akteure

Schon bei oberflächlicher Betrachtung der Szene erkennen wir, um ein Beispiel zu geben, daß die World Exposition, wie jedes Theaterstück, über ein buntes Repertoire von Rollen verfügt, die sich von Ausstellung zu Ausstellung wiederholen. Bei Weltausstellungen taucht merkwürdigerweise jedesmal die gleiche Sorte von Leuten auf, gleichgültig, ob das Ereignis in Paris, Montreal, Osaka, Sevilla oder demnächst in Hannover stattfindet.

Wo immer jemand eine Idee zu einer Ausstellung gehabt hat, ist er stolz darauf und läßt kein Mikrofon und keine Kamera aus, um von seinem Gedankenblitz zu erzählen — im Gegensatz zu jenen Menschen, die ein einmaliges Geschäft wittern, heimlich Grundstücke in der Stadt aufkaufen und im Hintergrund abwarten, wie die Dinge sich entwickeln. Im Vordergrund wiederum treten die Manager der Exposition auf, die das Projekt zu planen und zu realisieren haben. Manche von ihnen reisen von Veranstaltung zu Veranstaltung und verdingen sich als Finanzierungskünstler oder Programmdirektoren. Sie beziehen die höchste Gage auf dem Weltausstellungsgelände, schon deshalb, weil sie mit dem Risiko leben müssen, wegen Überschreitung der Termine und der Konten vorzeitig gefeuert zu werden oder im Wahnsinn zu enden. Stärkere Nerven besitzen dagegen die Politiker, die Vertreter des gastgebenden Staates, der Provinz und natürlich der Stadt, in der die Pavillons der Aussteller für sechs Monate aufgebaut werden. Manche Minister oder Bürgermeister lieben es, sich vom Publikum auch für das feiern zu lassen, was weniger sie, sondern vielmehr ihre Beamten und Angestellten zustande gebracht haben. Doch man muß ihnen zugute halten: Sie setzen die staatliche und städtische Verwaltungskraft für das Projekt ein und gewinnen damit neue Anhänger für sich und ihre Parteien. Vor ihrer Tür warten Architekten und Weltverbesserer, Bauunternehmer und Medienbosse, Künstler und Lobbyisten, Journalisten und Erfinder. Sie alle hoffen auf den Auftrag ihres Lebens, und einige werden ihn auch erhalten. Manche haben es sehr eilig, als fürchten sie, etwas wesentliches zu versäumen, ganz im Gegensatz zu den Staatssekretären und Angestellten der Außenhandelsministerien von Argentinien bis Zaire. Sie lassen sich Zeit mit der Vorbereitung ihrer architektonischen und sonstigen Exponate auf der nächsten Weltausstellung und tauchen vermutlich erst drei Jahre vor der Eröffnung auf. Aber auch sie kommen zum Zug, genauso wie berühmte Symphonieorchester, russische Balletts, nordamerikanische Rockgruppen und ostasiatische Straßenmusikanten.

Die philosophischen Naturen, die sich unentwegt Gedanken über den Sinn und Zweck der jeweiligen Weltausstellung machen, gehen meistens leer aus. Die Ergebnisse ihres Nachdenkens, ihre Visionen, Konzepte und Einfälle, werden gern von anderen ausgebeutet, die weniger nachdenklich, dafür aber umso zupackender veranlagt sind. Unter diesem robusten Zugriff verwandeln sich die Ideen allerdings häufig bis in ihr Gegenteil, wenn sie nicht überhaupt in den Archiven der Manager verschwinden. Weiter enthält das Ensemble jeder Weltausstellung kommunale Spaßvögel und nationale Helden, internationale Souffleure und globale Statisten, wie auf dem Theater. Mit von der Partie sind, in den ernsteren Rollen, der Vatikan, die Europäische Gemeinschaft und die Weltgesundheitsbehörde, hundert Regierungen und eine UNO, aber auch die Terroristen, die anfangs Buttersäure verspritzen und später Bomben werfen. Wie alle anderen berufen sie sich dabei auf das »Volk«, das als höchste Legitimation jeder Weltausstellung gilt und regelmäßig nach seinen Meinungen befragt wird. Um niemandem (und erst recht nicht sich selbst) den Spaß zu verderben, spielt es geduldig mit, lacht an den richtigen Stellen und klatscht gelegentlich an den falschen Stellen. Was hier in ironischer Überspitzung auf eine kurze Formel gebracht worden ist, soll in den folgenden Kapiteln ausführlich erörtert werden.

Leitgedanken zur Weltausstellung

Im Moment wird die Expo 2000 in Hannover noch mit anderen Phänomenen in Verbindung gebracht. Zwar sieht niemand mehr allein eine Industriemesse, eine Show der neuesten technischen Errungenschaften und futuristischen Verheißungen oder nichts als ein unterhaltsames Spektakel in ihr, wie dies in den vergangenen einhundertundvierzig Jahren abwechselnd der Fall war. Dafür entwickelte der Leiter des zuständigen Planungsstabes in der niedersächsischen Landesregierung, Gerd Weiberg, die Idee, die Weltausstellung als ein Instrument der Weltreparatur in den Köpfen der Besucher einzusetzen: »Es kann bei der Expo 2000 nicht mehr darum gehen, diesem Geschäftsbetrieb des Fortschritts seine ideellen Weihen zu verleihen. Die kritische Wiederaufnahme des Weltausstellungsgedankens muß sich der Widersprüchlichkeit der Welt stellen und zugleich der mit ihrer Ausstellung verbundenen utopischen Hoffnung wahrhaft Rechnung tragen . . . Deshalb muß das Motto der Expo 2000 für uns als Aufforderung verstanden werden, die Komplexität und Problematik der Welt . . . zumindest ansatzweise zu erfassen . . . die Weltausstellung muß sich der Aufgabe stellen, die epochalen Probleme der Welt so zu befragen, daß die Chance gemeinsamen Lebens und Überlebens sichtbar wird . . . Wir dürfen aber auch Orte und Ereignisse, wie Katyn und Buchenwald, Tschernobyl und Bhopal, die Sahelzone und den Libanon weder verdrängen noch verleugnen. Wenn es gelingen sollte, bei möglichst vielen Menschen über das vergangene 20. Jahrhundert, einem der mörderischsten Zeitabschnitte der Weltgeschichte, ein kritisches Bewußtsein zu schaffen, könnte man bereits von einer solchen Weltausstellung als einem gelungenen, der Aufklärung dienenden Prospekt sprechen. Bedingung für ein solches Gelingen ist die Redlichkeit und Aufrichtigkeit im Umgang und in der Verarbeitung der eigenen Geschichte. Sie muß der Welt als einer zerrissenen und gebrochenen Einheit gerecht werden.«[1]

Hier wird die Weltausstellung gleichsam als moralische Anstalt verstanden, in der historische Urteile gefällt, Lob und Tadel ausgesprochen werden. Selbst dazu gibt es eine Parallele zum Theater, wie wir von Friedrich Schiller wissen.[2] Auch auf den Bühnen hat sich eine solche Auffassung nicht ein für allemal durchgesetzt. Sie wird als eine Möglichkeit, Theater zu verstehen und zu praktizieren, durch die Zeiten getragen. So sehr uns die humane Haltung einnimmt, die aus solchen Überlegungen und Erwartungen spricht, so wenig wird sie durch die Expo 2000 und in ihr realisiert werden können. Im Jahr danach werden wir feststellen, daß auch diese Weltausstellung die gewünschte Einsicht in die Notwendigkeit, die Welt zu einen und zu harmonisieren, eher verdrängt hat als wirksam werden läßt. Weltausstellungen sind mit einer solchen Sinngebung überfordert und müssen uns insofern enttäuschen. Ihretwegen jedenfalls wird sich nichts daran ändern, daß Arme und Hungrige 2001 so arm und hungrig wie je sein werden, Kriminelle so kriminell wie immer, manche Politiker noch machtbesessener als andere und die Kriege so unausrottbar, wie dies alle Generationen bisher erleben mußten. Vielleicht ist diese Erkenntnis nicht abwegig: die Summe des Elends auf unserem Planeten bleibt die gleiche, und der einzige erkennbare »Fortschritt« besteht darin, daß die damit verbundene Last sich immer wieder andere Völker und Menschen aussucht, die sie tragen sollen. Wenn dies so ist, kommt alles darauf an, möglichst viele Menschen in die Lage zu versetzen, mit der nächsten Katastrophe besser fertig zu werden als mit der letzten. Damit sind pragmatische Leistungen angesprochen, die sich in den Rahmen einordnen, in dem Weltausstellungen sich überhaupt nur zu bewegen vermögen.

Expo 2000 und Religion

Der Religionsphilosoph Peter Koslowski sieht demgegenüber in einer Weltausstellung des Jahres 2000 eine um ästhetische und ökologische Aspekte angereicherte Produktpräsentation zur höheren Ehre der Religionen: »Die Weltausstellung muß vielmehr in Wirtschaft, Wissenschaft und Technik kontextuelle, soziokulturelle Gesamtlösungen und Problemlagen des Menschen vorstellen. Sie muß den modernen Technomorphismus durch den postmodernen Anthropomorphismus ersetzen ... Der Mensch ist nicht das einzige Maß der Dinge. Er ist auch nicht das Maß aller Dinge und der Endzweck der Schöpfung. Endzweck der Schöpfung ist vielmehr die Vollendung der Schöpfung als ganzer und die Verherrlichung des Schöpfers durch sie ... Eine Weltausstellung soll die Welt ausstellen ... Was ist die Welt? ... Sie ist die Einheit der Telekommunikation und der Presse sowie des Verkehrs, des Güteraustausches, des Tourismus, des Austausches von Wissenschaft und Kunst, der Religionen und der internationalen Organisationen ... Interessant wäre die Weltausstellung, wenn sie die Welt nicht nur als Ensemble von produzierenden Nationen und Produkten ausstellte, sondern die teilnehmenden Nationen zwänge, ihre Gesamtlösungen darzustellen, das heißt, ihre Technologie und Wirtschaft im

Zusammenhang der Institutionen der Politik, der Kultur, der Daseinsvorsorge zu präsentieren. Die Weltausstellung sollte Problemlösungen komplexer und dringlicher Problemlagen des Menschen ausstellen und nicht nur technische Lösungen und wirtschaftliche Produkte . . . Da die Lebensordnungen und Daseinsdeutungen entscheidend von den Religionen der Welt beeinflußt sind, ist es wünschenswert, die Weltreligionen in die Weltausstellung mit hineinzunehmen. So sollte den großen christlichen Kirchen und den außerchristlichen Weltreligionen des Islam, des Judentums, des Buddhismus, des Hinduismus und des Parsismus die Möglichkeit gegeben werden, ihre Aussagen zum Thema der Weltausstellung zu formulieren und auszustellen.«[3]

Hier wird die Weltausstellung als ein Medium verstanden, das einer Religion oder mehreren Religionen mit Hilfe von Volkswirtschaft, Technik und Kultur eine weitere Bühne eröffnet. Selbst dies verrät einen theatralischen Zug und bestätigt unseren Gedanken, in der Weltausstellung eine Art von Schau-Spiel zu sehen, in der sich viele Seiten der menschlichen Gesellschaft widerspiegeln. Schon der Weltausstellung 1893 in Chicago wurde ein »Parlament der Religionen« beigeordnet mit 170 Delegierten aus allen bedeutenden Glaubensgemeinschaften. Auch Weltausstellungen können benutzt werden, um Religionen eine zusätzliche Chance zu geben, von den Menschen intensiver wahrgenommen zu werden. Dies wäre sozusagen die internationale Weiterentwicklung der katholischen oder evangelischen Kirchentage, ausgedehnt auf fünf Monate, sämtliche Glaubenslehren und angereichert mit welthaltiger Substanz. Doch mit nicht geringerer Berechtigung ließe sich vorschlagen, eines der anderen Elemente des menschlichen Daseins mit Hilfe des Mediums »Expo« in den Vordergrund zu rücken: etwa die Sicherung der sozialen Existenz der Unterprivilegierten in der »Dritten Welt«, aber auch das weltweite Bedürfnis nach Ablenkung und Unterhaltung oder die unterentwickelte Gleichberechtigung der Menschen in wirtschaftlicher und kultureller Beziehung. Die Veranstalter der Expo 2000 können das eine oder das andere Thema bevorzugen und in die Mitte ihrer Veranstaltung stellen. Aber welches sie auch immer wählen, keines ist zwingender als alle anderen. Im übrigen stellen Weltausstellungen nicht »die Welt« aus oder Teile von ihr, sondern geben Ausstellern »aus aller Welt« die Möglichkeit, sich selbst auszustellen. Weltausstellungen sind also nicht an sich religiöse Veranstaltungen, es sei denn, die Aussteller entschlössen sich ausdrücklich dazu.

Wer sich an der Commedia dell'Expo beteiligt, übernimmt eine Rolle in einem Stück, das von ihm selbst mit verfaßt und gestaltet werden muß. Zwei Jahre vor Eröffnung der Weltausstellung 1992 in Sevilla stellte sich heraus, daß einigen Ausstellerstaaten das an Columbus erinnernde Motto »Das Zeitalter der Entdeckungen« nicht besonders zusagte. Nicht alle Entdecker á la Columbus, Cortes oder Maghellan sind mit den Völkern, die sie »entdeckten« vorbildlich umgegangen. Kurzerhand wurde das Motto ergänzt um den Zusatz »Ein Fest in Sevilla«. Damit entschieden sich die Veranstalter für eine Überschrift, die zutreffender nicht mehr ausfallen kann. Jede Weltausstellung ist vor allem dies: ein Fest nach allen Regeln der theatralischen Kunst. Und dazu paßt es, wenn der Generalkommissar dieser Expo erklärte, das Weltausstellungsgelände werde »zur größten Bühne der Welt«[4]. In den Expo-News der abgesagten Weltausstellung in Wien/Budapest 1995 wurde schließlich definiert: »Abstrakt ist eine Weltausstellung eine architektonisch attraktiv gestaltete Bühne . . .«[5], auf der die Aussteller zur Belehrung und Unterhaltung ihres Publikums ihr Spiel inszenieren, in einer Art, die sie für die angemessene halten. Kehren wir also zur Realität zurück, vom Sollen zum Sein, und damit zu den allerersten Anfängen der Weltausstellung in Hannover.

Anmerkungen

[1] Zur Konzeption einer Weltausstellung neuen Typs. Referat in der Evangelischen Akademie Loccum, Loccumer Protokolle 66/90. Vgl. auch Oskar Negt in »Das Expo-Projekt« (Herausgeber: Arno Brandt, Wolfgang Jüttner, Stephan Weil) Hannover 1991, S. 25 f.
[2] Friedrich Schiller: Die Schaubühne als eine moralische Anstalt betrachtet. Rede vor der Kurfürstlichen Deutschen Gesellschaft in Mannheim 1784.
[3] Die Kulturen der Welt als Experiment richtigen Lebens. Entwurf für eine Weltausstellung. Wien 1990.
[4] Hannoversche Allgemeine Zeitung am 7. 12. 1990
[5] EXPO-News '95, Wien 4/91.

DER ANFANG
oder
Die handelnden
Personen im besonderen

2

Auch bei Ereignissen, die über das Alltägliche hinausgehen, steht am Anfang eine einzige Person. Es können auch zwei oder drei sein, wie im Fall des hannoverschen Projekts. In einem Gespräch im Aufsichtsrat der Deutschen Messe AG in Hannover wurde 1987 die Idee geboren, in Hannover eine Weltausstellung zu versuchen. In der Landeshauptstadt des Bundeslandes Niedersachsen finden zwar bereits die weltgrößten Industrie- und Elektronikmessen statt. Doch um die führende Rolle künftig nicht an andere Messeplätze zu verlieren, die sich wie Mailand, Paris, Frankfurt oder München nach Kräften um die Verbesserung ihrer Attraktivität bemühen, muß auch Hannover auf Dauer interessant und reizvoll bleiben. So gaben die Vorsitzende des Aufsichtsrates und Niedersächsische Finanzministerin, Birgit Breuel, und der dreiköpfige Messevorstand (Prof. Klaus E. Goehrmann, Hubert Lange, Sepp Heckmann) den ersten Anstoß zu einer World Exposition, die sie für 1998 terminierten. Man vereinbarte Stillschweigen, wollte diesen Einfall noch für sich behalten. Nur der Oberbürgermeister der Stadt, Herbert Schmalstieg, ebenfalls Mitglied des Aufsichtsrates der Messegesellschaft, war eingeweiht.

Ursprünglich ging es allein darum, für einen bestimmten Ausstellungsstoff einen geeigneten Ausstellungstyp zu finden. Vorgegeben war das Thema »Mensch, Natur, Technik«, das sich später zum Motto der Weltausstellung entwickeln sollte. Das Verhältnis des Menschen zur Natur einerseits und zur Technik andererseits sowie das Verhältnis der Technik zur Natur waren als eines der großen Rätsel unserer Zeit erkannt worden. Die Menschheit hat überlebt und weitergelebt, solange sie die moderne Technik nicht kannte. Seitdem sie in der Lage ist, mit Hilfe der Technik die überkommene Natur zu verändern, erleichtert sie das menschliche Dasein, gefährdet es jedoch auch, und zwar teilweise in einem bedrohlichen Ausmaß[1]. Diese Situation an der Jahrtausendwende sinnlich wahrnehmbar zu machen und zugleich aufzuzeigen, wie damit zum Nutzen der Menschen umgegangen werden könnte, sollte eine spezielle Messe in Hannover dienen. Es zeigte sich schnell, daß die überragende Bedeutung des Themas nach einer entsprechenden Bedeutung der Ausstellung verlangte. So bot sich an, auf eine Weltausstellung zurückzugreifen. Sie ist in Deutschland schon deshalb etwas besonderes, weil es hier bisher keine Weltausstellung gegeben hat.

Die Aktivitäten der Stadt Hannover

Nach diesem bemerkenswerten Entschluß entwickelte sich alles relativ logisch, was die Beteiligung weiterer Personen an dem Projekt angeht. Als nächstes wurde der Stadtbaurat der Stadt Hannover, Hanns Adrian, ins Vertrauen gezogen. Er ist verantwortlich für den Flächennutzungsplan, die Bebauungspläne und die städtebauliche Gestalt der niedersächsischen Metropole. Ohne ihn und die Ämter der städtischen Bauverwaltung würde kaum ein Stein plangerecht für die Weltausstellung bewegt werden können. Der Stadtbaurat ließ sich von der Idee einer Weltausstellung animieren und skizzierte den möglichen Standort für das Projekt östlich der Messe auf dem Kronsberg. Spätere Untersuchungen bestätigten, daß er eine gute Wahl getroffen hatte. Ziemlich bald beschlichen ihn die bekannten Zweifel, ob der Ansturm von Millionen Menschen über fünf Monate auf eine mittelgroße, in sich ruhende Stadt dieser nicht mehr schaden als nützen würde. Würde die Wucht

einer Weltausstellung, nachträglich betrachtet, Hannover nicht in eine eher unglückliche als günstige Richtung drängen? Die Skepsis, die nachdenkliche Menschen seit über hundert Jahren befällt, wenn es darum geht, eine Weltausstellung
vorzubereiten, erfaßte auch ihn.

Inzwischen hatte die Messegesellschaft ihren eigenen Architekten beauftragt,
die planerischen Unterlagen zu erarbeiten, die benötigt wurden, um das Projekt ins
Gespräch zu bringen. Er zog städtische Planer hinzu und veranlaßte sie zu einem
eigenen städtebaulichen Konzept. Für einen von ihnen, Jürgen Eppinger, den Leiter
der zuständigen Abteilung im Stadtplanungsamt, bedeutete dieses Projekt eine
willkommene Aufgabe. Er hatte sich zeitlebens für Weltausstellungen interessiert,
zwei von ihnen besucht und entsprechende Literatur über sie gesammelt. Ausgerechnet in dem von ihm betreuten Stadtbezirk Hannovers sollte das Weltausstellungsgelände liegen, womit er unversehens zum Chefplaner einer »eigenen« Exposition avancierte. Dies sollte dem Projekt gut bekommen, so wie es sicher darunter
gelitten hätte, wäre ein persönliches Engagement nicht vorhanden gewesen. Im
Niedersächsischen Finanzministerium ließen sich Ernst Hüdepohl und Helmut
Zander, in der Bewerbungsphase dort die einzigen Expo-Planer, von der Idee einer
Weltausstellung anstecken. Zusammen mit der Messe AG unternahmen sie die ersten Schritte, um das Projekt an den richtigen Orten ins Gespräch zu bringen. So
stieß ein menschlicher Dominostein den nächsten an, und dieser den dritten, den
vierten und den fünften, bis die lokale Besetzung der Commedia dell'Expo unter der
Hand komplett war.

Die Beteiligung der Bundesregierung

Nun sind Weltausstellungen völkerrechtlich definierte Veranstaltungen, für die
es nicht nur ziemlich genaue Spielregeln, sondern auch streng geregelte Kompetenzen gibt. Nicht jedermann kann zu jeder Zeit und an jedem beliebigen Ort unter
dem Titel »World Exposition« alle anderen einladen und ein Fest feiern lassen. Die
Finanzministerin des Landes Niedersachsen wandte sich deshalb an die Bundesregierung in Bonn, und zwar an den damaligen Bundeswirtschaftsminister, Martin
Bangemann, dessen Ressort nationale und internationale Messen bearbeitet. Die
Bundesregierung mußte dafür gewonnen werden, sich an dem Ereignis zu beteiligen, das sich einige Politiker und Manager in Hannover ausgedacht hatten. Nur der
Bund ist berechtigt, sich bei einer gewissen internationalen Institution, von der
noch die Rede sein wird, um die Ausrichtung einer Weltausstellung zu bewerben.
Tatsächlich erklärte der Bundeswirtschaftsminister im März 1988, als er die CeBIT,
eine Elektronikmesse, im hannoverschen Opernhaus eröffnete, die Bundesregierung werde sich für eine Weltausstellung in Hannover verwenden.

Das erste Organisationssystem

Der Kreis der Beteiligten an einer Commedia dell'Expo Hannovera 2000 war nun
schon etwas weiter geschlagen. Er umfaßte Politiker in Hannover und Bonn, die
Deutsche Messe AG und einige wenige Beamte in Bundes- und Landesministerien
und in der Stadtverwaltung. Um die kleine Gruppe systematisch auf ihre Aufgaben
zu trainieren und um zu verhindern, daß jeder seinen eigenen Intentionen folgte

Die Messe und der Kronsberg, in dessen südwestlichem Bereich im Rahmen eines neuentwickelten Stadtteils das Weltausstellungsgelände liegen soll.

oder vorzog, nichts zu tun, wurden zwei Ausschüsse geschaffen. Die Funktionen des Lenkungsausschusses waren, Ideen für die Weltausstellung zu entwickeln und das Verfahren um die Bewerbung weiter voranzutreiben. Ein Vertreter der Bundesregierung, der parlamentarische Staatssekretär Klaus Beckmann, Birgit Breuel für die Landesregierung, der Oberstadtdirektor der Stadt Hannover, Hinrich Lehmann-Grube (an dessen Stelle 1991 sein Nachfolger Jobst Fiedler treten sollte), und für den Vorstand der Messe AG Sepp Heckmann, bemühten sich um ein international durchsetzbares Konzept. Der zweite Ausschuß, der Arbeitsausschuß wurde vom Land Niedersachsen, von der Stadt Hannover und von der Messe AG beschickt. Seine Aufgabe war, das zu erledigen, was der Lenkungsausschuß sich vorgenommen hatte, aus Mangel an Zeit und Arbeitsmöglichkeiten aber nicht bewältigen konnte.

Die internationalen Aktivitäten

Um auf das anfängliche Bild zurückzukommen: Die »Schauspieler«, die sich bis 1988 auf lokaler und nationaler Bühne eingefunden hatten, kannten das Stück noch nicht, das sie sich zu spielen vornahmen. Sie waren in der Situation, es sich selbst schreiben zu müssen, ohne zu wissen, ob sie es jemals würden spielen dürfen. Die Entscheidung hierüber lag bei anderen Personen, von denen bisher noch nicht die Rede war. Das Schauspiel der Weltausstellung wird nämlich nicht nur mit lokalen oder nationalen Darstellern besetzt. Es wird ebenso von Personen der internationalen Szene getragen, die ihre eigenen Auffassungen zu allem haben und denen der Antrag für eine Bewerbung vorzulegen ist.

Weltausstellungen beruhen auf einem internationalen Abkommen vom 22. November 1928, dem inzwischen dreiundvierzig Staaten aus allen Teilen des Erdballs beigetreten sind.[2] Mit dem Abkommen wurden die bis dahin ziemlich willkürlich durchgeführten Weltausstellungen einer gewissen Systematik unterzogen, was ihren Sinn und die Bedingungen ihrer Realisierung angeht. Zugleich wurde das »Bureau International des Expositions« in Paris geschaffen, das zweimal im Jahr, im Juni und im Dezember, die Vertreter der dreiundvierzig Staaten zu Generalversammlungen (und zu Sitzungen eines Exekutivausschusses) einlädt. Obwohl Weltausstellungen in England erfunden wurden, wird Frankreich seit Jahrzehnten eine Führungsrolle zugestanden. Das Weltausstellungsbüro hat seinen Sitz in Paris und der Präsident der Generalversammlung sowie die Generalsekretärin waren bis 1991 Franzosen. Seit 1992 hat der bisherige Vorsitzende des Exekutivausschusses, ein Brite, die Präsidentschaft übernommen. Die Dame, die beiden Herren und die Mitglieder der Generalversammlung ergänzten also die hannoversche wie jede Gruppe, die sich um eine Weltausstellung bemüht, nicht nur in der Bewerbungsphase, sondern in allen Stadien der Umsetzung des Projektes bis zur Abgabe des Schlußberichtes.

Das »Bureau International des Expositions«

Schon die bloße Existenz dieser internationalen Institution, der immerhin jeder vierte Staat der Erde angehört, vermittelt einer Weltausstellung jenen Glanz, dessen sie dringend bedarf, um das Publikum aufmerksam werden zu lassen. Die Vertreter des »Bureau International des Expositions« geben die Richtung an, die das »Welt-

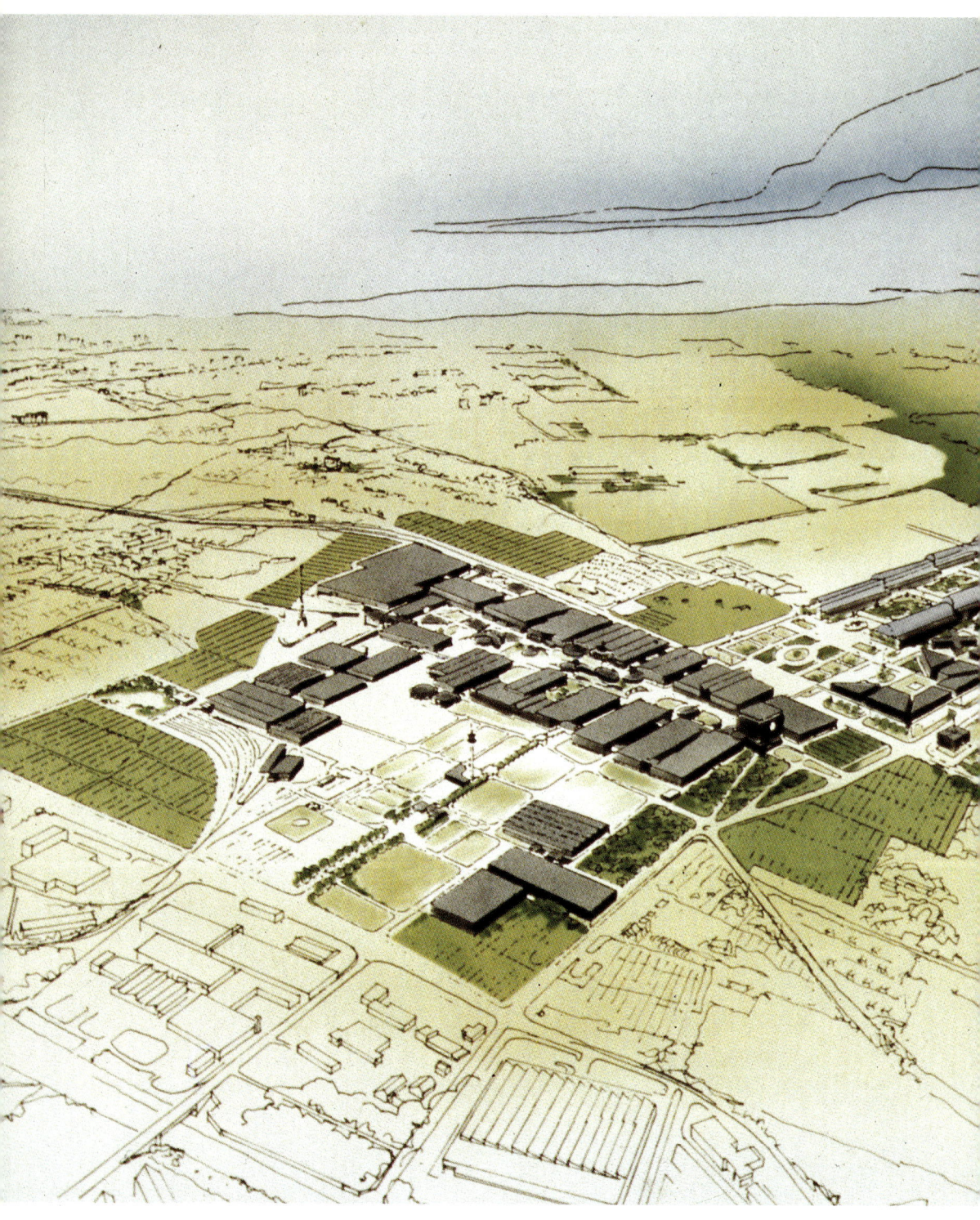

20

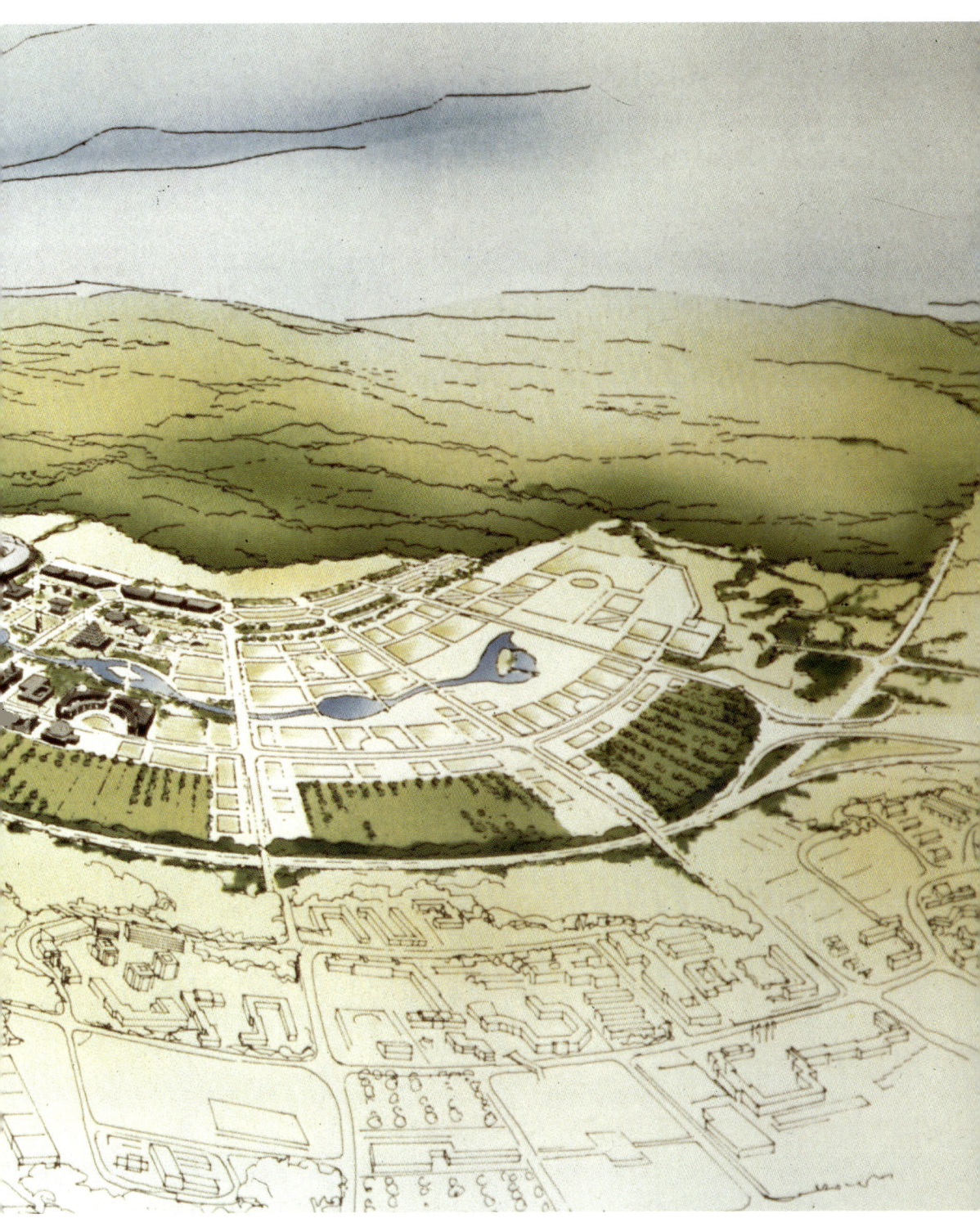

Entwurf eines Weltausstellungsgeländes neben dem Messegelände (Stand 1989).

ausstellungswesen« zu nehmen hat. Sie lassen nicht zu, daß etwas anderes gespielt wird als das, was ihnen zusagt. Sie entscheiden darüber, ob eine Weltausstellung stattfindet, wo und wann sie »über die Bühne gehen« und wie sie gestaltet werden soll. Der Staat, der schließlich ausgewählt worden ist, hat zweimal im Jahr in Paris vorzutragen, was er unternimmt, um seine Veranstaltung angemessen vorzubereiten. Deshalb sah sich auch die Bundesrepublik Deutschland veranlaßt, bei den anderen Staaten des Weltausstellungsbüros für das hannoversche Projekt zu werben. Hinter jedem Delegierten steht eine Regierung, die ihm von Fall zu Fall Weisungen erteilen und damit ebenfalls Einfluß auf die Veranstaltung nehmen kann. Manches, was auf der Weltausstellung in Hannover passieren wird, muß in den zuständigen Ministerien beispielsweise Rußlands, Japans oder Nicaraguas ausgedacht werden. Die lokalen, nationalen und internationalen Akteure sind also voneinander abhängig, und jeder braucht den anderen, um sein jeweiliges Ziel zu erreichen.

Damit schließt sich der wichtigste Kreis der »positiven« Helden, jener also, die am Gelingen einer Weltausstellung ein lebhaftes Interesse haben und häufig ihr persönliches Schicksal an sie binden.

Kritiker und Widersacher

Neben ihnen finden sich die »negativen« Helden, die Skeptiker, Spielverderber oder Bedenkenträger, die jede Commedia dell'Expo begleiten. Seit 1889 wendet sich ein Teil der »Intellektuellen«[3] gegen die Ausrichtung von Weltausstellungen. Weil die Veranstaltungen eben doch stattfinden, gerät er dadurch unfreiwillig unter ihre Mitspieler. Damals bekämpften, unter anderem, der Architekt der Oper Garnier, der Maler und Bildhauer Meissonier, der Komponist Gounod und die Schriftsteller Maupassant und Zola den Bau des bis heute berühmtesten Expo-Wahrzeichens, des Eiffelturms: »Wir Schriftsteller, Bildhauer, Architekten und leidenschaftlichen Liebhaber der bisher unangetasteten Schönheit von Paris protestieren im Namen des verkannten französischen Geschmacks mit aller Kraft gegen die Errichtung des unnötigen und ungeheuerlichen Eiffelturms im Herzen unserer Hauptstadt, den die oft von gesundem Menschenverstand und Gerechtigkeitsgefühl inspirierte Spottlust der Volksseele schon den Turm zu Babel getauft hat. Wird die Stadt Paris sich wirklich den überspannten, den geschäftstüchtigen Phantastereien einer Maschinenkonstruktion — oder eines Konstrukteurs — anschließen, um sich für immer zu schänden und zu entehren?«[4]

Vermutlich würden die Gounods, Maupassants oder Meissoniers von heute ebenso emphatisch protestieren, wenn 1992 jemand wagen würde, den Eiffelturm wieder abzureißen. In Hannover sind es weniger bekannte Journalisten, Landschaftsplaner, Architekten oder Professoren vieler Disziplinen, die der Expo 2000 wenig oder nichts abgewinnen können. Ihre schmerzhaften Kommentare begleiten jeden Plan, den die Stadtplaner zeichnen, um das Weltausstellungsgelände zu fixieren, jeden Strich, mit dem die Verkehrsplaner neue Schnellbahnen zwischen dem Flugplatz, dem Hauptbahnhof und dem Weltausstellungsgelände trassieren und jeden Text, den die Vertreter des Landes Niedersachsen und der Stadt Hannover formulieren, um inhaltliche, organisatorische und finanzielle Regelungen zu treffen. Intellektuelle also sind die bemerkenswertesten Gegner jeder Weltausstellung und gehören damit, gewollt oder ungewollt, zu ihren handelnden Personen.

Sie stellen sozusagen den Chor des Schauspiels, der im Hintergrund seine berechtigten oder unberechtigten Klagelieder singt.

Aber sie sind nicht die einzigen Widersacher, die sich einfinden und Phantasie entwickeln, um das Projekt scheitern zu lassen. Sie reichen vom Bürger, der einen kritischen Leserbrief an seine Lokalzeitung schreibt, über den Geistlichen, der soziale Mißstände im Gefolge der Exposition heranziehen sieht und sie leicht dämonisiert, über die organisierten Naturfreunde, die das Projekt im Namen von Pflanzen und Tieren attackieren, bis zum international gesuchten Terroristen, der auf Worte verzichtet und mit Sprengstoff operiert. Auch in Hannover tauchten die Gegner früh auf, wenige Tage oder Wochen, nachdem die Bundesregierung ihre Bewerbung an das Weltausstellungsbüro abgesandt hatte und noch bevor am 14. Juni 1990 über sie entschieden wurde.

Die Widersacher unterscheiden sich stark voneinander, schon deshalb, weil die einen mit der positiven Entscheidung des Weltausstellungsbüros für Hannover vom Saulus zum Paulus wurden, ihren Widerstand also aufgaben, während die anderen ihn forcierten.

Der sanfte Teil der Opposition bringt Argumente gegen das Ereignis vor, die mehr oder weniger diskussionswürdig sind. Um einige Beispiele vorwegzunehmen: Er meint etwa, das Vorkommen von Raps oder Schmetterlingen (»Augen-Wollrückenspinner«) auf dem potentiellen Weltausstellungsgelände sei Anlaß genug, von dem Projekt abzusehen. Oder er fragt, ob eine Weltausstellung nicht notwendigerweise zu Wohnungsnot, unerträglichem Schmutz und Lärm, hohen Preisen und anderen Übeln führen müsse? Eine andere Gruppe bedient sich der Weltausstellung als eines gerade in Mode gekommenen Phänomens, um ihre Wut »auf die Verhältnisse« zu artikulieren. Diesmal ist es nicht die Marktwirtschaft oder die Atomenergie, denen alles menschliche Elend angelastet werden, sondern die Weltausstellung. Auch dieses Verhalten wird vorübergehend sein, hat dennoch hemmende Effekte, die dem Projekt zu schaden vermögen.

Mancher unter den Befürwortern der Weltausstellung müßte allerdings die Bühne verlassen, wenn in dem Stück, in dem er mitspielen soll, scharf geschossen wird. Plötzlich traten in Hannover Gegner auf, die sich nicht auf verbale oder geschriebene Argumente verlassen, sondern gewalttätig wurden. Eine internationale Delegation des »Bureau International des Expositions« wurde im September 1989 in annover geschlagen und beworfen. Andere Demonstranten feuerten Buttersäurebomben von der Tribüne des hannoverschen Ratssaales zwischen die gewählten Kommunalpolitiker, um eine umfassende Information über die Weltausstellung zu verhindern. Sie benutzten den Augenblick, als die Lichter erloschen, um einen Expo-Film zu zeigen. In Paris wurde das Weltausstellungsbüro im Juni 1990 von deutsch sprechenden Vermummten demoliert, Akten mit Chemikalien übergossen und die Generalsekretärin bedroht. Es war die erste gewalttätige Attacke gegen diese Institution, wenige Tage, bevor Hannover sich zur Abstimmung stellte.

Die handelnden Personen wechseln

Schließlich enthält das Programmheft jeder Commedia dell'Expo noch einige Personen, die nur gelegentlich auf der Bühne auftauchen. Mit dem Beginn und dem Ende der unterschiedlichen Phasen — der Bewerbungsphase, der Planungsphase, der Realisierungsphase, der operativen Phase — gibt es schon einmal einen Austausch unter den Mitwirkenden. In Hannover geschah dies zum ersten Mal 1900 nach Abschluß der Bewerbungsphase. Einige Akteure ereilte sozusagen das Schicksal des Fischers aus Hemingways Novelle vom alten Mann und dem Meer. Als der Fischer nach langem Kampf den prächtigen Fisch endlich an der Angel hat, muß er im Hafen feststellen, daß ihm nur noch das Skelett geblieben ist. Die Raubfische des Meeres haben sich den Fang nicht entgehen lassen, ihn für sich geplündert und sich einverleibt. Bundestagswahlen und Landtagswahlen in Niedersachsen 1990 ließen manche Politiker und Beamte ihre Positionen verlieren, aus denen heraus sie die »Beute« der »Expo 2000« nach Hannover geholt hatten. Andere Politiker und Beamte traten an ihre Stelle und bereiten nun das Projekt weiter vor. Darunter waren auch einige, die darüber gespottet hatten, als 1988 versucht wurde, das unbedeutende Hannover zum Standort einer bedeutenden Weltausstellung zu machen. Als diese anmaßende Idee sich schließlich durchsetzte, traten die Spötter aus den Kulissen hervor und reklamierten den Sieg für sich. Auch dieses Ereignis beweist wieder, daß es bei Weltausstellungen ebenso lustig und traurig wie auf dem wirklichen Theater zugeht.

Fassen wir zusammen: das Ensemble für die Commedia dell'Expo in Hannover besteht aus vielleicht einhundert Rollen. Sie sind es, die weltweit das Stück begonnen haben, es bekämpfen, es tragen müssen, es verhindern wollen und hoffentlich, trotz aller Komplikationen, zu einem guten Ende führen werden. Manchmal finden sich die Widersprüche zwischen den Anhängern und den Gegnern des Projekts in einer einzigen Person wieder. Manche Akteure mögen ausscheiden, weil sie zu alt oder zu müde geworden sind, ihren Job gewechselt, den richtigen Text vergessen haben oder abgewählt worden sind. Andere werden folgen und ihre Funktionen übernehmen, wie sich das bei Weltausstellungen gehört. Inzwischen ist das Projekt nämlich ziemlich unabhängig geworden von den Menschen, die es einmal in die Welt gesetzt haben. Einem Elefanten ähnlich stampft es weiter und lädt mit einer eleganten Bewegung seines Rüssels, auf seinen Rücken, was sich ihm in den Weg stellt.

Für das große Publikum werden zu den handelnden Personen schließlich noch jene gehören, die nichts oder kaum etwas für die Weltausstellung getan gaben, aber in der Stunde der Eröffnung plötzlich erscheinen und als erste das Portal durchschreiten: »Nachmittags um halb fünf hielten Seine Majestät der König und sein Hofstaat Einzug in den Festsaal des Palais der Schönen Künste«, schreibt Eduardo Mendoza in seinem Roman »Stadt der Wunder« über die Eröffnung der Weltausstellung 1888 in Barcelona[5]. »Der König nahm den Thron ein und stützte die Füße, die noch nicht bis auf den Boden reichten, auf einem Kissenberg ab. An seiner Seite standen die Prinzessin von Asturien, Dona Maria de las Mercedes, und die Infantin Dona Maria Teresa. Neben der regierenden Königin, die in schwarz gekleidet war, befand sich die Herzogin von Edinburg. Dann kamen, in dieser Reihenfolge, der Herzog von Genua, der Herzog von Edinburg, Prinz Rupprecht von Bayern und Prinz George von Wales. Ihnen folgten der Ministerpräsident, Don Praxedes Mateo Sagasta, und die Herren Kriegs-, Förderungs- und Marineminister, die Edelleute ihrer Majestäten, die Granden von Spanien, die zum Festakt gekommen waren (flankiert von den Hellebardiers, wie es ihr Privileg war, oder barfuß, wenn sie dieses königliche Vorrecht auf eine alternative Weise ausüben wollten), lokale Behörden (im Cutaway), das Diplomaten- und Konsularkorps, Sonderbotschafter, Generäle, Admiräle, Geschwaderbefehlshaber, der Leitende Ausstellungsausschuß und eine Unzahl weiterer Persönlichkeiten.« So werden auch zur Eröffnung der Expo 2000 am 1. Juni 2000, morgens um 9.00 Uhr, Gesichter auftauchen, die wir bis dahin nicht gesehen haben und auch niemals wieder sehen werden.

Für den Zeitraum, den diese Schilderung umfaßt, lag die verantwortliche Vorbereitung des Projekts zunächst bei der Deutschen Messe AG, danach bei einem Büro der Stadtverwaltung und einer Planungsgruppe der Niedersächsischen Staatskanzlei. Seit 1991 arbeitet auch eine Projektgruppe im Bundesministerium für Wirtschaft an der Expo 2000. Alle Tätigkeiten wurden erneut in einem Lenkungsausschuß zusammengefaßt, unter Leitung des niedersächsischen Ministerpräsidenten Gerhard Schröder. Da es nicht möglich ist, in den folgenden Kapiteln allen individuellen Aktivitäten gerecht zu werden, von der einen oder anderen Ausnahme abgesehen, ist pauschal von den »Veranstaltern der Expo 2000« die Rede, wenn die Denkweise und das Verhalten der Akteure angesprochen werden.

Anmerkungen

[1] Dieter Eisfeld, Das Genie, Zürich 1986
[2] Mitgliedsstaaten des »Bureau International des Expositions« waren 1990:
     Argentinien, Australien, Belgien, Bolivien, Bulgarien, Chile, Costa Rica, Dänemark, Deutschland, El Salvador, Finnland, Frankreich, Griechenland, Italien, Japan, Kanada, Kuba, Marokko, Mexiko, Monaco, Nicaragua, Niederlande, Nigeria, Norwegen, Österreich, Panama, Peru, Polen, Portugal, Rumänien, Schweden, Schweiz, Sowjetunion, Ukraine, Weißrußland, Spanien, Tschechoslowakei, Tunesien, Ungarn, Uruguay, Venezuela, Vereinigtes Königreich, Vereinigte Staaten.
[3] Ein damals, vor allem im Zusammenhang mit der Dreyfus-Affäre und der Weltausstellung in Paris aufkommender Begriff
[4] Friebe, Architektur der Weltausstellungen 1851 bis 1970, Stuttgart 1983, S. 99/100
[5] Eduardo Mendoza, Die Stadt der Wunder, Frankfurt 1989, S. 146 f.

NEUNUNDFÜNFZIG WELTAUSSTELLUNGEN

oder

Anziehende
und abstoßende Vorbilder

3

Häufig ist der Wille, eine Weltausstellung zu veranstalten, früher vorhanden als das verläßliche Wissen darüber, worum es sich bei einem solchen Projekt eigentlich handelt. Den meisten Menschen fällt zu dieser Frage nicht viel mehr als ein Hinweis auf den Eiffelturm in Paris ein. Vielleicht erinnert sich der eine oder andere auch noch an das Atomium, jenen merkwürdigen Bau, der die Brüsseler Weltausstellung 1956 zierte. Dann aber versagt das Gedächtnis, sofern es überhaupt jemals Gelegenheit hatte, etwas zu speichern. Aufschlußreich ist, das die erste Assoziation zu Weltausstellungen bestimmte Baulichkeiten sind, kaum der Titel oder das Programm, das die jeweilige Weltausstellung verwirklichte. Mancher Engländer hat vielleicht etwas vom Kristallpalast gehört, in dem 1851 in London die erste aller Weltausstellungen stattfand. Sicher wird ihm unbekannt sein, was genau denn in diesem Kristallpalast präsentiert worden war. Auch die Frage, was auf der Pariser Weltausstellung 1889, deren baulicher Mittelpunkt der Eiffelturm war, eigentlich »ausgestellt« wurde oder was im Schatten des Atomiums genau geschah, wird kaum ein Laie beantworten können. Nicht viel besser erging es denen, die 1987 in Hannover auf die Idee kamen, es einmal mit einer Weltausstellung zu versuchen. Sie wußten nur eines: Weltausstellungen sind, wie Olympische Spiele oder Fußballweltmeisterschaften, Großveranstaltungen, mit denen das Volk auf unterhaltsame Weise angesprochen, einige Menschen zu bestimmten Themen nachdenklich gemacht, und viel Geld umgesetzt werden kann.

Weltausstellungen und Olympische Spiele im Vergleich

Davon abgesehen sind die Unterschiede bedeutsamer als die Gemeinsamkeiten. Im Gegensatz zu Weltausstellungen verfügen Olympische Spiele über ein festes Programm, das sich alle vier Jahre nur minimal ändert. Sie führen Sportler aus aller Welt zusammen, die um die Wette laufen, springen, schwimmen, den Fußball treten, reiten fechten, boxen, rudern, die Kugel stoßen, den Speer werfen und vieles andere mehr tun, was heutzutage als sportlich gilt. Die Sportarten sind vorgegeben und bekannt, ebenso die Spielregeln, nach denen sie ausgetragen werden. Daraus lassen sich mühelos die Baulichkeiten ableiten, die benötigt werden, um alle sportlichen Tätigkeiten ausüben zu können. Man braucht ein Fußballstadion mit Anlagen für Leichtathleten, eine Schwimmhalle, Ruderstrecken, Hallen für gewisse Sportarten, einen Parcours für die Reiter, Laufstrecken und Rasenflächen und so fort. Das Programm der Olympischen Spiele liegt fest, teilweise schon seit zweitausendsiebenhundertachtundsechzig Jahren, als in Griechenland der erste Läufer startete.

Nichts davon gilt für Weltausstellungen, die erst seit knapp anderthalb Jahrhunderten in Mode gekommen sind, kein festes Programm haben und deshalb auch keine sich gleichmäßig wiederholende bauliche Gestalt kennen. Weltausstellungen müssen, was ihren Inhalt und ihr Programm anbetrifft, von Fall zu Fall mühsam erarbeitet werden. Deshalb ist es für einen Veranstalter vermutlich leichter, sich fünf Olympische Spiele oder Fußballweltmeisterschaften vorzunehmen als nur eine einzige Weltausstellung. Diese Schwierigkeit erklärt auch, warum, die Begeisterung des Publikums mit dem Stichwort »Olympiade« weit einfacher zu entfachen ist als mit dem Stichwort »Expo«. Kaum jemand kann sich unter Letzterem etwas Anschauliches vorstellen, erst recht nichts, das helles Entzücken hervorruft.

Das Beispiel früherer Ausstellungen

Wie jedem beliebigen Weltbürger erging es auch den Veranstaltern der Expo 2000 in Hannover, als sie sich, gleichsam abstrakt, dazu durchgerungen hatten, eine Weltausstellung zu realisieren. Um sich zu informieren, besaßen auch sie nur zwei Möglichkeiten. Einerseits konnten sie sich dem Studium der Literatur über Weltausstellungen zuwenden, die seit 1851 stattgefunden haben oder zur Zeit vorbereitet werden. Zum anderen lassen sich Weltausstellungen besuchen und studieren, sofern man das Glück hat, sein eigenes Projekt in einer Zeit vorzubereiten, in der gerade eine andere Ausstellung stattfindet. Von beiden Möglichkeiten wurde und wird in Hannover Gebrauch gemacht, mit unterschiedlichem Gewinn und verschieden interpretierten Erkenntnissen. Als die Bundesregierung sich 1988 um eine Ausstellung in Hannover bewarb, ging in Brisbane gerade eine Ausstellung zu Ende, wurde in Sevilla für das Jahr 1992 eine Ausstellung vorbereitet und über eine gemeinsame Ausstellung in Wien und Budapest für das Jahr 1995 entschieden. Ob und inwieweit von diesen Weltausstellungen für Hannover etwas zu lernen ist, soll später erörtert werden. Mindestens ebenso interessant und aufschlußreich war, sich ein Bild von den früheren Weltausstellungen zu verschaffen und die teilweise seltsamen Meinungen, die über sie kursieren.

Im »Weltausstellungswesen« gibt es allerdings, genau genommen, mehr Unsicherheiten als Gewißheiten. Selbst die Zahl der »Expos«, die sich bisher World Exposition nennen durften, ist umstritten. Die erste von allen als Weltausstellung anerkannte Veranstaltung lief unter der Überschrift »The Great Exhibition of the works of Industry of all nations of 1851« in London. Es gab Vorläufer, aber offensichtlich sind sich die Experten darüber einig, von ihnen nicht mehr zu reden. Die Londoner Great Exhibition fand in jenem bis 1928 reichenden Zeitraum statt, in dem noch keine völkerrechtlich verbindliche Definition der Weltausstellungen verabredet war. Danach wiederum nannte sich manches private Projekt ohne Legitimation »Weltausstellung«, so etwa die nach dem 2. Weltkrieg in New York abgehaltene »New York World's Fair«, die von den Mitgliedsstaaten des Weltausstellungsbüros nicht anerkannt wurde und mit der ein Chefmanager sich selbst stürzte. Ein anderes Problem bei der Bestimmung präziser Begriffe rührt daher, daß ab 1928 zwischen universalen und fachspezifischen Ausstellungen unterschieden wird, vereinfacht zwischen »großen« und »kleinen«. Die ersteren widmeten sich zugleich mehreren Aspekten der menschlichen Gesellschaft, die letzteren nur einem einzigen Aspekt, wie dem Verkehr, dem Städtebau oder der Freizeit. Immerhin durften sich beide Veranstaltungen Weltausstellungen nennen, im Gegensatz zu einer dritten Sorte von Ausstellungen, die ebenfalls den Stempel des Weltausstellungsbüros erhielten. Zu ihnen rechnen beispielsweise Ausstellungen über Erfindungen, den Fischfang oder Blumen. Seit 1989 liegt den Mitgliedsstaaten des »Bureau International des Expositions« ein Vorschlag zur Ratifizierung vor, der ab 2000 zwischen großen und registrierten oder kleinen und nur anerkannten Weltausstellungen unterscheidet. Die für das Jahr 2000 in Hannover vorgesehene Weltausstellung rechnet zu den universalen und (bis spätestens 1995) registrierbaren, ist also insofern über jeden Zweifel erhaben, was ihre internationale Bedeutung angeht.

Angesichts dieser verwirrenden Situation kursieren verschiedene Listen über die »amtliche« Zahl der Weltausstellungen. Als unbestritten dürfen zwischen 1851 und 1998 genau einundsechzig Weltausstellungen gelten, so daß die Expo 2000 in Hannover die zweiundsechzigste Ausstellung sein wird.

Die vorangegangenen oder noch vorangehenden Ausstellungen haben in den folgenden Städten stattgefunden:	Brüssel (1888, 1897, 1910, 1935, 1958)
	Glasgow (1888, 1901)
	St. Louis als größte mit einer Fläche von 500 Hektar (1904)
	Lüttich (1905)
London (1851, 1862, 1871, 1872, 1873, 1874)	Mailand (1906)
Dublin (1853, 1865)	Turin (1911)
New York (1853/54, 1939/40, 1964/65)	Gent (1913)
Paris (1855, 1867, 1878, 1889, 1900, 1937)	Seattle (1962)
	Montreal (1967)
Wien (1873)	San Antonio (1968)
Philadelphia (1876, 1926)	Osaka (1970)
Sydney (1879/80)	Spokane (1974)
Melbourne (1880/81, 1888/89)	Okinawa (1975)
Amsterdam (1883)	Knoxville (1982)
New Orleans (1884/85, 1984)	Tsukuba (1985)
Barcelona (1888, 1929)	Vancouver (1986)
Chicago (1893, 1933/34)	Brisbane (1988)
San Francisco (1894, 1915, 1939/40)	Sevilla (1992)
Antwerpen (1885, 1894, 1930)	Budapest (1996)
	(1998) in Toronto oder Lissabon

Diese Aufzählung zeigt, daß die Länder, in denen englisch oder französisch gesprochen wird, bisher dominiert haben. Sie sind in diesem Genre menschlicher Unternehmungslust führend. Die Deutschen, die sich mit ihren Pavillons an den meisten großen und kleinen Expos beteiligt haben, werden also erst im Jahr 2000 zum erstenmal Gastgeber und Veranstalter sein. Mit dieser Weltausstellung wird die Stadt Hannover in den Kreis der dann fünfunddreißig Weltausstellungsstädte aufgenommen werden. Vielleicht wird ihr diese Tatsache den Ruf einer technisch ausgerichteten Stadt oder gar eines Nobody nehmen, unter dem sie verschämt leidet, und ihr ein weltläufigeres Image verleihen, wie es sich die niedersächsische Landesregierung und die hannoversche Stadtverwaltung erhoffen.

Die Inhalte der Weltausstellungen

Die bisherigen Weltausstellungen lassen sich, was den »Stoff« angeht, mit dem sie sich beschäftigten, untereinander nur teilweise bündeln. Wenn man will, kann man zwischen 1851 und 2000 drei Sorten der Commedia dell'Expo unterscheiden: die klassischen Industriemessen in der zweiten Hälfte des 19. Jahrhunderts, die gemischten Ausstellungen in der ersten Hälfte des 20. Jahrhunderts und die Unterhaltungsspektakel in der zweiten Hälfte des 20. Jahrhunderts. Dies ist als Regel zu erkennen, von der es die eine oder andere Ausnahme gibt. Bei einem Vergleich mit dem Theater könnte man meinen, daß das erste Drittel von ernsten und getragenen Schauspielen beherrscht wurde, das zweite Drittel von Tragikkomödien sehr unterschiedlicher Qualität und das letzte Drittel vor allem von Musicals und »Klamotten«. Die beiden ersten Phasen haben ganz überwiegend in Europa stattgefunden, die letzte Phase spielte sich vor allem in Nordamerika, in Japan und in Kanada ab. Erst im allerletzten Jahrzehnt des 20. Jahrhunderts (1992 bis 2000) kehren Weltausstellungen nach Europa zurück.

Möglicherweise spiegelt sich in diesem Phänomen die politische Rolle wider, die Kontinente und Staaten in den einhundertfünfzig Jahren der Expo-Epoche gespielt haben. Europa beherrschte die Welt und das Bewußtsein der Menschen bis 1945, dem letzten Jahr des Zweiten Weltkrieges. Danach gewann die amerikanische, aber auch die japanische Zivilisation überall an Boden. Inzwischen scheinen aber die Europäer ihre Angelegenheiten so gut geordnet zu haben, daß es sie danach drängt, in der Völkergemeinschaft aufs neue eine wichtige Rolle zu spielen. Ein Zeichen dieses neuen Selbstbewußtseins ist auch das zunehmende europäische Interesse an Weltausstellungen. In der Bewerbung Spaniens von 1982 um eine Weltausstellung 1992 in Sevilla heißt es zum Beispiel voller Stolz: »In der großen Weltausstellung von Sevilla werden folgende Grundaspekte betrachtet. Was Europa im Jahr 1492 war, was Amerika zu diesem Zeitpunkt darstellte, was Spanien Amerika brachte und was Spanien in Amerika fand, was sich aus diesem Zusammentreffen ergab und zuletzt, wie die Zukunft Amerikas aussieht. Aufgrund der historischen Lage im Jahr 1492 und der Entwicklung im Verlaufe der Jahrhunderte ist das Königreich Spanien hervorragend geeignet, unter diesen Aspekten eine Weltausstellung zu organisieren.«[1]

Die Weltausstellungen des 19. Jahrhunderts

Verfolgen wir zunächst, was die Weltausstellungen zwischen 1851 und 1990 ihren Besuchern boten. Charakteristisch für den Geist, der sie trug und die Materie, mit der sie sich befaßten, ist bereits das Londoner Ereignis von 1851. Prinz Albert von Sachsen-Coburg, verheiratet mit der Königin Viktoria, und die »Society of Arts« wollten »ein treues Zeugnis und lebendiges Bild von dem Standpunkt der Entwicklung geben, zu dem die Menschheit gelangt ist, und einen neuen Höhepunkt bezeichnen, von dem aus alle Völker ihre ferneren Bestrebungen in gewisse Richtungen zu bringen vermögen.«[2] Mit diesem Optimismus auf nationaler Basis waren die Entdeckungen und Erfindungen der technischen Wissenschaften gemeint. Man glaubte an einen enzyklopädischen Fortschritt der menschlichen Zivilisation, daran also, daß sich die Welt zum Besseren und Schöneren hin entwickeln werde. Als neuestes Vehikel dazu wurden die Produkte der Industrie im weitesten Sinn angesehen.

Die ersten Weltausstellungen wurden von Unternehmen und Betrieben der Wirtschaft beherrscht. Genau 13 668 Firmen aus dreiundzwanzig Ländern zeigten in der 1. Abteilung der Londoner Expo 1851 Rohmaterialien, in der 2. bis 10. Abteilung Maschinen jeglicher Art: Lokomotiven, Webstühle oder elektrische Orgeln. In der 11. bis 16. Abteilung gab es fertige Produkte aus Wolle, Leder, Papier, Glas,

Der Londoner Kristallpalast, in dem 1851 die erste Weltausstellung stattfand.

Holz, Porzellan und anderen Stoffen zu bewundern. Ganz am Ende des Kataloges der Ausstellung werden, um dem industriellen Business ein wenig zweckfreien Glanz zu vermitteln, die Fine Arts genannt: »Sculpture, Models und Plastic Art, Mosaics, Enamels etc.«. Auch in diesem Punkt gab die Londoner Ausstellung das Vorbild für viele Expositionen ab, die in den nächsten hundertundvierzig Jahren folgen sollten. Sie bot den Kaufleuten aus aller Welt einen Markt, auf dem sie ihre neuesten Produkte publik machen und anbieten konnten. Die weniger nützlichen Gegenstände dienten vor allem dazu, ein sympathischeres Ambiente herzustellen. Beides zusammen ergab eine Mischung, die für Weltausstellungen charakteristisch werden sollte, wenn auch von Fall zu Fall mit unterschiedlicher Betonung.

Die ersten Weltausstellungen erfolgten in London

Die Londoner Weltausstellung war, mißt man sie an ihrem eigenen und durchaus hohen Anspruch, eine der gelungensten Weltausstellungen aller Zeiten. Ihr Konzept entsprach dem Zeitgeist, und das die Ausstellung tragende Bürgertum war mit sich selbst im reinen. Die »Great Exhibition« gab den ausstellenden Staaten zum erstenmal Gelegenheit, ihre wirtschaftliche Entwicklung, die Fertigkeiten ihrer Ingenieure und Techniker und die Geschicklichkeit ihrer Kaufleute unmittelbar miteinander zu vergleichen. Bis dahin waren teilweise weite Reisen erforderlich, um sich einen Einblick in die industriellen Produktionen und wirtschaftlichen Tätigkeiten anderer Nationen zu verschaffen. Jetzt befand sich alles in einem einzigen

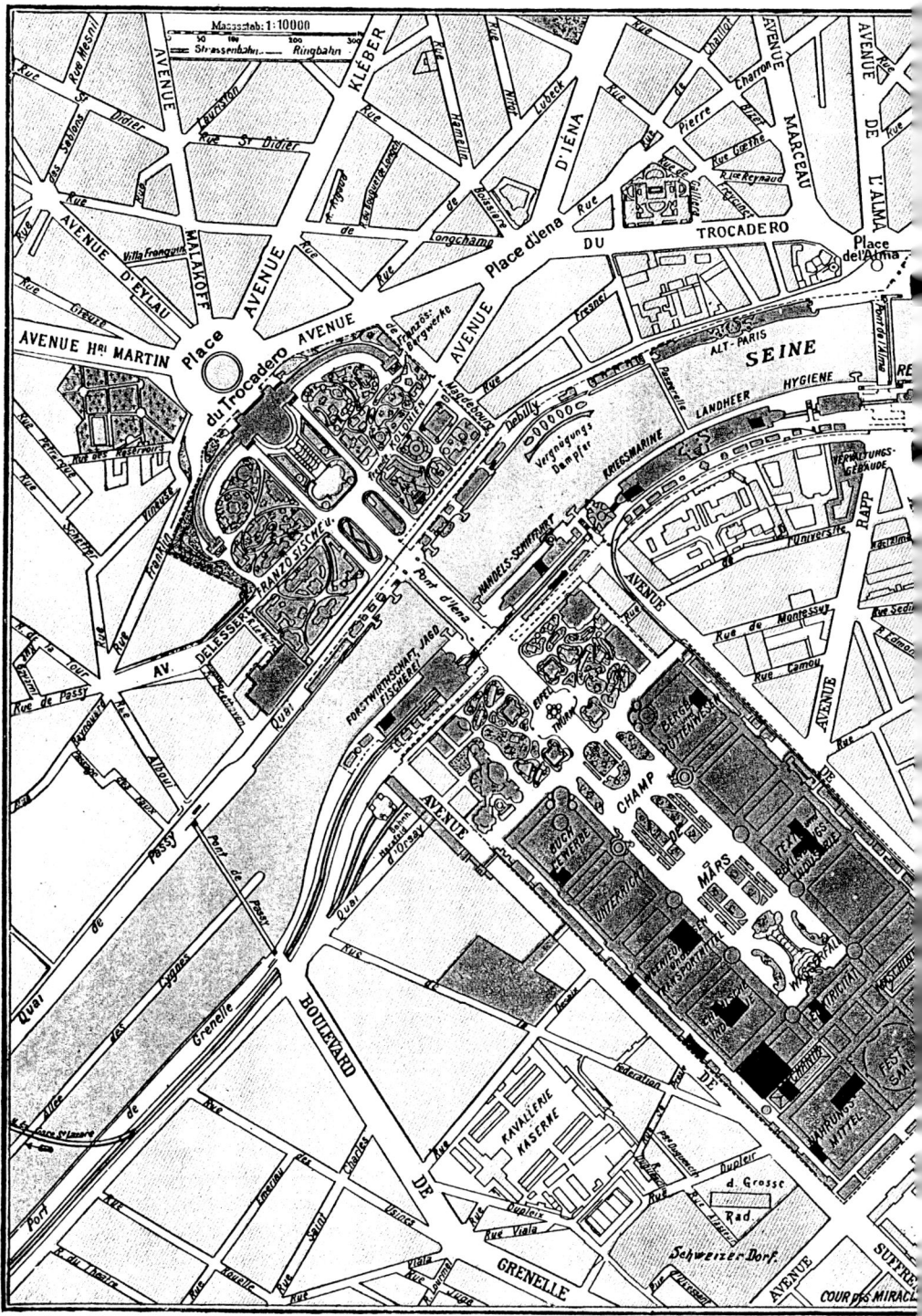

34

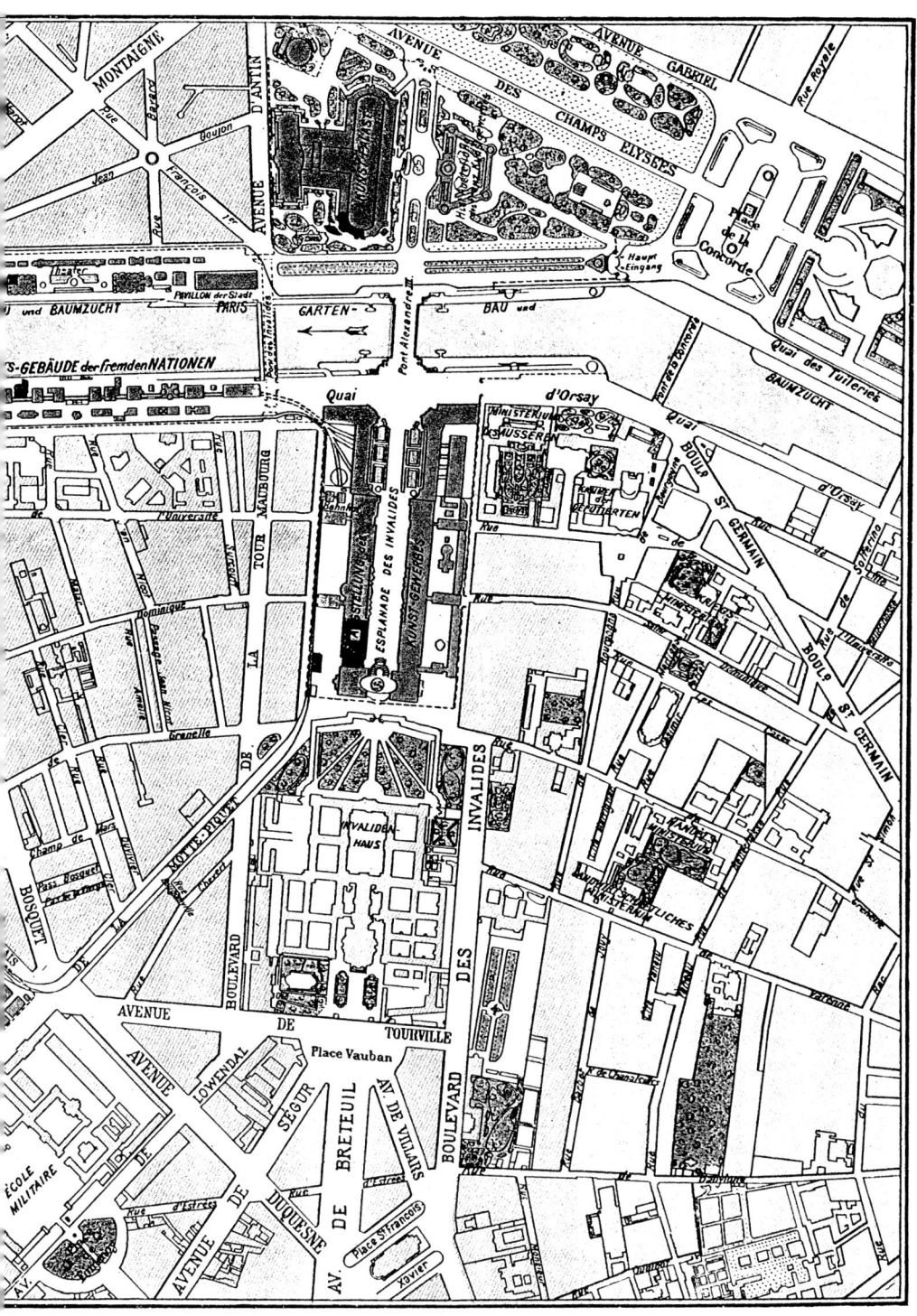

Lageplan der Pariser Weltausstellung zur Jahrhundertwende (1900).

Gebäude, dem in der Tat wunderschönen Kristallpalast von Paxton. Innerhalb von Stunden war man hervorragend informiert darüber, was die Konkurrenz in Mailand, Berlin oder Oslo zustande brachte. Den Ausgaben der Weltausstellung in Höhe von 5,8 Millionen Mark standen Einnahmen in Höhe von 10,2 Millionen Mark gegenüber. Am Schluß hatten der Veranstalter und die Aussteller allen Anlaß, mit ihrem Werk zufrieden zu sein. Wäre die erste aller Weltausstellungen so mißraten wie manche spätere, wäre sie wohl auch die letzte geblieben.

So aber verführte der kommerzielle und gesellschaftliche Erfolg viele Staaten, sich ebenfalls an dieser neuen Art von universaler Messe zu versuchen. Selten gelang dies so glatt und vollkommen wie in London. Eduardo Mendoza beschreibt in seinem Roman »Die Stadt der Wunder« die typische Denkweise der damaligen Veranstalter, hier zur Weltausstellung 1888 in Barcelona: »Um das Gedränge in den letzten Tagen vor der Eröffnung möglichst gering zu halten, hatten die Behörden die Aussteller dringend ersucht, ihre Exponate ein wenig früher nach Barcelona zu bringen, und mußten daher mehrere Lagerhäuser bereitstellen, wo man die Gegenstände unterbringen konnte, bis die Pavillons, die sie beherbergen sollten, fertiggestellt sein würden ... Die Behörden hatten sich all das reiflich überlegt und im Hinblick auf einen problemlosen Ablauf rechtzeitig eine erschöpfende Klassifizierung aller auf der Welt existierender Warenartikel und ihrer Spielarten publiziert. Jedes Exemplar wurde mit einer Nummer, einem Buchstaben oder einer Kombination beider Symbole versehen, so daß nicht das geringste Problem entstehen konnte.«[3] Die »auf der Welt existierenden Warenartikel« an einem Ort auszustellen war Ziel und Sinn dieser ersten Weltausstellungen.

Wien

Ein weiteres klassisches Beispiel für die Denkweise und Präsentation der ersten Weltausstellungen, wenn auch mit unerfreulichem Ausgang, war die Wiener Weltausstellung des Jahres 1873. Die Gemeinsamkeiten mit London bestanden nicht nur darin, daß beide Städte 1936/37 ihre bemerkenswerten Ausstellungsgebäude (in Wien war es die berühmte Rotunde des Architekten von Hasenauer) durch Brand verloren. In Wien stellten etwa 53 000 Firmen aus 35 Ländern industrielle Erzeugnisse vor, die das gesamte Spektrum der bis dahin erreichten menschlichen Produktion abdeckten. Dazu gehörten die gefährlichsten Kanonen der Welt von Krupp wie die Möbel aus gebogenem Holz von Thonet, üppiges Porzellan von Christoffle sowie die kugelförmigen Raffiniermaschinen von Heckmann. Die Präsentation solcher friedlicher und kriegerischer Maschinen wurde diesmal durch eine volkskundliche Ausstellung aufgelockert, die vor allem aus den europäischen Kolonien beschickt worden war. Außerhalb des eigentlichen Ausstellungsgebäudes standen, unter anderem, ein ägyptisches Häuserensemble, ein österreichisches Musterschulhaus, ein chinesisches Teehaus, ein persischer Pavillon, ein orientalisches Viertel, ein türkisches Caféhaus und andere Kuriositäten. Den Menschen, deren Heimat diese Gebäude bedeuteten, konnten die Besucher der Weltausstellung bei der Arbeit zusehen.

Die kühn und großartig angelegte Wiener Weltausstellung, die immerhin 250 Hektar in Anspruch nahm, ging schließlich an einem Börsenkrach zugrunde. Achtundvierzig Banken, acht Versicherungsgesellschaften, zwei Eisenbahnunternehmen und neununfünfzig Industriegesellschaften mußten während der Ausstellung Konkurs anmelden. Nicht genug, zur selben Zeit erlagen fast dreitausend Menschen in Wien, insgesamt über 280 000 Bewohner der österreich-ungarischen Monarchie, einer Choleraepidemie. Die Zahl der Selbstmorde stieg an, weil die schlechte wirtschaftliche Situation viele Arbeiter und Angestellte ins Unglück stürzte. Die Weltausstellung mußte angesichts dieser verhängnisvollen Ereignisse im Defizit enden, und so geschah es dann auch. Ausgaben in Höhe von 44,0 Millionen Mark standen nur Einnahmen in Höhe von 4,1 Millionen Mark gegenüber. Der Verlust wurde dem Cheforganisator angelastet, dem Freiherr von Schwarz-Senborn. Er wurde nach Washington strafversetzt und starb in geistiger Verwirrung. Die vom Pech verfolgte Weltausstellung brachte immerhin für die Stadt Wien einige handfeste Vorteile. Die Grundstruktur für den Ring wurde gelegt, einige der prächtigsten Hotels, drei wichtige Brücken und drei neue Straßenbahnlinien zum Prater entstanden. Die Stadt, deren leitende Beamte übrigens so vorsichtig waren, für die Weltausstellung selbst kein Geld zu investieren, konnte damit ihre städtische Infrastruktur wesentlich verbessern. Das Publikum war geteilter Meinung. Während der Psychoanalytiker Siegmund Freud nörgelte, die Weltausstellung sei im Ganzen ein Schaustück für die geistreiche, schönselige und gedankenlose Welt, die sie auch zumeist besuchte, schrieb die kaiserliche Hofdame Marie Festetics schlechthin begeistert: »Das ist kein Leben, sondern ein Rausch!!! Die Weltausstellung ist wie ein Fegefeuer, das Alles verschlingt. Die Sucht, recht toll zu genießen, setzt über Alles hinweg.«[4] Ähnliche Stimmen wie diese sollten sämtliche Weltausstellungen bis hin zu den letzten in unserer Zeit begleiten.

Schlußfolgerung für das hannoversche Projekt

Aus den gegensätzlichen Beispielen von London und Wien, die für das erste Drittel des Zeitalters der Weltausstellungen bezeichnend sind, ist für die Expo 2000 in Hannover nur noch wenig zu übernehmen. Uns Europäern ist der bürgerliche Stolz auf immer neue materielle Hervorbringungen, auf die sozusagen blinde Nutzung der Naturkräfte und die Ausbeutung der natürlichen Ressourcen, ziemlich vergangen. In der zweiten Hälfte des 19. Jahrhunderts wurden technische Neuheiten zuerst auf Weltausstellungen vorgeführt, später nur noch gelegentlich. Während nach 1900 noch die Television und der erste künstliche Satellit (Sputnik) Gegenstand von Expos waren, zeigte man zwischen 1851 und 1990 fast alle neu erfundenen Maschinen, Aluminium als Werkstoff, die Kautschukverarbeitung, das Bessemer-Verfahren, Anilinfarben, Gasmotoren, Schreib-, Mäh- und Nähmaschinen, den Fahrstuhl, das Telefon, Motorfahrzeuge, Eismaschinen, die elektrische Beleuchtung, den Phonographen, Hochbahnen, rollende Fußwege, Rolltreppen und ähnliche Sensationen aus den Labors der Wissenschaftler und der Industrie. Die zahllosen neuen Produkte, die heute tagtäglich auf dem Erdball erfunden und in die Praxis eingeführt werden, lassen sich nicht mehr geschlossen ausstellen. Sie bedürfen auch keiner Ausstellung mehr, um bekannt zu werden. Jedermann wird heute durch die Presse, durch das Radio und auf dem Fernsehschirm, aber auch durch das Angebot in den Warenhäusern und Geschäften, auf speziellen Messen und in Katalogen von Versandhäusern über die Waren informiert, die von der Industrie hergestellt werden. Der Sinn, der den ersten Weltausstellungen bis zur Jahrhundertwende zugrunde lag, ist also historisch überholt.

Nicht überholt sind allerdings Erkenntnisse wie die, daß Weltausstellungen sich dafür eignen, noch nicht überall ins Bewußtsein eingedrungene Phänomene der menschlichen Entwicklungsgeschichte schlagartig bekannt zu machen. Dadurch, daß sie auf die besondere Plattform einer Weltausstellung gehoben werden, erregen sie plötzlich das Interesse zahlloser Menschen. Wir kennen dies vom Theater, das menschliche Empfindungen oder Verhaltensweisen, indem es sie auf einer Bühne komprimiert und unterhaltsam darstellt, schärfer ins Licht rückt. In der Erwartung, etwas neues zu erfahren oder etwas altes besser zu verstehen, finden sich die Theaterbesucher vor der Bühne ein oder fahren die Expobesucher zum Weltausstellungsgelände. Sie setzen sich bereitwillig den Ereignissen, den Gegenständen, den Ideen und anderen Reizen aus, um das Theater (oder die Weltausstellung) um einiges besser informiert wieder zu verlassen. Insofern sind Weltausstellungen an der Wende vom 20. zum 21. Jahrhundert nach wie vor ein Medium, das auch existentielle Themen in die Köpfe der Zeitgenossen zu transportieren vermag. Da die Welt nicht aufhört, sich zu verändern, wachsen den Weltausstellungen jeweils neue Themen und Stoffe zu, die sich zu »besichtigen« lohnen, wie den berühmten Webstuhl auf der »Great Exhibition of 1851« in London.

Außerdem läßt sich aus den erwähnten Ereignissen in London und in Wien lernen, daß Ausstellungen auf unterschiedliche Weise strukturiert und geordnet werden können. Ein Prinzip orientiert sich an den erschienenen Nationen, ein anderes an Sachfragen, wie etwa der Herstellung von Motoren oder Möbeln. Sowohl in London wie in Wien überließ man den Staaten in den zentralen Bauwerken bestimmte Räumlichkeiten oder Abteilungen, in denen sie sich ihren Wünschen entsprechend darstellen konnten. Der deutsche Webstuhl wurde in der deutschen Sektion gezeigt, der französische Webstuhl in der französischen Sektion. Schon 1873 kam Kritik an dieser Lösung auf, man regte an, um beim Beispiel zu bleiben, den deutschen und den französischen Webstuhl in einer Abteilung »Textilmaschinen« zu vereinigen. Später gab es dann, so 1889 in Paris, tatsächlich Maschinenhallen oder Elektrizitätshallen, also eine sachbezogene Raumorganisation. Aber die Ordnung nach Sachthemen war bis in unsere Zeit hinein eine Ausnahme, und bis zur Weltausstellung in Sevilla 1992 wird es bei der durch Staaten gesetzten Struktur bleiben. Einhundertundzehn Staaten präsentieren sich dort in ungefähr neunzig Pavillons. Dies mag für das spanische Projekt richtig sein, bedeutet aber nicht, darauf zu verzichten, sich von Fall zu Fall über die sinnfälligste Struktur der Exposition erneut Gedanken zu machen.

Schließlich läßt sich aus den Weltausstellungen in London und in Wien lernen, daß derartige Veranstaltungen unübersehbare Eingriffe in das jeweilige Stadtgefüge bedeuten. Dies gilt nicht nur wegen der mehr oder weniger auffälligen Bauten, die das Weltausstellungsgelände beherrschen. Die Wienter Rotunde, größer als die Kuppel des Stephansdoms, dehnte sich mit ihren Seitenflügeln über 900 Meter aus, und daneben befanden sich zweihundert zusätzliche Pavillons. Auch die übrige Stadt wurde und wird bei Weltausstellungen von einem gesteigerten Gestaltungswillen erfaßt, wobei vor allem das Netz der Straßen und Verkehrsmittel sich erweitert und verändert. Dies kann schon einmal unerwünschte Folgen haben, wie bei späteren Weltausstellungen im 20. Jahrhundert zu beobachten ist, aber auch dringlich gewünschte. Die mutige Konzeption gerade der Wiener Weltausstellung hat der österreichischen Metropole endgültig jenes Erscheinungsbild vermittelt, wie wir es heute kennen und lieben. Neben den anderen bereits erwähnten Bauten, wurde 1873 auch der erste Stein für das eindrucksvolle Wiener Rathaus gelegt.

Erfahrungen des 20. Jahrhunderts

Mit Beginn des 20 Jahrhunderts veränderte sich der Charakter der Weltausstellungen unübersehbar. Es begann eine zweite Phase, die ebenfalls etwa fünfzig Jahre dauern sollte. Um Industrieprodukte aller Art, Maschinen oder Waren des täglichen Gebrauchs auszustellen, gab es inzwischen spezielle Handelsmessen. Zumindest der dort angebotene »Stoff« war für Weltausstellungen mehr oder weniger verloren. Die Veranstalter mußten nach neuen Inhalten und Reizen suchen. Sie fanden sie im Bereich der höher entwickelten oder »feineren« Technik, die vor allem von Elektronik beeinflußt wird, in den Künsten und im Kunstgewerbe. Die Bezeichnungen der Ausstellungen verraten die neuen Perspektiven. Paris veranstaltete 1925 ein Ausstellung über »Art Decoratifs et Industriels«, Chicago 1933 eine Ausstellung über »A Century of Progress«, in dem die Ergebnisse der alles durchdringenden wissenschaftlichen Entwicklung vorgeführt wurden, Paris 1937 eine Ausstellung über »Art et Technique dans la Vie Moderne«. Die Zukunft wurde als ein großes Thema der Neuzeit dargestellt, die Einsicht also, daß die menschliche Gesellschaft ihre Existenz durch langfristige Prognosen und vorausschauende Planungen absichern muß. In diesem Blick nach vorn liegt ein großer Verdienst der Weltausstellungen zwischen 1900 und 1945, weniger in der Art und Weise, wie er auf den Expositionen umgesetzt wurde.

In diese Phase fällt auch, von der deutschen Reichsregierung übrigens schon 1912 angeregt, der Zusammenschluß von siebenunddreißig Staaten zum »Bureau International des Expositions« (1928) als Kontrollorgan, das den Weltausstellungen einen neuen Sinn und eine seriöse Form geben soll. Der erste Versuch dieser Art, die 1867 vorgeschlagene »Gesellschaft zur Förderung internationaler Ausstellungen«, ebenfalls mit Sitz in Paris, war nach wenigen Jahren gescheitert. Wichtigste Passage im Abkommen von 1928, das 1948, 1966, 1972 und 1988 geändert wurde, war die Definition einer Weltausstellung: Sie gilt nun als eine Veranstaltung, »deren Hauptzweck ungeachtet ihrer Benennung es ist, die in einer zivilisierten Gesellschaft auftretenden vielfältigen Bedürfnisse zu erkennen, und aufzuzeigen, welche Wege bereits beschritten worden sind oder beschritten werden können, um diesen Bedürfnissen gerecht zu werden«.[5]

Die ersten Nationen-Pavillons

Mit den Weltausstellungen 1933 in Chicago, 1935 in Brüssel und 1937 in Paris wurde es ferner üblich, sich nicht mehr unter einem einzigen »Dach« zu versammeln. Die Staaten begannen damit, eigene Pavillons zu errichten, neben denen gemeinsame Hallen besonderen Themen gewidmet waren. Diese Gewohnheit entwickelte sich zur Verpflichtung, bis 1988 eine (noch nicht überall ratifizierte) Änderung des Internationalen Abkommens von der Generalversammlung des »Bureau International des Expositions« beschlossen wurde. Danach ist den Staaten gestat-

Informationszentrum in Sevilla mit einem Foto des Weltausstellungsgeländes (Stand 1991).

tet, sich mit anderen zusammenzutun oder in bereits vorhandenen Gebäuden auszustellen. Für die Weltausstellung 1992 in Sevilla wird davon teilweise Gebrauch gemacht. Der Expo 2000 wird diese neue Freiheit sicher ein wichtiges Element sein, um zusätzlich zu anderen als den alten Darstellungsformen zu gelangen.

»Ich habe die Zukunft gesehen«

Was läßt sich aus dieser zweiten Phase in der Geschichte der Commedia dell'Expo für das hannoversche Projekt lernen? Die Frage richtet sich weniger auf die äußere Abwicklung oder die wirtschaftliche Seite der Weltausstellungen als auf ihr Programm und ihre inhaltliche Gestaltung. Was die Besucher (und auf sie kommt es an) bei dieser zweiten Kategorie von Weltausstellungen tatsächlich erwartete, beschrieb E. L. Doctorow in seinem Roman »Weltausstellung«.[6] Die jugendliche Hauptperson, Edgar, besucht einen Tag lang mit der Freundin Meg die New Yorker Weltausstellung von 1939/40, die unter dem Motto »The World of Tomorrow« stand. Von ihr ist überliefert, daß sie ihre Funktion darin sah, mit Zukunftsperspektiven, realistischen und unrealistischen, ernsten und albernen, zu spielen. Geführt werden Edgar und Meg von Norma, die auf dem »Site« in einem Wasserbecken arbeitet, in dem sie mit anderen Mädchen Ballett zu tanzen und mit einem verliebten Kraken zu ringen hatte. Die wirkliche »Welt von morgen« war damals das Grauen des 2. Weltkrieges und die blutige Realität der europäischen Diktatoren Hitler und Stalin. Aber die Veranstalter der Weltausstellung sahen vor ihrem inneren Auge etwas ganz anderes.

Ein weißer Turm, der Trylon, und eine weiße Kugel, die Perisphäre, waren die Wahrzeichen der Weltausstellung. Das dritte Objekt, das alles überragte, war eine sieben Stockwerke hohe neumodische Registrierkasse. Sie registrierte zwar nicht den Eingang von Dollars, aber immerhin die zunehmende Zahl der Besucher.
Das Interesse der beiden Jugendlichen wurde durch die Pavillons von Island, Rumänien, Frankreich, Spanien und Belgien, vor allem aber von den technischen Erfindungen der Ingenieure gefesselt.
General Motors hatte in einem riesigen Gebäude ein Futurama aufgebaut, eine zukünftige Großstadt und kommende Landschaft in Miniaturausgabe, durch die Edgar und Meg auf Sesseln hindurchfuhren. Sie sahen, wie auf vierspurigen Schnellstraßen ferngesteuerte Automobile durch den Verkehr geleitet wurden.
Die Gebäude der Stadt, stromlinienförmig gestylt und durch Fußgängerbrücken miteinander verbunden, erhielten die Infrastruktur ganzer Kleinstädte.
Die Flughäfen und selbst die Farmen der Landwirte funktionierten vollautomatisch. Ein anderes amerikanisches Unternehmen hatte ein plastisches Diorama konstruiert, in dem die Züge der Zukunft durch die USA rollten.
Die Consolidated Edison zeigte ein Diorama der Stadt New York, in dem das zukünftige Leben tagsüber und in der Nacht vorgeführt wurde, darunter ein attraktives Gewitter.
Es gab ein sogenanntes Gesundheitsgebäude auf der Weltausstellung, in dem die Funktionsweise der Sinnesorgane an riesigen Augen, Ohren, Nasen und selbst an Zellen des Knochenmarks demonstriert wurde.
In einer gewaltigen Gestalt aus Plexiglas durften die inneren Organe besichtigt werden, als Zeichen dafür, wie gut die Medizin von Morgen den Menschen im Griff hat.

Im Freigelände der Weltausstellung stießen die drei Romanhelden auf rotierende Plattformen, auf denen echte Kühe von elektrischen Pumpen gemolken wurden. Im Pavillon der General Electric gab es noch einmal künstliche Blitze zu sehen, im Gebäude der Radio Corporation of America, das einer Vakuumröhre nachgebildet war, das eben erfundene Fernsehen und die drahtlose Telegrafie.

Großen Eindruck machte ein Pavillon, in dem live die ersten Brutkasten-Säuglinge vorgeführt wurden, ebenso ein künstliches Stück Dschungel mit allen dazugehörigen Tieren und wirklichen Malaien mit Lendentüchern und Turbanen.

Im Odditorium war, um des Kontrastes willen, eine Sammlung von Mißgeburten ausgestellt, die niemals eine Zukunft haben würden.

Zum Schluß sprangen Edgar und Meg mit einem Fallschirm, auf eine technisch beherrschte Weise, in die Weltausstellung hinein.

Beim Verlassen der Weltausstellung trugen die Besucher einen Button am Hemd: »Ich habe die Zukunft gesehen«, und sie waren überzeugt davon, daß diese Worte der Wahrheit entsprachen.

Optimismus und Zukunft

Der Optimismus dieser und ähnlicher Weltausstellungen, was die Zukunft der Menschheit anbetraf, war grenzenlos. Er gründete sich zunächst auf die neuen technischen Erfindungen, bis dann auf der berüchtigten Weltausstellung 1937 in Paris nationalistische Elemente hinzukamen. Sie drängten sich in den Vordergrund, vor allem in den pompösen Bauten der nationalsozialistischen Architektur und des sozialistischen Realismus. Gerade für die Berliner wie für die Moskauer Diktatur war »Zukunft« an sich etwas Verheißungsvolles, das keiner weiteren Begründung bedurfte. Aber auch die Veranstalter der Weltausstellung suggerierten, die Zukunft werde ein »schönerer Ort« sein als die Gegenwart. Die technischen und politischen Erfinder würden eine verblüffende Idee nach der anderen entwickeln. Sie alle glaubten daran, der Weg der menschlichen Rasse werde bergauf führen, zu einem irgendwie gearteten Himmel aus Elektronik und Ideologie. Künstlerische Exponate wie Picassos »Guernica«, mit der Krieg schlechthin angeklagt wurde, waren demgegenüber nichts weiter als Dekorationen.

Wir wissen inzwischen, daß die Registrierkasse, die Television, der Brutkasten, die aus der Landschaft herausgenommene Stadt und erst recht der Nationalismus nicht nur göttliche, sondern auch teuflische Elemente enthalten. Über die drahtlose Telegrafie wurden eben nicht nur Bibelworte, sondern auch Kriegserklärungen in alle Welt transportiert. Derartige menschliche Werke lassen sich mit guten Argumenten besingen und mit nicht weniger guten Argumenten beklagen. Insofern stellen die Weltausstellungen zwischen 1900 und 1940 kein reines Vorbild mehr für eine Expo 2000 in Hannover dar. Diese zwei Kategorien von Weltausstellungen haben sich in ihrer merkwürdigen Naivität, die ebenso liebenswert wie gefährlich war und ist, überlebt. Dies bedeutet nicht, daß »Technik« auf keinen Fall mehr Gegenstand einer Weltausstellung sein kann. Als Produkt der Naturwissenschaften muß sie sich allerdings der Kritik der Geisteswissenschaften unterziehen, um zu überzeugenden Ergebnissen zu gelangen. In reflektierter Form wird das Technische plötzlich wieder interessant und sinnvoll und läßt sich auch auf Weltausstellungen erneut präsentieren.

Auch »die Zukunft« hat sich als Demonstrationsobjekt in den Weltausstellungen der ersten Jahrhunderthälfte rasch und erfolgreich abgenutzt. Dies gilt in zweierlei Beziehung: zum einen bewegen sich die neuen Erfindungen, die auf den Podesten der Pavillons ins Licht gerückt werden, allzu oft in eine ganz andere Richtung, als auf der Exposition angedeutet wird. Der Städtebau und das Verkehrswesen haben sich eben doch anders entwickelt, als auf der New Yorker Weltausstellung 1939/40 behauptet wurde. Die prophetischen Gaben der Erfinder und derer, die aus den Erfindungen ein Geschäft machen, unterliegen nun einmal engen Grenzen. Zum anderen fällt auf, daß Zukunftsprojekte auf den Weltausstellungen ausschließlich als ein Gewinn für die Mehrheit dargestellt und entsprechend verherrlicht wurden. Tatsächlich müssen wir erkennen, daß jede menschliche Errungenschaft möglicherweise eine konstruktive, aber häufig auch eine destruktive Seite enthält.

Die letztere müßte eigentlich Anlaß sein, auf die Errungenschaften zu verzichten oder sie in ihren Auswirkungen zu modifizieren. Jedenfalls wird der unerfreuliche Effekt schnell erkannt, so daß die beschönigende Präsentation auf der Weltausstellung nachträglich unglaubwürdig wirkt. Damit entfernen sich Weltausstellungen schon im Bewußtsein ihrer Zeitgenossen, erst recht der später Geborenen von ihren Intentionen. Sie werden dann allmählich nicht mehr ernst genommen.

Brüssel, Seattle, Montreal, Osaka, Sevilla

Die dritte und bisher letzte Phase im »Weltausstellungswesen« lag in der zweiten Hälfte des 20. Jahrhunderts, zwischen dem Ende des 2. Weltkrieges und der Jahrtausendwende. In dieser Zeit gab es oder wird es fünf Universale Weltausstellungen geben: 1958 in Brüssel, 1962 in Seattle, 1967 in Montreal, 1970 in Osaka und 1992 in Sevilla. In den Jahren dazwischen wurden oder werden zahlreiche kleinere Ausstellungen geboten, die nicht weniger charakteristisch für diese Phase sind. Was alle diese Expositionen von den vorangegangenen Weltausstellungen unterscheidet und was sie programmatisch verbindet ist die Tatsache, daß erstmals das »Menschliche« in den Überschriften auftaucht. Brüssel sprach von einer »Bilance d'un Monde pour un Monde plus Humain«, Seattle vom »Century 21«, Montreal von »Terre des Hommes«, Osaka von »Projet humaine dans l'Harmonie«, und Sevilla spricht von »L'Age de la Découverte«, wobei menschliche Leistungen aller Art zwischen 1492 und 1992 angesprochen sind.

Dies waren und sind große Worte, die rasch die Frage aufwerfen, ob ihnen die Ausstellungen gerecht geworden sind. Die Wahrheit ist, zumindest bei den bereits hinter uns liegenden Weltausstellungen, daß der Widerspruch zwischen den Versprechungen der Titel und dem Angebot in den Hallen unübersehbar war. Die Ehrlichkeit und Ernsthaftigkeit, die der ersten Weltausstellung 1851 in London nachgesagt wurde und die »World Exhibitions« über Nacht zu einer faszinierenden Aufgabe werden ließen, erreichten die letzten Weltausstellungen nicht mehr. Hinter der Fassade der neu entdeckten Humanität lugten zwei Gesichter hervor, die bezeichnend werden sollten für Weltausstellungen unserer Zeit: das altbekannte, das erneut und kommentarlos die jüngsten technischen Erfindungen widerspiegelt, und ein neues, das mit Grimassen jeglicher Art vor allem »eine Show abziehen« will.

Die Weltausstellung in Brüssel bezog sozusagen gegen ihre eigentlichen Absichten ihre stärkste Zugkraft von zwei Symbolen des technischen Fortschritts. Der »Eiffelturm« dieser Exposition wurde eine riesige, auf das milliardenfache vergrößerte Nachbildung des wissenschaftlichen Atommodells. Das »Atomium« verherrlichte eine Wissenschaft, die aus der Atomkraft Energie bezieht. Doch die Energie läßt sich nicht nur für zivile, sondern auch für militärische Zwecke einsetzen, wie wir seit Hiroshima wissen. Das Atomium symbolisiert also auch die Möglichkeit des Menschen, Millionen seiner Artgenossen zu vernichten und den Erdball beträchtlich zu ruinieren. Dies läßt sich mit dem Motto von der ». . . mehr Menschlichkeit« schwerlich vereinbaren. Das zweite Symbol waren Originalmodelle des sowjetischen »Sputnik« und des »Sputnik 2« mit einer Polarhündin an Bord. Dies waren die ersten Satelliten, die es gelang, in den Weltraum zu schießen und die seitdem als künstliche Planeten die Erde umrunden. Mit diesen hervorstechenden Beiträgen, dem »Atomium« und den Satelliten, setzte sich die Tendenz der Weltausstellungen aus der ersten Jahrhunderthälfte fort, wenn auch auf gesteigertem technischen Niveau. Die Präsentation der neuesten technischen Errungenschaften zog die Menschen offensichtlich auch nach dem 2. Weltkrieg noch am stärksten an. Daß ungebrochen und unüberlegt weiter auf Technik gesetzt wurde, bewiesen auch die bedeutenderen der kleineren Weltausstellungen, die alle im 9. Jahrzehnt unseres Jahrhunderts stattfanden. Knoxville befaßte sich 1982 mit Energie, Tsukuba 1985 mit Wissenschaft und Technologie, Vancouver 1986 mit dem Verkehr und Brisbane 1988 mit neuer Technologie, dem jeweiligen Motto entsprechend.

Bildete Brüssel 1958 ein Beispiel für den reaktionären Charakter moderner Weltausstellungen, war Osaka 1970 ein Beispiel für ein neues Expo-Phänomen: eine Olympiade der Unterhaltung zu sein. Brüssel zog 45 Millionen Besucher an, Osaka sogar 62 Millionen Besucher. Von den drei Aspekten einer Weltausstellung, dem unterhaltenden, dem belehrenden oder Erkenntnisse vermittelnden und dem wirtschaftlichen, wurde der zweite mehr oder weniger ausgeblendet. Die Veranstalter beschränkten sich auf ein Angebot von Vergnügungen und achteten im übrigen darauf, das Bruttosozialprodukt ihres Landes zu erhöhen. Beides gelang ihnen nach Wunsch. Die »menschliche Harmonie« wurde in Osaka vor allem in der Perfektion der Möglichkeiten gesucht, sich gemeinsam zu amüsieren. Die kleineren Ausstellungen in Vancouver und Brisbane übernahmen dieses Rezept und kamen damit ebenfalls auf ihre Kosten. Spielereien mit Licht und Tönen, Filmen und »Illusionen«, traten in den Vordergrund. In Brisbane umrahmten volksfestartige Vergnügungen eine »Expo«, die vor allem eine Tourismusbörse war. Um auf den Vergleich mit dem Theater zurückzukommen: Die Weltausstellungen in der zweiten Hälfte des 20. Jahrhunderts ähnelten Musicals und Operetten mit einem gewissen Hang zur Hanswurstiade. Ihre komödiantischen Späße waren zu grob und manchmal auch zu lächerlich, um sie dem Publikum auf Dauer vorsetzen zu können.

Erkenntnisse für die Expo 2000

Die Veranstalter der Expo 2000 in Hannover können aus dieser dritten Kategorie von Weltausstellungen lernen, daß es eine Reihe von Versuchungen gibt, denen zumindest teilweise widerstanden werden sollte.

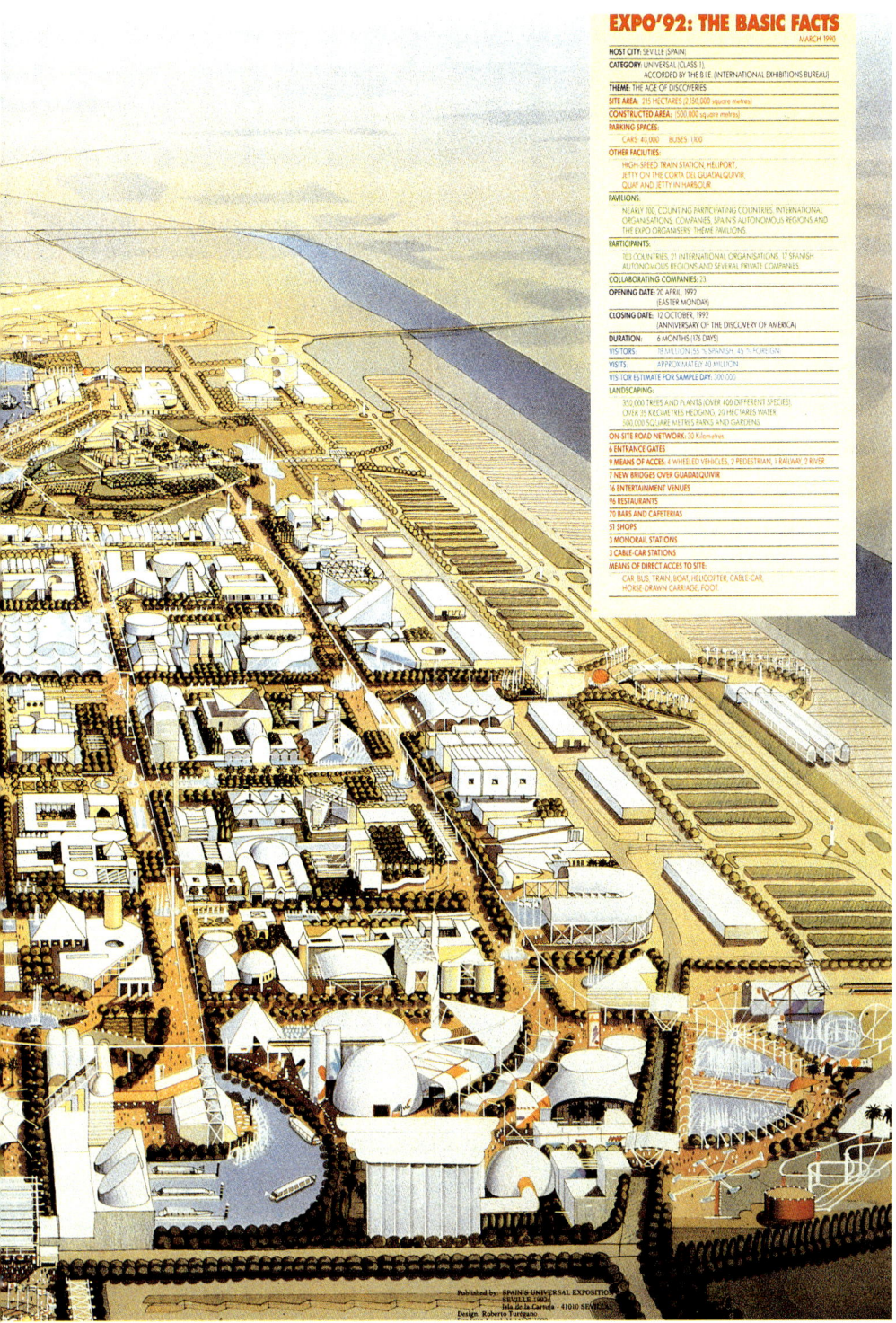

Eine zeichnerische Darstellung des Weltausstellungsgeländes der Expo '92 in Sevilla (Stand 1991).

Ausgerechnet Weltausstellungen von der Art Osakas oder Brisbanes gelten nämlich als besonders begehrt und wirtschaftlich gelungen. Was an ihnen erfolgreich war, sind allerdings Elemente, die mit dem Sinn und Zweck von Weltausstellungen nur am Rande zu tun haben. Osaka übertraf alle vorangegangenen Weltausstellungen in der Zahl der herbeiströmenden Besucher, und auch Brisbane gilt als Fall einer Weltausstellung, die einen finanziellen Gewinn abwarf. Beide Veranstaltungen erreichten dieses Ziel, indem sie sich in Vergnügungsparks ohne erwähnenswerten geistigen oder informatorischen Anspruch verwandelten. Sie erhoben die Unterhaltung, die wichtiges Beiwerk ist, in den Rang eines Hauptzwecks. Wenig oder nichts von dem, was die Staaten des »Bureau International des Expositions« jahrzehntelang veranlaßte, Weltausstellungen zu veranstalten, war auf den Geländen wiederzufinden. Außer dem Begriff »Weltausstellung« und gewissen Äußerlichkeiten erinnerte kaum etwas an die tragenden Prinzipien des Weltausstellungsbüros, sich doch ein wenig ernster mit der zivilsatorischen Fortentwicklung der Menschen auseinanderzusetzen.

Eine andere Erkenntnis besteht darin, daß die ausstellenden Staaten sich von Exposition zu Exposition mehr daran gewöhnt hatten, das vorgegebene Thema zu vernachlässigen. Von einer Bilanz für eine menschliche Welt war 1958 in Brüssel kaum etwas zu bemerken. Die Weltausstellung wurde von einer aus Gips nachgebauten altbelgischen Stadtlandschaft dominiert, die allein fünfundsiebzig Restaurants umfaßte. Die meisten Nationenpavillons zeigten heimisches Kunsthandwerk oder heimische Technik, darunter auch jene, die eher geeignet ist, eine menschliche Welt zu zerstören als sie aufzubauen. In Montreal wurden 1967 zwar versucht, die Staaten zu einer Auseinandersetzung mit dem Thema »Der Mensch und seine Welt« zu veranlassen. Kanada selbst baute verschiedene Themenpavillons auf und lud alle Staaten ein, in ihnen zur jeweiligen Sache auszustellen, doch ohne Erfolg. Die nationalen Pavillons bevorzugten, wie befürchtet, die übliche Art der Werbung oder Propaganda für das Land, das sie repräsentieren. Die meisten Veranstalter der letzten Weltausstellungen versäumten, ihren Ausstellern ein »Buch« in die Hand zu geben, in dem die inhaltlichen und programmatischen Vorstellungen des Veranstalters dargestellt sind. Diejenigen, die den Ausstellern ihre geistige Konzeption schriftlich vorlegten, mußten häufig erleben, daß sie nicht gelesen oder verstanden wurde. Die Gefahr, gegenüber dem eigentlichen Thema gleichgültig zu sein oder es mißzuverstehen, ist anscheinend immer groß.

Der deutsche Pavillon in Sevilla

So folgt auch der deutsche Pavillon für das Ereignis 1992 in Sevilla, das sich mit dem Zeitalter der Entdeckungen zwischen 1452 und 1992 beschäftigen möchte, eher kuriosen Vorstellungen. Wer den Pavillon betritt, gerät in eine Art von Geisterbahn, die Zukunftsvisionen illustrieren soll. Der erste Blick fällt auf ein überdimensionales Karussel, auf dem Don Juan, Faust, Picasso, Till Eulenspiegel, Don Quichote und Sancho Panza, Simplizissimus und Mutter Courage sich drehen. Nachdem sie die Berliner Mauer passiert haben, treffen die Besucher auf das Brandenburger Tor, »das sich jedoch beim Näherkommen spukhaft auflöst«[7]. Dieser anamorphotische Trick soll demonstrieren, daß es heute eine unerschöpfliche Vielfalt an Möglichkeiten gibt, Städte aus ihren wichtigsten Elementen zusammenzusetzen. In einer Art von Stadtmaschine bewegen sich die Besucher zwischen Altstadtfassaden und wirklicher oder vermeintlicher visionärer Architektur der Zukunft. Hierauf folgt ein riesiger Baum, in einen gläsernen Würfel gestellt. Auf seine Krone werden Bildsequenzen geworfen, die zeigen, wie die Natur auf den Baum einwirkt, ihn zum Gerippe macht und wieder regenerieren läßt. Zugleich wird in Bildsequenzen auf Ozonlöcher, das Abholzen des südamerikanischen Regenwaldes, der Wachstum der Menschheit und andere Probleme hingewiesen. Ein wiederum überdimensionales aufgeschlagenes Buch zeigt, als nächste Station, das Arbeitszimmer Alexander von Humboldts. In ihm sitzen als Pop-up-Figuren neben Humboldt noch Gutenberg, Kepler, Hertz, Koch, Röntgen und Einstein. Zweiminütige Filme zeigen, was diese Geistesgrößen bewirkt haben und was ihre Erfindungen noch erwarten lassen. Der Weg führt vorbei am Teilstück eines Zeppelins in Originalgröße, der 1929 von Sevilla aus (Ibero-amerikanische Ausstellung) nach Südamerika startete. Im Inneren des Zeppelins kann die Geschichte der Luftfahrt und ihrer Zukunft »in höchst realistischer Weise« erlebt werden. Am Ende findet sich der Besucher in einem Fernsehstudio wieder, in dem er seine eigene Person in Freizeitbeschäftigungen besichtigen kann.

So versteht ein ausstellender Staat sich selbst angesichts eines Mottos, das ein fünfhundertjähriges Zeitalter der Entdeckungen aufruft. Auch diese Art, mit einem Thema umzugehen, eignet sich weniger als Vorbild für die kommende Weltausstellung in Hannover.

Pavillons anderer Nationen in Sevilla

Der ungarische Pavillon präsentiert sich als Dorfkirche mit sieben Glockentürmen. Innen befindet sich ein riesiger Eichenbaum, dessen Wurzeln unter einem Glasboden sichtbar sind.

Im tschechoslowakischen Pavillon arbeiten Künstler mit Licht, Schatten, Musik und Kristallglasskulpturen.

Im rumänischen Pavillon wird eine »Latinitäts-Brücke« gezeigt, die an die Herkunft des Landes aus dem Heiligen römischen Reich erinnert.

Der polnische Pavillon enthält ein Museum von »Weltfahnen«, die Menschen aus aller Welt entworfen haben.

Die Bulgaren präsentieren 6000 Jahre alte Goldobjekte und würdigen den Mathematiker John Atanassow, der den Computer als erster erdacht haben soll.

Auch Jugoslawien bringt einen Naturwissenschaftler in Erinnerung, Nicola Tesla, der das rotierende Magnetfeld entdeckt hat und das erste Kraftwerk errichtete.

Rußland hat seinen Pavillon als große Treppe in permanent wechselnden Farben gebaut, in Anspielung an die Eingangsszene des Eisenstein-Films »Panzerkreuzer-Potemkin«. Sie symbolisiert die Entdeckung der Menschheit, der Erde und des Universums in dieser aufsteigenden Reihenfolge.

Dies als Beispiele osteuropäischer Präsentationen auf der Expo '92 in Sevilla, wie sie heute üblich sind.

Fazit

Fassen wir alle diese Beobachtungen und Einsichten zusammen, gelangen wir zu dem Schluß, daß mit der Expo 2000 in Hannover in verschiedenen Beziehungen ein neuer Anfang gemacht werden muß. Die Veranstalter werden, zufällig wieder nach Ablauf von etwa fünfzig Jahren, eine 4. Kategorie von Weltausstellungen einführen müssen. Nicht alles muß neu entworfen werden, und von den vorangegangenen Expositionen läßt sich manches erneut verwenden. Es ist schon viel gewonnen, wenn zum Beispiel von den Weltausstellungen des 19. Jahrhunderts die Souveränität und Ernsthaftigkeit übernommen wird, mit der sie sich an das gesetzte Thema hielten. Von den Weltausstellungen der ersten Hälfte des 20. Jahrhunderts läßt sich nach wie vor lernen, daß nicht nur die historischen oder aktuellen Gesichtspunkte eines Themas dargestellt werden, sondern auch möglichst realistische Aussagen über seine Wirkungen oder Konsequenzen in der Zukunft versucht werden sollten. Und die Weltausstellungen der zweiten Hälfte des 20. Jahrhunderts bleiben das beste Anschauungsmaterial dafür, wie man die Besucher bei guter Laune hält und sich wirtschaftliche Abenteuer erspart. Davon abgesehen aber haben die Veranstalter der Expo 2000 ihre Phantasie anzustrengen und schöpferische Arbeit zu leisten, um ein wirklich überzeugendes neues Weltausstellungsmodell zu gewinnen. Hiervon wird in den späteren Kapiteln noch ausführlich die Rede sein.

Anmerkungen

[1] Bewerbungsbroschüre Spaniens um eine Universale Weltausstellung 1992 in Sevilla, Madrid 1982
[2] Jutta Pemsel, Die Wiener Weltausstellung von 1873, Wien 1989, S. 12
[3] Eduardo Mendoza, S. 116
[4] Jutta Pemsel, S. 84, S. 98
[5] Bundesgesetzblatt, Jahrgang 1974, Teil II, S. 276
[6] E. L. Doctorow, Weltausstellung, Reinbek 1987
[7] Internes Papier über das Konzept für den deutschen Pavillon in Sevilla 1992

DAS BEWERBUNGS-RITUAL

oder

Wie gelangt man zu einer Weltausstellung

4

Auf dem Theater ist, wenn man so will, alles viel einfacher. Damit eine Komödie zustande kommt, genügt es, daß einige Akteure sich zusammentun, eine Bühne mieten, ein Stück einüben, Plakate drucken, Eintrittskarten verkaufen und schließlich ihr Stück aufführen. Die Aufführung mag miserabel oder bewundernswert ausfallen: Sofern die Akteure es sich finanziell erlauben können, hindert niemand sie daran, sich ihrer Lust auf Theater bis zur Erschöpfung hinzugeben. Ob sie ihre Komödie ein zweitesmal, ein drittesmal oder ein hundertstes Mal spielen, ist letztlich ihre Sache. Einige Zuschauer werden sich immer einfinden, sofern sie nicht um jedes Interesse gebracht werden.

Wer sich nicht mit einer einfachen Komödie zufrieden gibt, sondern den Ehrgeiz hat, die Commedia dell'Expo zu spielen, hat eine lange Reihe zusätzlicher Hürden zu nehmen. Er braucht viel Geduld, etliches Geld, das möglicherweise vergeblich ausgegeben wird, und besondes viel Glück. Vor allem aber muß er über die Fähigkeit verfügen, ein langwieriges Bewerbungsritual durchzuhalten, ohne die Fassung zu verlieren. Die im »Bureau International des Expositions« vereinigten Staaten haben sich einiges ausgedacht, um die Kandidaten intensiv zu testen.

Das Bewerbungsverfahren

Wer eine Weltausstellung veranstalten möchte, muß sich also beim Weltausstellungsbüro in Paris darum bewerben. Nicht jedermann hat das Recht, dort einen Antrag vorzulegen oder sogar auf eigene Faust zu handeln und seiner Veranstaltung die Überschrift »World Exposition« zu geben. Der letzte Chef einer Weltausstellung, der über eine solche Anmaßung stürzte, war der Verantwortliche der New Yorker Weltausstellung 1964/65. Sie war ohne den Segen der dreiundvierzig Staaten veranstaltet worden. Die USA meinten, auf den Pariser Stempel verzichten zu können, weil sie vorübergehend aus der Generalversammlung des Weltausstellungsbüros ausgetreten waren. Weltausstellungen sind in bestimmten Beziehungen Akte des Völkerrechts, und völkerrechtsfähig sind zunächst einmal nur Staaten. Unter den einhundertundsiebzig Staaten des Erdballs sind wiederum nur diejenigen zu einer Bewerbung berechtigt, die wie Deutschland und zweiundvierzig andere Staaten dem »Bureau International des Expositions« beigetreten sind. Jede Bewerbung muß also die Unterschrift einer der dazugehörigen Regierungen tragen, am besten die des jeweiligen Regierungschefs, wer immer auch sich hinter dem Wunsch nach einer Weltausstellung verbergen mag.

Im allgemeinen ist dies eine unkomplizierte Ausgangssituation, immer dann nämlich, wenn der erste Einfall zu einer Weltausstellung von einem Minister oder einem anderen Mitglied der Regierung stammt. So war es in Sevilla, wo alles mit einer Idee des Sevillaners Gonzales, des spanischen Ministerpräsidenten und einem von König Juan Carlos unterschriebenen Gesetz, dem »Real Decreto 697/82« von 1982, begann. So geschah es bei der später abgesagten Weltausstellung 1989 in Paris, die der französische Staatspräsident Mitterand vorbereiten ließ, bis er am Pariser Bürgermeister und politischem Gegner Chirac scheiterte. So verhielt es sich auch in Wien und Budapest, wo Regierungsvertreter sich als erste für eine gemeinsame Weltausstellung 1995 engagierten. Sie alle trugen ihre Idee gleichsam von oben nach unten, von der Regierungsebene in die Stadt, die sie als Standort der Veranstaltung gewählt hatten. Dies war und ist der Normalfall schon seit der ersten

Weltausstellung 1851 in London, die von einem Mitglied des Königshauses, Prinz Albert, initiiert wurde.

Die erste Idee

In Hannover sollte auch dies völlig anders sein. Hier ging es darum, die Idee, die im Aufsichtsrat der Deutschen Messe AG entstanden war, von unten nach oben zu tragen, aus der Stadt auf die Regierungsebene. Dies bedeutete eine zusätzliche Erschwernis, die von den Vertretern des Landes Niedersachsen und der Stadt Hannover eine große Standfestigkeit erforderte. Auf der Strecke von der Landeshauptstadt bis zur Bundeshauptstadt lauerten einige Gefahren, die listig umspielt oder mit einer gewissen Nachdrücklichkeit beiseite gerückt werden mußten. Schließlich gab es in Westdeutschland nicht nur eine einzige Stadt, die an einer Weltausstellung interessiert war, und nicht nur eine einzige Messegesellschaft, die sich davon etwas versprach. In West-Berlin befaßte sich der Senat schon etwas länger mit dem Gedanken, die Stadt mit Hilfe Olympischer Spiele oder einer Weltausstellung ins Gespräch zu bringen. Die Städte des Gebietes zwischen Ruhr und Rhein waren seit langem auf der Suche nach einem zündenden Funken, um ihr Revier, müde geworden durch den Niedergang des Bergbaues und anderer historischer Industrieparten, aufzumuntern und ihm eine zusätzliche Aufgabe zu verschaffen. Auch Städte wie Hamburg, Frankfurt oder Stuttgart bereiteten sich auf eine Bewerbung um Olympische Spiele vor und hätten gewiß nicht gezögert, auf eine Weltausstellung umzusteigen. Stuttgart erhielt schließlich für 1993 eine ebenfalls vom »Bureau International des Expositions« genehmigte Internationale Gartenbauausstellung. Schließlich herrscht zwischen den Messegesellschaften in Frankfurt, Köln, München, Düsseldorf und Hannover ohnehin eine natürliche Konkurrenz. Jeder Vorstand hätte gern die Gelegenheit ergriffen, mit Hilfe einer Universalen Weltausstellung seinen Konkurrenten wieder einen Schritt voraus zu sein. Ein Sprecher der Kölner Messe nahm dann auch die Weltausstellung 1988 in Brisbane wahr, um auf einer Pressekonferenz mitzuteilen, die Stadt Hannover sei für eine Weltausstellung völlig unattraktiv und habe schon deshalb mit ihrer Bewerbung keine Chance. Die Münchener Messegesellschaft behauptete, die Expo 2000 in Hannover führe zu Verzerrungen im Messewesen und sei deshalb nicht vertretbar. Die Vorstände aller Messegesellschaften verfügen, jeder auf seine Art, über Beziehungen zur Bundesregierung in Bonn. Sie sind persönlicher oder parteipolitischer Art und stützen sich auf andere Grundlagen, waren also ernst zu nehmen. Dies also war die erste Hürde, die zu nehmen war.

Die Bundesregierung wird für die Beratung gewonnen

Die Vertreter Niedersachsens, der Stadt Hannover und der Messegesellschaft dachten 1987 und 1988 darüber nach, womit das Bundeskabinett in Bonn, vor allem der federführende Wirtschaftsminister und der Bundeskanzler, für das hannoversche Projekt gewonnen werden könnten. Gab es Argumente, die so hinreißend waren, daß die Regierung sich eigentlich für niemanden sonst als für die niedersächsische Provinzmetropole entscheiden konnte? In aller Verschwiegenheit wurden Verbündete unter Politikern und Vertretern von Unternehmen gesucht, Ge-

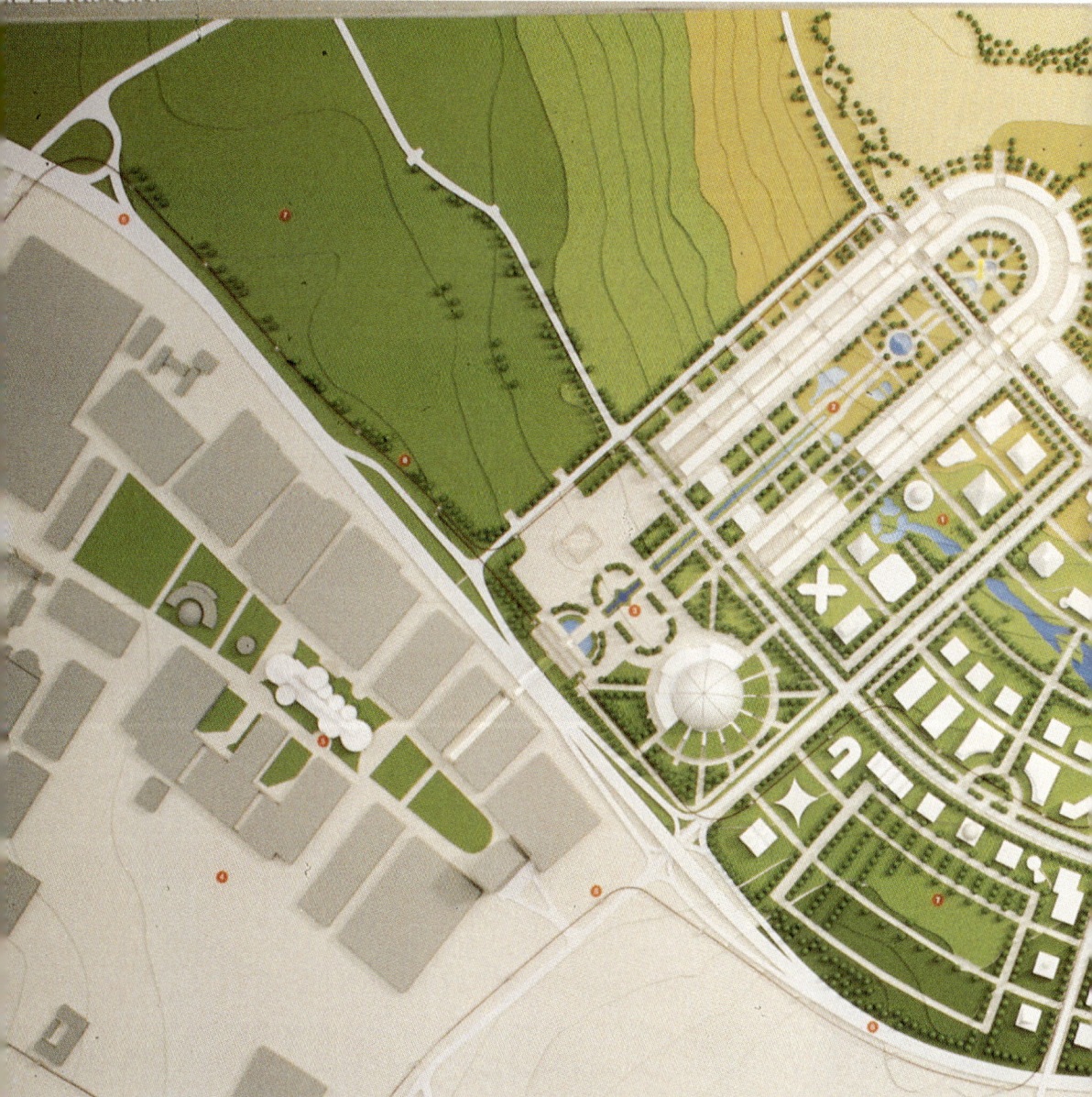

Für die Bewerbung beim »Bureau International des Expositions« in Paris entwickeltes
Modell eines Weltausstellungsgeländes (Stand 1989).

spräche geführt und Schreiben formuliert, die immer wieder dieselben Hinweise enthielten. Da sich jeder Staat vor den Kosten fürchtet, die ihm eine Weltausstellung zunächst einmal aufbürdet, und erst recht vor dem Ausgleich etwaiger Verluste, der ihm nach der Weltausstellung abverlangt wird, ist er für den finanziellen Aspekt sehr empfänglich. Die Bundesregierung erfuhr aus Hannover, daß sie sich in dieser Beziehung keine Sorgen zu machen brauche. Die seit Jahrzehnten in Hannover realisierten Messen, von denen einige die jeweils weltgrößten sind, haben in der Tat zu einer hervorragenden Infrastruktur geführt, auf die eine Weltausstellung zurückgreifen kann. Die Zahl der Besucher, die während der Messen täglich in die Stadt einströmen, entspricht beinahe schon derjenigen, die bei einer Weltausstellung zu erwarten sind. Von den Straßen über die Hotels bis zu den Restaurants, von den Stadtbahnen über den Flugplatz bis zu den sozialen Diensten ist eigentlich alles vorhanden, was auch bei einer Weltausstellung benötigt wird. Diese schien nach einer solchen Argumentation nichts anderes zu sein als eine von acht auf hundertundfünfzig Tage verlängerte Industriemesse. Was darüber hinaus für eine Weltausstellung nötig sein würde, so die Hinweise aus Hannover, ließe sich aus dem Verkauf von Eintrittskarten, Lizenzen oder Konzessionen bestreiten. Außerdem war das Know-how der Messemanager, was den Umgang mit großen »Spektakeln« anbetrifft, nicht zu bestreiten.

Ein zweites Faustpfand stellt der Grundbesitz der Stadt Hannover dar, der sich neben der Messe auf dem unbebauten Kronsberg befindet und fast das gesamte in Aussicht genommene Weltausstellungsgelände abdeckt. Seit dreißig Jahren hatte die Stadtverwaltung, instinktiv richtig, sich um bebaubare Grundstücke an der einzigen Stelle bemüht, an der heutzutage eine Weltausstellung überhaupt realisiert werden kann. Andere Städte würden Schwierigkeiten haben, sich mit den benötigten Flächen dort, wo bei ihnen eine »Expo« möglich wäre, einzudecken. Schließlich erinnerten die niedersächsischen Politiker daran, die Bundesregierung habe ohnehin vor, den vernachlässigten Norden der Republik wirtschaftlich zu fördern. Dafür sei eine Weltausstellung in Hannover eine vorzügliche Gelegenheit.

Die Bundesregierung bewirbt sich in Paris

Die Bundesregierung ließ sich überzeugen, und der Bundeswirtschaftsminister unterschrieb im Frühjahr 1988 einen Brief an das Weltausstellungsbüro in Paris, mit dem eine Bewerbung der Bundesrepublik Deutschland angekündigt wurde. Er hatte die Eröffnung der Elektronikmesse CeBIT im März 1988 im hannoverschen Opernhaus zum Anlaß nehmen wollen, diese wichtige Botschaft dem Auditorium zu übermitteln. Doch er vergaß es und begab sich bereits wieder zu seinem Platz, als ihn ein Vertreter der Messe noch einmal auf das Podium schob und ihm den entscheidenden Satz soufflierte. Mit diesem Coup war die Bundesregierung auf Hannover festgelegt, und die erste Hürde war genommen.

Die zweite Hürde bestand in der Konkurrenz ausländischer Städte, die sich zu dieser Zeit ebenfalls um eine Weltausstellung bemühen wollten. Dabei sind mehrere Gesichtspunkte zu berücksichtigen. Wer sich um eine Weltausstellung bewirbt, kann leicht zu Fall kommen, wenn er den zeitlichen Aspekt vernachlässigt. Mit anderen Worten: die Erfolgsaussichten werden nicht zuletzt dadurch beeinflußt, welches Jahr man sich für die geplante Veranstaltung ausgesucht hat. Auch hierbei sind einige Regeln zu beachten, die sich aus den Beschlüssen des »Bureau International des Expositions« ergeben. Erstens gibt es Jahre, für die eine Weltausstellung bereits vergeben worden ist. In Hannover stellte man fest, daß 1992 und 1995 für eine hannoversche Weltausstellung nicht mehr in Frage kommen. Sevilla und Wien/Budapest war bereits das Recht zugesprochen worden, eine Ausstellung zu veranstalten. Alle übrigen Jahre dieses letzten Dezenniums waren noch »frei«, wobei die Zeit bis 1995 schon deshalb ausschied, weil die Vorbereitungszeit zu kurz war. Zum zweiten legte das Weltausstellungsbüro Fristen für eine Bewerbung fest, so daß ein Bewerber frühestens zehn Jahre nach der ersten Idee, sich eine Weltausstellung vorzunehmen, zum Zug kommen konnte. Von 1988 zehn Jahre weitergerechnet führt zum Jahr 1998, in dem die fünfzigjährige Existenz der Bundesrepublik Deutschland (westlicher Teil) gefeiert werden kann. Also enthielt die erste Bewerbung aus Hannover die Bitte, eine Weltausstellung für 1998 zu genehmigen. Dieses Jahr schien auch deshalb besonders geeignet, weil es für andere Interessenten von Weltausstellungen offensichtlich uninteressant war. Zwar trugen sich Miami in den USA und Hongkong mit der Absicht, zum Jahrtausendende eine Ausstellung zu veranstalten. Aber die Bewerbungen waren nicht so eindeutig fixiert, daß die hannoversche als taktisch unklug erscheinen mußte.

Die Konkurrenten Hannovers

Doch wenige Monate nach Eingang der deutschen Bewerbung beim Weltausstellungsbüro änderte sich die Situation erneut. Seine Generalversammlung faßte 1989 den Beschluß, Universale Weltausstellungen nur noch alle fünf Jahre stattfinden zu lassen. Der neue Rhythmus sollte mit dem Jahr 2000 beginnen. Damit war die deutsche Bewerbung nicht mehr richtig plaziert, sie mußte auf das Jahr 2000 umgeschrieben werden. Hannover war seine Konkurrenten Miami und Hongkong zwar inzwischen losgeworden, weil Miami nicht die Unterstützung der nordamerikanischen Regierung fand und Hongkong nicht über das Gelände verfügt, das für ein Weltausstellung benötigt wird. Dafür tauchten zwei neue Rivalen auf, das kanadische Toronto und Italien mit Venedig. Einen Trick, auch dieser gefürchteten Konkurrenz aus dem Weg zu gehen, gab es nicht, es sei denn, man verzichtete auf eine Weltausstellung zur Jahrtausendwende. Diese Alternative aber war, phsychologisch gesehen, völlig uninteressant. Die meisten der Vertreter der Bundesregierung, der Landesregierung, der Stadtverwaltung und der Messegesellschaft würden im Jahr 2000 nicht mehr beruflich tätig sein. Sie erreichten vorher das Alter, in dem man freiwillig oder zwangsweise in den Ruhestand tritt. Jeder noch spätere Weltausstellungstermin hätte bedeutet, daß niemand von der kleinen Gruppe, die eine »Expo« nach Hannover holen wollte, sie noch beruflich erlebt hätte. Ein wichtiges persönliches Motiv für das Engagement in einer solch anstrengenden Angelegenheit wäre damit entfallen. Man entschloß sich, den »Kampf« um einen Zuschlag für das attraktive Jahr 2000 aufzunehmen und Venedig wie Toronto auszustechen.

Es gibt in einem Bewerbungsverfahren nur wenige Möglichkeiten, sich zu profilieren. Eine davon besteht darin, ein wenig mehr zu dokumentieren als nur den Willen zur Weltausstellung. In aller Eile gab das Land Niedersachsen eine Druckschrift in Auftrag, die allgemeine Ausführungen über das Motto »Mensch, Natur, Technik«

und einige wirkliche oder vermutete Vorzüge des Landes, seiner Hauptstadt Hannover und der Messe enthielt. Diese Hochglanzbroschüre im wagnerianischen Format von 46 × 30 × 3 cm wurde vom Vorstand der Messe zusammengestellt und entsprach der Denkweise der Kaufleute, ihrer pragmatischen Weitsicht und ihrem professionellen Optimismus. So heißt es zum Beispiel: »Nur durch die wissenschaftliche und technische Entwicklung besteht überhaupt eine Hoffnung, die sprunghaft wachsende Weltbevölkerung ernähren zu können. Nur durch Wissenschaft und Technik kann es eine Versorgung der Welt mit fortschrittlicher Medizin geben. Nur durch Wissenschaft und Technik können die z. T. unwürdigen Lebensumstände der Menschen verbessert werden. Nur durch Wissenschaft und Technik kann es eine humane Gestaltung der Arbeit geben, die es dann auch ermöglicht, Freizeit zu haben und sinnvolle Inhalte für die Freizeit zu finden.«[1]

Daneben entstand der gezeichnete Entwurf eines Weltausstellungsgeländes am Kronsberg neben der Messe, dessen Realisierbarkeit in der knappen Zeit niemand zu überprüfen vermochte. Immerhin waren dort nur ungenutzte Äcker zu beseitigen, keine Gebäude, historischen Relikte oder besonders seltenen Pflanzen und Tiere. Niemand erregte sich also über diesen Plan, wie dies zwei Jahre später der Fall sein sollte, und er wurde anstandslos dem Textteil der Broschüre beigefügt. Nach den Zeichnungen wurde ein eindrucksvolles dreidimensionales Modell gebaut, daß von jetzt ab überall dorthin mitgenommen wurde, wo auch die Veranstalter der Expo 2000 zu erscheinen hatten. Wenige Tage vor Abgabe der Bewerbungsunterlagen beschloß der Rat der Landeshauptstadt Hannover, der Bewerbung zuzustimmen.[2] Um sicherzustellen, daß die Dokumente das Weltausstellungsbüro noch rechtzeitig erreichten, wurden sie nicht der Post übergeben, sondern in aller Eile von Hannover nach Paris chauffiert.

Für die nächsten Monate ruhte das Vorspiel zur hannoverschen Commedia dell'Expo. Für Unterhaltung sorgten allenfalls Nachrichten aus Venedig, wonach der Stadtrat und zahlreiche Venezianer eine Weltausstellung in ihrer Stadt für ein Unglück hielten. Sie verlangten von ihrem Außenminister, der sich als Venezianer von einer Weltausstellung viel für seine Stadt versprach, die Bewerbung zurückzuziehen. Zur Freude der Hannoveraner empfahlen die italienischen Gegner, den Deutschen die Weltausstellung zu überlassen.

Der Fragebogen des Weltausstellungsbüros

Im Sommer 1989 wurde der Bundesregierung, der Landesregierung und der Stadt Hannover ein Fragebogen aus Paris zugeschickt, mit dem eine Prüfungskommission des Weltausstellungsbüros sich Informationen über die Kandidaten verschaffen wollte. Der Fragebogen war so angelegt, daß er jedes Problem ansprach, das irgendwo auf dem Erdball für eine »Expo« entscheidend sein kann. Er spiegelte die Herkunft der Mitgliedsländer aus unterschiedlichen politischen, kulturellen und religiösen Zonen der Erde wieder. Er reichte von Fragen zum lokalen Wetter bis zu Fragen über die Streiklust der lokalen Gewerkschaften, von Fragen nach der Finanzierung der Weltausstellung bis zu Fragen nach ihrer geistigen Konzeption.

In Hannover gab es zwar einige sehr lockere Vorstellungen über den Sinn und das Programm der Weltausstellung. Aber die Absicht, sie zu realisieren, war erheblich stärker als eine genaue Vorstellung dessen, was nun eigentlich »ausgestellt« werden sollte. Der Fragebogen stürzte diejenigen, die ihn beantworten sollten, in eine gewisse Verwirrung. Er ließ beträchtliche Löcher und Blößen in der hannoverschen Vorstellungswelt erkennen.

Was sollte auf die Frage geantwortet werden: »Erwünscht ist eine Zusammenfassung der Hintergründe für die Bewerbung.« Warum also will man die Commedia dell'Expo spielen? Aus Eitelkeit? Aus Geschäftssinn? Aus dem Sendungsbewußtsein heraus, die Welt zu retten? Der Unterhaltung und des Vergnügens willen? Nicht alles, was im Innenverhältnis ausgesprochen werden mochte, eignete sich dafür, im Außenverhältnis preisgegeben zu werden. Andere Fragen lauteten: »Wird die Ausstellung auf jeder Ebene der Exekutive befürwortet? Ist, wenn eine bestimmte politische Motivation vorliegt, zu erwarten, daß die zur Zeit gewählten Parteien und Entscheidungsträger ihre Kompetenzen während der gesamten Durchführung des Projekts innehaben werden? Welche Folgen hätten, rein hypothetisch, Veränderungen in der politischen Landschaft?« Da sowohl in Bonn als auch in Hannover Koalitionen der CDU und FDP regieren, besorgten sich die Veranstalter schriftliche Erklärungen der sozialdemokratischen Oppositionsführer im Bundestag und Landtag. Diese bestätigten freudig, das Projekt weiterzuführen, sollten sie zum Regierungschef in Bonn oder in Hannover (was dann hier auch geschah) gewählt werden. Eine andere Frage lautete: »Besteht die Möglichkeit, sich mit den Gewerkschaften über ein Stillhalteabkommen hinsichtlich Streiks o. ä. zu einigen?« Wenigstens diese Frage war für Hannover kein Thema, wohl aber für die Weltausstellung 1992 in Sevilla, wo eine solche Vereinbarung tatsächlich abgeschlossen wurde.

Der Fragebogen wollte schließlich wissen: »Thema und Zielsetzung der Ausstellung sollten klar umrissen und begründet werden, damit Relevanz, Bedeutung und Realisierbarkeit erkennbar werden.« Diese Frage nach dem eigentlichen Stoff des Stückes, das im Jahr 2000 aufgeführt werden sollte, war sicher die schwierigste. Ihr folgte als Zusatzfrage: »Ist das Thema der Ausstellung ein ernstzunehmender Versuch, den Bestand menschlichen Wissens zu erweitern?« Die Antworten hierauf waren denn auch die längsten, die gegeben wurden. Bei dieser Gelegenheit wurde deutlich: niemals vorher war im niedersächsischen Landtag oder im Rat der Stadt Hannover darüber diskutiert worden, welches Ziel die Politiker mit der Ausstellung eigentlich verfolgten. Für eine Diskussion bestand offensichtlich kein Bedürfnis, weil der überwältigende Teil der Politiker und Experten in den Administrationen der Ansicht war, die hannoversche Bewerbung sei lächerlich, vermutlich auch aussichtslos. Wer sich intensiv mit ihr befaßte, wie drei oder vier Mitarbeiter der Stadtverwaltung und des niedersächsischen Finanzministeriums, galt als sonderlich und weltfremd. Viele Leute hielten Hannover sozusagen für einen klapprigen »Käfer« von Volkswagen, und ein solches Auto hatte noch niemals ein internationales Rennen gewonnen.

Tatsächlich haben große Projekte die Eigenschaft, daß sie der Zustimmung einer Mehrheit nicht mehr bedürfen, wenn sie erst einmal angefangen worden sind. Sie schieben auch diejenigen, die nichts mit ihnen zu tun haben wollen, sanft vor sich her. Die mit der Sache befaßten Mitarbeiter der Behörden und der Messegesellschaft formulierten rasch gefundene Antworten auf die Fragen des Weltausstellungsbüros und erledigten damit endlich eine Aufgabe, die bereits vor der Bewerbung hätte erledigt werden müssen.[3] Man wußte nun, daß die »Verselbständigung

Eine internationale Kommission des Bureau International des Expositions im Gespräch mit Vertretern der Bundesregierung, der Landesregierung und der Stadt Hannover.

der technischen Entwicklung bis hin in eine Konfliktsituation gegenüber Mensch und Natur« eines der großen Weltprobleme darstellt, das nur durch einen Dialog der Völker gelöst werden kann. »Die harmonische Symbiose der drei Bereiche muß unser Ziel sein. Hier liegen die Herausforderungen des 21. Jahrhunderts, an dessen Schwelle die Wertmaßstäbe neu diskutiert werden müssen. Von der Weltausstellung können wir uns erhoffen: Hilfen bei der Suche nach neuen Antworten auf die Fragen an die Zukunft, neue Lösungen zu Problemen der Zeit, Beiträge zur Überwindung von Gegensätzen, nationale Leistungen zur Lösung globaler Probleme und einen Ausgleich zwischen den Spannungsfeldern Nord-Süd, Ost-West . . . Angesprochen sind alle Bereiche der Wissenschaft, Technik, Wirtschaft, Kultur, Religion und Gesellschaft«.

Immerhin gelangen diese und weitere Formulierungen dermaßen weitausholend, daß die Gefahr gering war, in der Eile etwas wichtiges vergessen zu haben. Originell war vor allem der Satz: »Mit ihrer Thematik aber stellt die Weltausstellung 2000 im Vergleich zu allen bisherigen Weltausstellungen erstmals auch die Technik selbst zur Disposition.« Vielleicht ist diese Behauptung nicht ganz so resolut gemeint, wie sie formuliert worden war. Doch die Deutschen gaben damit zu vestehen, daß ihnen die Bewerbung um eine Weltausstellung zum Thema »Mensch, Natur, Technik« ernst war. Die Ausstellung sollte ein Zeichen setzen, wie es zuvor selten oder nie gesetzt worden war.

Der Besuch der Pariser Kommission

Alle übrigen Fragen wurden so beantwortet, wie dies vom »Bureau International des Expositions« gewiß erwartet wurde. Man hielt sich an die Spielregeln und kündigte die Gründung einer gemeinsamen Weltausstellungsgesellschaft zwischen dem Bund, dem Land Niedersachsen und der Stadt Hannover an. Auch der Commissioner General wurde nicht vergessen, der von der Bundesregierung als oberster Diplomat der Expo 2000 einzusetzen ist. Der deutsche Staat werde die notwendigen Finanzmittel bereitstellen, hieß es, und die Gesellschafter der Expo-GmbH würden sich eines Defizits annehmen, wenn es unvermeidlich sei. Technische Schwierigkeiten sah man ohnehin nicht, weil Hannover seit Jahrzehnten, inzwischen fast im Schlaf, die größten Messen bewältigt.

In Paris wurde die Antwort auf den Fragenkatalog offensichtlich als befriedigend empfunden. Im September 1989 kündigte eine Kommission aus Mitgliedern der Generalversammlung ihren Besuch an, in Begleitung des französischen Präsidenten des Weltausstellungsbüros und unter der Leitung des britischen Vizepräsidenten. Von den drei weiteren Delegierten stammten einer aus Ungarn und zwei weitere aus Frankreich. Die Kommission war mit dem Konzept der hannoverschen Weltausstellung, soweit es sich der Bewerbung entnehmen ließ, einverstanden, mit zwei Ausnahmen: Man stieß sich erstens daran, daß die Bewerbung nur zwanzig Millionen Besucher in Aussicht stellte. Der Präsident deutete an, für große Staaten sei eine universale Weltausstellung erst interessant, wenn mit mindestens vierzig Millionen Besuchern gerechnet werden kann. Niemand erklärte ihm, daß nur bei einer Besucherzahl von zwanzig Millionen die Behauptung gegenüber der Bundesregierung aufrechterhalten werden konnte, die Weltausstellung lasse sich im Rahmen der für die hannoverschen Messen geschaffenen Infrastruktur ermöglichen, trage sich also selbst. Die Vertreter des Landes Niedersachsen schwiegen auf diese Bemerkung, weil sie es weder mit der Bundesregierung noch mit dem Weltausstellungsbüro verderben wollten. Zweitens kritisierte die Kommission die offensichtlich enge Verbindung der Messegesellschaft mit der Weltausstellung, die den Neid anderer Messegesellschaften herausfordern würde. Auch die Idee, jene ärmeren Staaten, die keinen eigenen Pavillon bezahlen konnten, in den gerade nicht genutzten Messehallen unterzubringen, wurde als diskriminierend verworfen. Die Veranstalter der Expo 2000 beteuerten, zwischen der Messe und der Weltausstellung streng zu unterscheiden und den Entwicklungsländern so zu helfen, wie sie es wünschten.

Nachdem die Kommission mit ihren Fragen am Ende war, wurde sie ihrerseits nach den Aussichten der Bewerbung aus Hannover gefragt. Hierauf verteilte der Präsident geheimnisvolle Andeutungen, die man so oder so interpretieren konnte. Immerhin stand die Inspektion Venedigs und Torontos noch bevor, so daß schon deshalb keine klare Antwort möglich war. Als letztes gab die Kommission ihren Gesprächspartnern auf, Unterlagen zu liefern, aus denen das Interesse der westdeutschen Industrie an einer Expo 2000 in Hannover zu erkennen war.

Die Verwirrungen wurden noch durch einige andere Ereignisse, wenn auch von geringer Bedeutung, gesteigert. So verstand es zum Beispiel der Vizepräsident des Weltausstellungsbüros, sich als heimlicher Verbündeter der deutschen Bewerbung zu geben. Diejengen, denen er auf seine freundliche Art schmeichelte, überlegten bereits, ob es nicht opportun sei, ihm einen Beratervertrag anzudienen. Man wußte nicht, daß er im Abschlußbericht der Weltausstellung in Vancouver 1986 als Mitautor und guter Freund der kanadischen Regierung erwähnt wurde. Man übersah auch, daß er nach dem Besuch der Pariser Kommission in Toronto eine Pressekonferenz abhielt und die kanadische Bewerbung als einzigartig bezeichnete. In der Commedia dell'Expo spielte er sozusagen die Rolle des Staatsschauspielers unter lauter Laien, und alle glaubten eine zeitlang, er sei es, der die entscheidenden Karten mischt und den Ausgang des Stückes bestimmt.

Als schließlich die Abschlußberichte der Kommission in Hannover eintrafen, war zu lesen, daß Toronto eine sehr gute und Hannover eine gute Bewerbung abgeliefert hatten.[4] An Venedig wurde bemängelt, die Stadt sei selbst an einer Weltausstellung nicht interessiert, und der Veranstalter habe die Fragen nach der Realisierung und Finanzierung des Projekts noch offen gelassen. Dennoch empfahl der Abschlußbericht dem Exekutivausschuß und der Generalversammlung des »Bureau International des Expositions«, auch die Italiener zuzulassen, weil die Regierung in Rom nun einmal auf einer Bewerbung bestünde. Dies alles bedeutete: Ende 1989 waren alle drei Städte weiterhin im Rennen. Die Vertreter der Bundesregierung, der Landesregierung, der Stadt Hannover und der Messegesellschaft sahen sich veranlaßt, ihre Strategie zu verbessern.

Drei gute Argumente für Hannover

Gab es neue Argumente, mit denen Toronto und Venedig erfolgreich aus dem Feld geschlagen werden konnten?

Das vielleicht stärkste Argument blieb jenes, wonach Deutschland sich zwar fast immer und artig an Weltausstellungen beteiligt hatte[5] und auch das Weltausstellungsbüro mitgründete, niemals aber selbst eine Exposition veranstaltete. Diese Feststellung zielte auf Kanada, das 1967 eine Universale Weltausstellung in Montreal und 1986 eine kleine Ausstellung in Vancouver durchgeführt hatte. Nach den Regeln des Weltausstellungsbüros waren bei einer Bewerbung mehrerer Staaten für ein und dasselbe Jahr jene Staaten vorzuziehen, die sich zum erstenmal bewarben. Allerdings war dieser Fall offensichtlich noch niemals eingetreten, so daß nicht vorherzusehen war, ob die dreiundvierzig Staaten sich wirklich an ihre Spielregeln halten würden. Vergleichbare Probleme hatten sich regelmäßig dadurch in Luft aufgelöst, daß Bewerber verzichteten, bis nur noch ein einziger übrigblieb. Außerdem gibt es keine Möglichkeiten, die Mitgliedsstaaten des »Bureau International des Expositions« zu bewegen, sich an ihre eigenen Ansichten zu halten. Hinzu kam, daß auch Italien für sich in Anspruch nehmen durfte, noch niemals eine Universale Weltausstellung veranstaltet zu haben. Darüber hinaus forderte es Wiedergutmachung: für 1940 war eine Ausstellung in Rom genehmigt, wegen des 2. Weltkrieges aber abgesagt worden. Der italienische Delegierte versuchte im Exekutivausschuß des Weltausstellungsbüros am 7. Juni 1990 hieraus ein Argument gegen Hannover zu drechseln, indem er darauf hinwies, der Krieg sei schließlich von den Deutschen begonnen worden. Sie könnten das Unrecht, das Italien damit passiert sei, wiedergutmachen, indem sie auf ihre Bewerbung für das Jahr 2000 zugunsten Italiens verzichteten.

Das zweite wichtige Argument der deutschen Bewerbung bestand in einem zarten Hinweis auf die Leistungsfähigkeit der Messegesellschaft in Hannover. Wer Jahr für Jahr die vier größten Messen des Erdballs realisiert, ist sicher prädestiniert dafür, den Staaten eine formal perfekte Weltausstellung zu organisieren. In Hannover sei schon vorhanden, was in Venedig völlig und in Toronto teilweise neu geschaffen werden mußte. Dieses Argument ähnelte dem einer Großbühne, die meint, sie könne »Leonce und Lena« von Büchner schon deshalb besser als eine Kleinbühne spielen, weil sie nebenbei noch drei Stücke von Shakespeare, vier von Nestroy, eines von Moliére und zwei von lebenden Autoren bieten könne. Das zweite hannoversche Argument war ebenso zutreffend wie gefährlich, weil es den Anschein erweckte, die Weltausstellung habe vor allem den Zweck, die größte aller Messen mit dem Geld der Staaten noch größer werden zu lassen. Es war zu bezweifeln, daß diejenigen Länder, die wie zum Beispiel Frankreich, die USA oder Italien selbst über bedeutende Messeplätze verfügten, sich dafür hergeben würden, mit ihren Mitteln die deutsche Konkurrenz weiter hochzupäppeln. Andererseits würden diejenigen Staaten, die selbst keine Messen unterhielten, tatsächlich von dem hannoverschen Angebot profitieren können. Sie durften damit rechnen, professionell und damit kostengünstig bedient zu werden. Vermutlich zog also das zweite Argument ebenso viele Mitgliedsstaaten des Weltausstellungsbüros an wie es Mitgliedsstaaten abschreckte.

Das dritte und vermutlich beste Argument der hannoverschen Expo-Camarilla bestand in dem gewählten Thema vom Menschen, der Natur und der Technik, und in der Art und Weise, wie es erläutert wurde. Im folgenden Kapitel wird es in seinen Details dargestellt werden. Es ähnelte zwar dem Motto, das Toronto vorschlug: Frieden mit unserem Planeten. Man wollte in Toronto damit auf die »Sieben Weltwunder« Wasser, Land, Energie, Atmosphäre, Pflanzen, Tiere und Menschen hinweisen und auf die Gefährdungen, denen sie zur Zeit unterliegen. Schwimmende Pavillons sollten je einem dieser »Wunder« gewidmet sein und den Möglichkeiten seiner Existenzsicherung.[6] Aber bei genauerem Hinsehen wurde deutlich, daß Kanada sein ökologisches Motto wie ein Plakat einem Projekt vorantrug, das mit Ökologie zunächst einmal nichts zu tun hatte. Es ging darum, die freien Flächen zwischen der City und dem Ontariosee städtebaulich zu erschließen. Die City sollte bis in den See hinein erweitert werden, mit allen urbanen Einrichtungen, die bei einer solchen Gelegenheit fällig sind. Man würde die Pavillons der Länder in die geplante Baustruktur mit einbeziehen und damit verwerten. Ein neues Congreß- und Ausstellungszentrum und ein vollständig überholtes Wasserversorgungs- und -entsorgungssystem waren im Gespräch. Doch dies allein lieferte, streng genommen, noch keinen spezifischen Stoff für eine Weltausstellung. Der Begriff »Expo 2000« wurde verwandt, um einen ohnehin geplanten städtebaulichen Entwicklungsprozeß zu mehr Aufmerksamkeit, zu Millionen von Besuchern und damit auch zu sonst nicht möglichen Einnahmen zu verhelfen. Während die Hannoveraner ernsthaft beabsichtigten, die Commedia dell'Expo zu spielen, war dies für die Planer in Toronto offensichtlich eher ein Vorwand. Vom italienischen Konzept läßt sich nur sagen, daß es zu blaß und vage war, als daß es bewertet werden konnte. In der Wahl des Themas besaß die deutsche Bewerbung also ein überzeugendes Argument, vorausgesetzt, die Generalversammlung des Weltausstellungsbüros war an einer solchen Weltausstellung interessiert.

Eine aufregende Abstimmung in Paris

Während im Vordergrund der Bühne auf hohem Niveau diskutiert wurde, zogen die treibenden Gestalten im Hintergrund die Fäden auf viel prosaischere Weise. Am 12. Dezember 1989 hatten die drei konkurrierenden Länder und Städte ihre Bewerbung in Paris zu präsentieren. Eine Präsentation bestand (vor den Kulissen) aus Broschüren mit munteren Texten und Abbildungen, aus einem erläuterndem Film und Referaten der Repräsentanten. Es gab Empfänge; z. B. den der deutschen Delegation im Palais Beauharnais mit Kammermusik und norddeutschen Speisen, Geschenken und verschwiegenen Kontakten.

In der Generalversammlung beschränkten sich die Deutschen darauf, die niedersächsische Finanzministerin vortragen zu lassen. Sie hatte sich vorgenommen, nicht nur zur Sache zu sprechen, sondern auch die Umgangsformen des Weltausstellungsbüros zu revolutionieren. Sie trug nämlich ihren Text in deutscher Sprache vor, mit der Folge, daß die Dolmetscheranlage nicht bedient wurde, die Lampen im Saal an Lichtstärke verloren, die Delegierten bilaterale Gespräche begannen oder den Saal verließen. Nach dieser aufschlußreichen Lektion entschloß sich die Vortragende, nach der englischen oder französischen Fassung ihres Referates suchen zu lassen und eine von ihnen vorzutragen. Die Lichter flammten wieder auf, die Delegierten kehrten in den Saal zurück und die Dolmetscherinnen übersetzten. Trotz allem spendierten die Delegierten dem Film, dem Referat, und damit dem Thema des hannoverschen Projekts aufrichtigen Beifall. Zum erstenmal in der Geschichte des »Bureau International des Expositions« wagte ein Bewerber, nicht nur den Glanz, sondern auch das Elend des menschlichen Daseins als Stoff einer World Exposition anzukündigen.

Das letzte halbe Jahr vor der endgültigen Entscheidung war angebrochen, ohne daß sich einer der drei Bewerber bereitfand, seinen Anspruch auf eine Weltausstellung aufzugeben.

Der Papst rief das Jahr 2000 zum Heiligen Jahr aus, woraus die italienische Regierung neuen Mut für ihre Bewerbung gewann. Zwar protestierten Intellektuelle aus aller Welt gegen eine Veranstaltung im zerfallenden Venedig, und selbst sein Stadtparlament fürchtete sich vor den Menschenmassen, die eine Weltausstellung heranfluten würde. Doch der italienische Außenminister, zugleich venetianischer Bürger, meinte, vermutlich zu recht, nur auf diese Weise jene Gelder der Republik und der Industrie gewinnen zu können, die für eine Stadtreparatur erforderlich waren.

Kanada war sich seiner Sache ohnehin sicher, weil es aufgrund seiner Expositionen in Montreal und Vancouver über intime Beziehungen zu manchen Mitgliedern des »Bureau International des Expositions« verfügte und im übrigen das Metier vorzüglich beherrschte.

Die Deutschen erkannten, daß sie zu einem weiteren Kraftakt ausholen mußten, wenn ihr unbekanntes Hannover ins Gespräch kommen sollte. Das Außenministerium sandte seine Botschafter mehrere Male zu den Regierungen der Mitgliedsstaaten des Weltausstellungsbüros, um das hannoversche Projekt mündlich zu erläutern. Der Bundeskanzler und der Außenminister, heißt es, holten bei passender Gelegenheit einen Zettel aus der Tasche, um bei ihren Kollegen um wohlwollende Unterstützung zu bitten.

Der 14. Juni 1990 kam und brachte die erste Kampfabstimmung in der sechzigjährigen Geschichte des Weltausstellungsbüros. Die erste Überraschung bestand darin, daß Italien am Abend zuvor seine Bewerbung zurückzog, angeblich, um sich der Mehrheit der Venezianer zu beugen, die keine Weltausstellung wollten, tatsächlich aber wohl deshalb, weil die Zahl der erwarteten Stimmen nicht ausreichen würde. So spitzte sich die Abstimmung auf den Favoriten Toronto und den Außenseiter Hannover zu. Der Präsident der Generalversammlung rief zum Votum auf, ließ weiße Zettel verteilen, auf die der Name der bevorzugten Stadt notiert werden sollte. Zum erstenmal waren alle Mitgliedsländer des Weltausstellungsbüros vertreten, auch jene, die seit langem nicht mehr mit abstimmen durften, weil sie ihre Mitgliedsbeiträge nicht bezahlt hatten. Merkwürdigerweise wurde diesmal für manches Land der Mitgliedsbeitrag sogar zweifach oder dreifach bezahlt, wie Gerüchte wissen wollten.

Die Delegierten steckten ihre beschriebenen Zettel in eine Wahlurne, die vor dem Präsidenten stand. Er wurde vom kanadischen Botschafter und dem deutschen OECD-Botschafter flankiert, die alles beobachteten und hinterher die Stimmen mit auszählten. Die Auszählung begann, und Hannover ging anfangs leicht in Vorsprung. Doch über die längste Zeit wurden »Hannover« und »Toronto« im regelmäßigen Wechsel aufgerufen. Die Spannung wuchs, als beide Städte je siebzehn Zettel auf sich vereinigen konnten. Daraufhin wurde dreimal »Toronto« aufgerufen, so daß niemand mehr am Sieg der Kanadier zweifelte. Doch dies war nur die letzte der Schikanen, die sich der Zufall in den zwei Jahren des Bewerbungsrituals ausgedacht hatte. Nach der »Zwanzig« für Toronto kamen die »Achtzehn«, die »Neunzehn«, die »Zwanzig« und die »Einundzwanzig« für Hannover. Eine Stimme war ungültig, ein weiterer Zettel war leer abgegeben worden. Ein Delegierter nahm diesen Zettel für sich in Anspruch, mit der Erklärung, sein Land habe es mit niemandem verderben wollen. Wie auch immer: das hannoversche Projekt hatte sich endgültig durchgesetzt.

Welche Staaten Toronto und welche Hannover unterstützten, läßt sich nur vermuten. Die englischsprachigen Länder, die südamerikanischen und die afrikanischen scheinen eher Toronto zugeneigt gewesen zu sein. Hannovers »Verbündete« sind wohl in den Staaten des damaligen Ostblocks, in Skandinavien und in den Mittelmeerländern zu suchen. Vermutlich haben neben politischen vor allem praktische Überlegungen eine Rolle gespielt, etwa die Entfernung des jeweiligen Staates zum Ausstellungsort, die damit verbundenen Kosten und andere geldwerte Vorteile. Auf jeden Fall war die Mehrheit für Hannover in der Generalversammlung wenig später dahin: die einundzwanzigste Stimme konnte nämlich auch die der »Deutschen Demokratischen Republik« gewesen sein. Wenige Monate später büßte dieser unglückselige Staat seine Existenz ein.

Anmerkungen

[1] World Expo Hannover, Offizielle Bewerbungsbroschüre der Bundesrepublik Deutschland, Hannover 1989
[2] Beschluß vom 17. November 1988
[3] »Die Antworten des Landes Niedersachsen und der Landeshauptstadt Hannover auf die Fragen des »Bureau International des Expositions«, Hannover, Juli 1989
[4] Report Visits by a B.I.E. pre-enquiry working group to Hannover, Toronto and Venice, September/Oktober 1989
[5] Aus politischen Gründen lehnten der Reichskanzler Bismarck die Teilnahme an der Pariser Weltausstellung 1878 und sein Sohn, der Staatssekretär Herbert Bismarck, an einer zweiten Ausstellung in Paris 1889 ab.
[6] Par Martyn Kendrick, »NO FAIR« in »en route«, Zeitschrift der Air Canada, Dezember 1990

DAS MOTTO
oder
Vier Fragen an die
Staaten des Erdballs

5

Vermutlich ist dieses Kapitel für den Veranstalter einer Weltausstellung eines der wichtigsten, gewiß aber das schwierigste. Er hat nun die Frage zu beantworten, was eigentlich in seiner Commedia dell'Expo gespielt werden soll. Wenn Weltausstellungen theatralische Inszenierungen im großen Stil sind, dann sind wir neugierig darauf zu erfahren, was sie denn »in Szene setzen«. Wir haben uns mit früheren Ausstellungen beschäftigt und mit dem, was sich auf ihnen abspielte. Um von den Zeitgenossen geliebt oder zumindest besucht zu werden, mußten sie von Fall zu Fall ein neues Ausstellungsprogramm anbieten. Vor diesem Problem, möglichst originell zu sein, steht auch die Expo 2000 in Hannover. Ihre Veranstalter haben zwar vor ihr behauptet, wie schon vorangegangene Veranstalter von ihren Weltausstellungen, sie sei eine »Expo neuen Typs«. Doch reicht ein solcher pauschaler Hinweis nicht aus, um zu verhindern, daß altes dann doch als altes entlarvt wird. Wo aber läßt sich der spezielle Stoff gerade dieser Ausstellung finden und worin darf sie sich auf Bewährtes stützten?

Auch hier hilft die Parallele zum Theater weiter, und zwar in zweierlei Beziehung. In der dramatischen Literatur ist gut zu erkennen, was unverändert bleiben darf und was sich erneuern muß, um das Interesse der Menschen zu wecken. Auf der einen Seite gibt es drastische Unterschiede: so unterscheidet sich das elisabethanische Theater eines Shakespeare unübersehbar vom griechischen Theater eines Euripides, und deutlich abgesetzt von beiden ist das naturalistische Theater eines Hauptmann oder das absurde Theater eines Beckett. Dies sind europäische Beispiele, die sich um Beispiele aus anderen Kontinenten erweitern lassen. Andererseits gibt es bei allem Wandel der Formen doch Wiederholungen, und sie sind nicht nur erlaubt, sondern sogar erwünscht. Sie ergeben sich daraus, daß das menschliche Leben nur über einen begrenzten Stoff verfügt: Geburt, ein Dasein in der (zweifelhaften) Gesellschaft der anderen, Liebe und Tod. Alle Theaterstücke befassen sich mit diesen elementaren Ereignissen, oder besser, sie umspielen sie. Die Kunst besteht offensichtlich darin, das schon tausendfach Gesagte auf eine bis dahin noch nicht bekannte Weise zu wiederholen. Auf den Bühnen ist es erstaunlicherweise immer wieder gelungen, mit diesem »einzigen Stoff« abwechslungsreich umzugehen, jeweils ein wenig anders als zuvor.

Was für das Theater gilt, läßt sich auch von Weltausstellungen sagen: wer sie besucht, möchte sie als typische Weltausstellung wiedererkennen. Nicht nur bei Weltausstellungen, sondern auch bei Olympischen Spielen, Fußballweltmeisterschaften, dem Karneval in Rio, dem weltgrößten Schützenfest in Hannover oder ähnlichen Großveranstaltungen wird zunächst einmal das alte gesucht, die Wiederholung der Veranstaltung »vom vergangenen Jahr« mit ihren charakteristischen Merkmalen. Bei Weltausstellungen besteht dieses immer gleiche und äußere Erscheinungsbild in der Präsentation der Staaten in besonderen Bauwerken auf einem umzäunten Gelände, aber auch in der Tatsache, daß alle Weltausstellungen sich mit dem Menschen, mit seiner Technik und ein wenig auch mit der Natur befaßt haben. Insofern ist das Motto, das sich die Deutschen für ihre Expo 2000 vorgenommen haben, eine treffende Formulierung, wenn auch alles andere als originell. Übertragen auf das Theater würde es bedeuten, ein Stück anzukündigen, das den Titel »Das menschliche Leben« trägt. Der Titel kann akzeptiert werden, aber nur soweit, als er signalisieren soll, daß man auch bei diesem Theaterstück auf Bekanntes trifft.

Das spezifisch Neue

So wichtig es ist, eine Weltausstellung als Weltausstellung wiederzuerkennen, so unverzichtbar ist, daß mit jeder neuen Veranstaltung irgendetwas neues geboten werden muß. Die Menschen erwarten neue Farben in den alten Mustern, gleichgültig, ob es sich um das Theater, die Olympischen Spiele oder den Karneval in Rio handelt. Die hannoversche Expo 2000 setzt sich, wie üblich, bereits in der Überschrift von den vorangegangenen Weltausstellungen ab. Wenn sich auch alle Ausstellungen in irgendeiner, manchmal verschlungenen Weise dem Menschen, der Natur und der Technik gewidmet haben, so hat es noch keine gewagt, diese drei Begriffe zu ihrem Motto zu erheben: »Mensch, Natur, Technik«. Doch dieser Kunstgriff reicht natürlich nicht aus, um dem hannoverschen Projekt ein unverwechselbares Gesicht zu geben. Die entscheidende Frage ist, ob zwischen dem 1. Juni und dem 31. Oktober 2000 in Hannover Dinge passieren, die es bei aller Treue zum »einzigen« Stoff in dieser Ausprägung noch nicht gegeben hat. Was wird das spezifische dieser Weltausstellung sein, durch das sie sich, ungeachtet des üblichen Bekenntnisses zum Menschen, der Natur und zur Technik, in ihrem Inhalt und in ihrem Programm von den vorangegangenen Weltausstellungen unterscheidet?

Eine solche Frage läßt sich zum Beispiel für die Weltausstellung 1992 in Sevilla damit beantworten, daß die Veranstalter einmal nicht die Gegenwart oder die Zukunft zum beherrschenden Gegenstand ihrer Ausstellung gewählt haben, sondern die Vergangenheit. Was hat sich seit Columbus, zwischen 1492 und 1992, in Europa, in Amerika und in anderen Kontinenten kulturell, technisch und zivilisatorisch an Bemerkenswertem getan? Die Antwort wird lauten: der Mensch hat seinen Erdball nach und nach entdeckt und zugleich damit begonnen, ihn Schritt für Schritt umzuwandeln. »Die Expo beschäftigt sich mit dem Entstehen der Weltgemeinschaft, über die Sprache, die Politik oder durch Handel, Religion, mit der Art, wie der Mensch seine physikalische Umwelt zu verstehen und beherrschen gelernt hat, die Entdeckungen auf der Suche nach Nahrung, Kleidung, Unterkunft und die Entdeckungen in der Wissenschaft, Wirtschaft, Philosophie und Kunst. Ihr Leitfaden ist der menschliche Einfallsreichtum im Umgang mit den jeweiligen Herausforderungen seit dem 16. Jahrhundert — und für die Zukunft.«[1] Der historische Prozeß, jedermann mehr oder weniger bekannt, wird noch einmal aufgegriffen und anschaulich dargeboten. Damit hat die Weltausstellung in Sevilla ihre spezielle Sicht aller Weltausstellungen noch einmal neu auszubreiten. Manches wird, allerdings aus einer anderen Perspektive, zu sehen sein, was schon frühere Weltausstellungen geziert hat. Für die Besucher mag es reizvoll sein, in einer Zeit, in der besonders intensiv nach vorn geschaut wird, einen Blick zurück und hinter sich zu werfen.

Die Interpretation des Mottos

Die Veranstalter der Expo 2000 in Hannover sind noch nicht so weit, um anschaulich beschreiben zu können, was auf ihrem Weltausstellungsgelände zu sehen sein wird. Was Konzept und Fabel ihrer Commedia dell'Expo angehen, haben sie die eigentliche Arbeit noch vor sich. Sie waren mehr zufällig in das Thema »Mensch, Natur, Technik« hineingeraten, ohne wirklich zu wissen, was es in ihrem besonderen Fall bedeuten könnte.

Die Formulierungen in den Bewerbungsunterlagen erinnern deshalb in ihrem sprachlichen Duktus gelegentlich eher an den Werbeprospekt einer Firma, die mit Lebenshilfe handelt, als an ein Exposé von konkreten Gedankengängen, die einer Weltausstellung Leben einhauchen könnten: »Die Lösung der großen Weltprobleme ist nur als weltweite Gemeinschaftsaufgabe möglich. Deshalb müssen die Menschen mehr voneinander und mehr übereinander wissen. Eines der großen Weltprobleme ist die Verselbständigung der technischen Entwicklung bis in eine Konfliktsituation gegenüber Mensch und Natur. Die Weltausstellung 2000 soll eine Standortbestimmung des Menschen im Umfeld von Natur und Technik zur Jahrtausendwende initiieren. Unter dem Leitthema »Mensch — Natur — Technik« soll die Weltausstellung Chancen und Gefahren dieser drei Bereiche verdeutlichen und nach Wegen suchen, die die Chancen erhöhen und die Gefahren mindern, indem sie Beispiele für ein harmonisches Zusammenwirken in der Zukunft aufzeigt. Multidisziplinäre Forschung und die Umsetzung ihrer Ergebnisse im Dialog der Völker, der Kulturen und Religionen sind unsere Hoffnung, Lösungen für die vielen globalen Probleme unserer Welt zu finden. Die harmonische Symbiose der drei Bereiche muß unser Ziel sein. Hier liegen die Herausforderungen des einundzwanzigsten Jahrhunderts, an dessen Schwelle die Wertmaßstäbe neu diskutiert werden müssen.

Von der Weltausstellung können wir uns erhoffen:
Hilfen bei der Suche nach neuen Antworten auf die Fragen an die Zukunft
neue Lösungen zu Problemen der Zeit
Beiträge zur Überwindung von Gegensätzen
nationale Leistungen zur Lösung globaler Probleme
Ausgleich zwischen den Spannungsfeldern Nord-Süd, Ost-West«[2]

Zwei Jahre später lauteten entsprechende Passagen: »Wir setzen darauf, daß die Völkergemeinschaft die bislang in Konflikten gefesselten Kräften und Ressourcen zur Bewahrung der einen Welt, zur Sicherung humaner Lebenschancen auch für kommende Generationen nutzt. Dabei kommt es insbesondere darauf an, das Wachstum der Weltbevölkerung einzudämmen, gerechte wirtschaftliche Beziehungen aufzubauen, eine ausreichende und gesunde Ernährung für alle zu sichern, eine gefahrenlose und umweltverträgliche Energieversorgung zu gewährleisten und die natürlichen Lebensgrundlagen unserer Erde wirksam zu schützen. Das Glück und Wohlergehen der Menschen, die Erhaltung von Frieden und Freiheit auch bei uns hängen davon ab, ob die Menschheit diese Aufgaben bewältigen wird. Wir wollen, daß die Expo 2000 in Hannover dazu einen Anstoß gibt und ihren Beitrag leistet ... Bei den globalen Aufgaben der Menschheit geht es im Kern darum, das Verhältnis zwischen Mensch und Natur neu zu gestalten. Eine Schlüsselrolle kommt dabei einer leistungsfähigen, modernen, die Menschen nicht überfordernden ökologisch gereiften Technik zu. Die Expo 2000 verstehen wir als globale Zukunftswerkstatt, in deren Mittelpunkt das komplexe Beziehungsgeflecht zwischen Mensch, Natur und Technik steht ... Das soll geschehen durch die Dokumentation von Fehlern und Leistungen der Vergangenheit, das Aufzeigen von Risiken und Chancen der gegenwärtigen Entwicklungen und die Darstellung von Gefahren und Gestaltungsperspektiven für die Zukunft.«[3]

Zwischen der ersten und der zweiten Version sind die Gedanken sozial schärfer geworden. Darin drückt sich auch der Umstand aus, daß die erste Erklärung von einer christdemokratischen, die zweite von einer sozialdemokratischen Landesregierung formuliert worden ist. Ein Jahr hierauf sind die Vorstellungen um ein weiteres klarer geworden, und es heißt nun:

Die Expo 2000 in Hannover wird die Weltausstellung der Weltgemeinschaft und ein großes Fest dieser Weltgemeinschaft sein, die trotz aller bedrückender Erfahrungen daran glaubt, daß die Probleme unserer Erde lösbar sein können. Die Expo 2000 wird nach einer neuen Balance zwischen Mensch, Natur und Technik suchen und sie will praktische Schritte auf dem Weg zu dieser Balance zeigen: In der Hochtechnologie, im vernetzten Denken, in Verbundlösungen für global bedeutsame Fragestellungen. Sie will mit grundsätzlichem Optimismus die Zukunftschancen der Menschheit ausloten, damit sie vor den Kehrseiten des Wachstums, also Naturzerstörung, Unwirtlichkeit der Städte, Bevölkerungsexplosion und wachsende Armut nicht resigniert. Im Mittelpunkt der Expo 2000 werden deshalb die folgenden Leitthemen stehen: Nun folgen die Stichworte natürliche Ressourcen, weltweite Partnerschaft, Kultur, Mobilität, Ernährung und Gesundheit, Volumen und Arbeiten, Energie, Kommunikation und Information sowie Bildung mit kurzen Erläuterungen.

Bilanz eines Jahrhunderts

Obwohl für die hannoversche Weltausstellung noch keine detaillierte Interpretation ihres Themas vorliegt, fällt es letztlich nicht schwer, interessante Vorstellungen zu erarbeiten. Das Motto »Mensch, Natur, Technik« ist nicht nur aus sich selbst heraus ergiebig, wie wir seit hundertundvierzig Jahren Weltausstellung wissen. Diesmal erzielt es vor allem durch den Zeitpunkt, für den es vorgeschlagen wird, einen fruchtbaren neuen Effekt.

Die Expo 2000 wird am Ende eines Jahrhunderts veranstaltet, des einundzwanzigsten der christlichen Zeitrechnung. Deshalb liegt es nahe, sich dem besonderen Charakter dieses Jahrhunderts zuzuwenden, soweit es die Beziehungen des Menschen zur Natur und Technik betrifft. Man gelangt rasch zu der Idee, ein gewisses Resümee zu ziehen, also darzustellen, wie freundlich oder wie miserabel die Menschen mit diesem Jahrhundert und damit mit ihresgleichen umgegangen sind. Da mit dem Wechsel des Jahrhunderts auch ein Wechsel des Jahrtausends verbunden ist, steigert dies den Reiz einer solchen Analyse. Fragen wir uns also, um die Probe aufs Exempel zu machen, was das Unverwechselbare unseres Jahrhunderts war, vergleicht man es mit den vergangenen Jahrhunderten. Man kann diese Frage auch anders einleiten: wer eigentlich waren die Leute, deren Wirken unserem Jahrhundert sein charakteristisches Gesicht gegeben haben?

Vieles spricht dafür, beispielsweise das 18. Jahrhundert als das Jahrhundert der Philosophen zu erkennen. Niemals zuvor und danach ließ sich eine Gesellschaft dermaßen stark von ihren Philosophen beeinflussen, den lebendigen wie den toten, im kleinen wie im großen. Eine Gestalt wie Rousseau beendete gleichsam durch seine bloße Existenz und die Art seines Lebens, Denkens und Schreibens das vorangehende Zeitalter. Es war möglich, daß »dieser Mann nach seinem Tod über Voltaire triumphierte, die Religion neu belebte, die Erziehung umgestaltete, die Moral Frankreichs veredelte, die romantische Bewegung und die Französische Revolution inspirierte, die Philosophie Kants und Schopenhauers, die Dramen Schillers und die Romane Goethes, die Gedichte von Wordsworth, Byron und Shelley, den Sozialismus von Marx und die Ethik von Tolstoi beeinflußte und, alles in allem, eine größere Wirkung auf seine Nachwelt ausübte als alle anderen Schriftsteller und Denker des 18. Jahrhunderts, in dem die Schriftsteller einflußreicher waren als je zuvor.«[4]. Aber auch Voltaire und Kant vermittelten der Menschheit einen gewaltigen Bewußtseinssprung, fort von den resignativen Gefühlen der Abhängigkeit und hin zu der aufmunternden Erkenntnis, daß dem einzelnen ein Recht auf Individualität zusteht. Die Zeitgenossen hörten auf die Philosophen und setzten sich leidenschaftlich mit ihnen auseinander. Andere versuchten, sie mit Gewalt zu unterdrücken, weil sie auf wunderbare Weise, auch ohne die üblichen Mittel und Waffen, über Macht verfügten. Aber die Philosophen setzten sich durch und avancierten zum eigentlichen Gesprächsthema des 18. Jahrhunderts.

Ganz anders das 19. Jahrhundert, das sich als ein Zeitalter bezeichnen läßt, in dem in erster Linie die Väter der Industrialisierung die Szene beherrschten. Mit der Dampfmaschine und anderen ersten Erfindungen der Technik zerfiel die menschliche Gesellschaft, unter anderem, in Produzenten und Produzierende, in diejenigen, die sich die Maschinen kaufen und für sich arbeiten lassen konnten, und in diejenigen, die an diesen Maschinen arbeiteten. Die ersteren wurden immer vermögender, weil sie mit ihren Gewinnen weitere Maschinen anschaffen und weitere zu bezahlende Handarbeiter überflüssig machten, und die letzteren immer ärmer, weil sie als freigesetzte Handarbeiter darauf angewiesen waren, an einer Maschine arbeiten zu dürfen. Die Kapitalisten einerseits und die lohnabhängigen Arbeiter andererseits waren nicht das einzige, aber das vorherrschende Thema des 19. Jahrhunderts. Was in ihm an wesentlichem passierte, war ein Ausfluß dieses allmählich welterschütternden Gegensatzes. Die Weltausstellungen zwischen 1851 und 1900 befaßten sich folgerichtig mit den Produkten, die erstmals aus dieser kapitalistischen Wirtschaftsordnung hervorgingen. Und es ist gut zu verstehen, daß die Wiener Arbeiter dagegen protestierten, als 1873 auch in ihrer Stadt eine solche Exposition stattfinden sollte.

Das 20. Jahrhundert entwickelte sich demgegenüber zu einem Jahrhundert der Naturwissenschaftler. Nicht mehr die einzigartigen Philosophen oder die willensstarken Herren von Kohle und Stahl beherrschten unsere Epoche, sondern die unauffälligen Wissenschaftler mit überintelligenten Gehirnen. In den Labors der Universitäten oder der Wirtschaft spalteten sie das Atom und mischten Ursubstanzen zu neuen Elementen, veränderten die Zusammensetzung von Genen und erdachten die Reise zum Mond. Sie konstruierten einerseits Waffen, mit denen die Menschheit sich ausrotten könnte, und sie schufen andererseits technische Einrichtungen, mit denen sich jedermann das Leben erleichtern kann.

Das menschliche Auge kann mit Hilfe technischer Einrichtungen zehntausende von Kilometern weit sehen, das Ohr ebensoweit hören. Der zivilisatorische Standard erlaubt ein bequemeres, gesünderes und ästhetischeres Leben.

Doch parallel davon bedienten sich die Politiker und die Militärs der naturwissenschaftlichen Erfindungen, um sich ihre Zeitgenossen perfekter unterwerfen oder sie massenhaft töten zu können. Eine breite Blutspur markiert den Weg durch das 20. Jahrhundert. Auch Hitler und Stalin waren das Produkt der Möglichkeiten, die unter anderem von ihnen verfolgte Wissenschaftler für sie erarbeitet hatten.

So wurde unsere Epoche vom Geist der Naturwissenschaften stärker beeinflußt als von jeder anderen menschlichen Leistung. Mit dieser Erkenntnis eröffnet sich für die Weltausstellung in Hannover am Ende eines Jahrhunderts ein weites Feld an Möglichkeiten, sich darzustellen, und zwar auf eine durchaus spannende Weise. Was war konstruktiv am Jahrhundert der Naturwissenschaften, werden die Veranstalter fragen, und was war destruktiv? Da die Bilanz nicht nur Aktiva aufweist, sondern auch Passiva, kann man sie nicht auf sich beruhen lassen. Die Menschen müssen die gesellschaftlichen Funktionen der Technik neu definieren. In der Form einer Neutronenbombe, um ein Beispiel zu bilden, ist sie verdammenswert. In der Form unerschöpflicher Energie ist sie ein Segen. Und manchmal kann nur mit Hilfe der Technik geheilt werden, was durch Technik verletzt worden ist. In der Medizin werden Antimedikamente verwendet, mit denen Medikamente bekämpft werden, die sich als verhängnisvoll für den Körper herausgestellt haben. Schon diese wenigen Stichworte bieten Stoff genug für die Expo 2000: Sie wird sozusagen den Höhenflug einer menschlichen Wissenschaft präsentieren und dessen janusköpfige Folgen. Auch auf dem Theater sind Gerichtsverhandlungen, vom »Richter von Zalamea« Calderons über den »Zerbrochenen Krug« Kleists bis zum »Kaukasischen Kreidekreis« Brechts großartige Spielformen, sich auszudrücken.

Ausblick auf ein neues Jahrhundert

Die Weltausstellung in Hannover wird aber nicht nur ein Ereignis am Ende eines dahingehenden Jahrhunderts, sie wird auch ein Ereignis am Anfang eines auflebenden Jahrhunderts sein. Das Motto bietet also Anlaß, nicht nur einen bewertenden Blick zurück zu werfen, sondern darüber hinaus in das 21. Jahrhundert hineinzuschauen. Auch jetzt liegt es nahe, die entscheidende Frage so zu formulieren, daß sie sich an den Menschen orientiert, deren Wirken für alle bestimmend sein wird. Wem sollte es zufallen und wem wird es zufallen, das 21. Jahrhundert zu beherrschen? Welche soziale Gruppe aus dem Repertoire der menschlichen Gesellschaft wird im 21. Jahrhundert die Rolle übernehmen, die im 18. Jahrhundert die Philosophen, im 19. Jahrhundert die kapitalistischen Unternehmer und im 20. Jahrhundert die Naturwissenschaftler innegehabt haben? In dieser Möglichkeit, Stoff zu suchen und zu finden, liegt die zweite Rechtfertigung, das uralte Thema vom Menschen, der Natur und der Technik, erneut aufzugreifen.

So wie eine rückwirkende Betrachtung des 20. Jahrhunderts mit einer kritischen Bilanz enden sollte, könnte eine prospektive Betrachtung des 21. Jahrhunderts auf einen Vorschlag hinauslaufen. Eine Weltausstellung ist zwar nicht in der Lage, die geringen prophetischen Gaben der Menschen auch nur um ein Jota zu verstärken. Man wird auf ihr also nicht erfahren können, wie die Weltgeschichte sich etwa in den Jahren 2001 bis 2100 entwickeln wird. Aber auf einer Weltausstellung läßt sich, in einem großen Denkspiel, beispielsweise eine Meinung darüber erarbeiten, welche Gruppen der Gesellschaft und damit auch welchen Individuen vor allem künftig in geistiger und sozialer Hinsicht die Führung der Gesellschaft anvertraut werden sollte.

Wir nähern uns einem solchen Gedanken am besten, indem wir uns die Probleme in Erinnerung rufen, die das 20. Jahrhundert an das nächste weiterreichen wird. Um nur die auffälligsten zu nennen: läßt sich der Bestand der Hominiden nicht nur dadurch sichern, daß alle hundertundsiebzig Staaten zu Provinzen erklärt werden, die einer einzigen Weltregierung unterstehen? Ist nicht die Stunde der Raumfahrer gekommen, weil der Erdball nur noch teilweise ausreicht, allen auf ihm geborenen Menschen eine lebenswerte Existenz zu ermöglichen? Wird also das 21. Jahrhundert das Jahrhundert der ersten Völkerwanderung, die nicht mehr Teile unseres Planeten, sondern andere Himmelskörper zum Ziel haben wird? Warten die Menschen vielleicht auf einen neuen religiösen Kopf, nachdem unübersehbar geworden ist, daß die sechs großen Weltreligionen in wichtigen Beziehungen widersprüchlich sind und zu immer neuen, auch blutigen Auseinandersetzungen Anlaß geben? Ist die parlamentarische Demokratie die letzte und humanste aller Staatsformen, oder auch nur eine Form des Durchgangs, hinter der etwas noch Überzeugenderes folgt: jeder Mensch ein Politiker?

Dies sind nur vier unsystematisch gegriffene Möglichkeiten, sich der Frage zu nähern, welche sozialen Gruppen und Individuen im 21. Jahrhundert die Führung überlassen werden sollte. Im ersten Beispiel würde die Zukunft den Weltpolitikern anheim gegeben, den Frauen und Männern, die einer Weltregierung angehören und alle Außenpolitik zwischen Staaten in Weltinnenpolitik verwandeln. Im zweiten Beispiel wird auch das künftige Jahrhundert das der Wissenschaftler sein, die Menschen vom Erdball sicher zu anderen Planeten befördern, in der Hoffnung, dort langfristig weniger um die Existenz bangen zu müssen. Im dritten Beispiel fällt die Welt an einen neuen Religionsstifter und seine globale Organisation, im vierten Beispiel an Frau und Herrn Jedermann, die niemanden über sich ertragen wollen und dafür eine neue Staatsform erfinden müssen, die Elemente der Anarchie mit denen der Autorität verbindet. Nicht, wie unsere Zukunft aussehen könnte, wäre dann das Thema der Weltausstellung, sondern wer dafür verantwortlich sein sollte, wie die Zukunft aussieht. Die Veranstaltung würde damit enden, bestimmte Gruppen der Gesellschaft als diejenigen herauszuarbeiten, denen das Schicksal aller in einem herausragenden Maß anvertraut werden sollte.

Ein Symposium zum Motto der Weltausstellung

Die Veranstalter der Expo 2000 in Hannover versuchten bereits im Sommer 1989, sich den Mysterien des gewählten Mottos »Mensch, Natur, Technik« zu nähern. Sie luden einige Wissenschaftler zu einem Symposium ein, das in den Räumen der Messegesellschaft abgehalten wurde. Unter ihnen befanden sich Professoren unterschiedlicher Disziplinen: ein Atomphysiker, Soziologen, Religionswissenschaftler, Architekten, Linke wie Rechte, Alte wie Junge, Beamte, Manager und eine Politikerin. Die Gäste brachten schriftliche Statements mit und entwickelten ihre Vorstellungen in mehrtägigen Diskussionen. Wie alle Gespräche über die geplante Weltausstellung litt auch dieses darunter, daß nur wenige der Gesprächsteilnehmer sich unter einer solchen Art menschlicher Aktivität etwas zutreffendes vorstellen konnten. Kaum jemand, der nicht beruflich zur »Expo« verurteilt ist, verspürt offensichtlich Lust, monatelange Studien auf das »Wesen« von Weltausstellungen zu verwenden. Deshalb wird zwischen den Laien und den Professionellen häufig aneinander vorbeigeredet, wobei nur die Laien in der glücklichen Lage sind, darunter nicht zu leiden.

Immerhin bestätigten die Wissenschaftler, daß sich aus dem Thema »Mensch, Natur, Technik« ein interessantes Gedankengefüge entwickeln läßt. Ihrer fachlichen Herkunft entsprechend versuchten sie, einen Zusammenhang zwischen ihrer Disziplin und dem Thema herzustellen[6].

Der Soziologe Claus Otte meinte, die drei Begriffe seien noch nicht hinreichend geklärt, weshalb das Thema selbst zum Gegenstand der Weltausstellung gemacht werden sollte. Man könne beispielsweise die These vertreten, daß es »den Menschen« noch nicht gebe. Was existiere, seien Angehörige von Kulturen, Gesellschaften, Geschlechtern und anderen sozioökonomischen Kategorien. Für die Weltausstellung sei daher deutlich zu machen, ob der Mensch als Abstraktum oder im Zusammenhang mit humanistischen Impulsen gesehen werden solle.

Der Religionswissenschaftler Konrad Löw erklärte demgegenüber, neunundneunzig Prozent der Menschen wüßten, was als Mensch, was als Natur und was als Technik zu verstehen sei, so daß sich weitere Begriffsbestimmungen erübrigten.

Der Physiker Hans-Peter Dürr nahm eine vermittelnde Haltung ein und schlug vor, auf Begriffsbestimmungen zwar zu verzichten, aber nur deshalb, um den reichhaltigen Schatz denkbarer Assoziationen nicht unnötig einzugrenzen. Es sei interessant zu erfahren, was die Aussteller unter dem Menschen, der Natur und der Technik verstünden.

Er beendete diese kuriose Diskussion über den Menschen als solchen mit dem Hinweis, auch der Mensch sei ein Teil der Natur. Es sei deshalb aufschlußreicher, die Beziehung zwischen der Natur und der Technik zu untersuchen. Sein Gedanke dazu war, die Technik betone, überhöhe und verstärke das Regelhafte der Natur, um sie zu manupulieren und aus dieser Manipulation Nutzen zu ziehen. Die Natur aber könne nur existieren, wenn das Gleichgewicht, zu dem das Regelhafte vernetzt sei, nicht zu sehr gestört werde. Der Mensch müsse sich daher bemühen, überkommene Elemente der Natur zu erhalten. Nicht durch aggressives Verhalten gegenüber der Natur, sondern nur durch Kooperation und Assimilierung könne auch der Mensch überleben. Was für die Natur gelte, müsse auch auf Kulturen angewandt werden: Vielfalt sei gefragt, weil nur durch Vielfalt ein Überleben möglich sei.

Der Vertreter der Medizinischen Psychologie, Ernst Pöppel, bezweifelte, daß der Mensch ein »Kind von Kooperationswilligen« sei, er sei eher ein »Kind von Aggressoren«. Doch das Aggressive, der Kampf auch der Kulturen bringe uns voran. Das eigentliche Thema sei das menschliche Gehirn, und wie sich aus ihm unterschiedliche Ethnien, Kunstformen, Verhaltensweisen, aber auch technische Produkte entwickelt haben, die nun ihrerseits auf das Gehirn zurückwirken.

Der Religionsphilosoph Peter Koslowski fügte als drittes Phänomen Schöpfungsontologien oder Naturmystiken bei, die neben Evolution oder Revolution Gegenstand der Weltausstellung sein sollten. Er schlug vor, alle Weltreligionen einzuladen und sie aufzufordern, zu Problemen der Wirtschaft, der Familie und der Gesellschaft Lösungen anzubieten.

Der Soziologe Bernd Guggenberger verlangte mehr Realismus, Optimismus, Askese oder Demut für die Weltausstellung, die Kulturamtsleiterin Barbara Kisseler ein »Theater der Welt« in der Commedia dell'Expo, mit der jedes ausstellende Land sich mit Wort und Tanz darstellt.

Doch es genügt nicht, den Stoff der hannoverschen Weltausstellung nur für die Bewohner Mitteleuropas zu interpretieren. Das Motto »Mensch, Natur, Technik, muß auch jenen potentiellen Ausstellern verständlich gemacht werden, die auf anderen Kontinenten und in anderen historischen und wirtschaftlichen Verhältnissen leben. Die Probleme Europas mit den Naturwissenschaften oder den Ingenieurwissenschaften sind noch lange nicht die Probleme Vietnams oder Kenias. Wer in Brasilien lebt, hat vermutlich ein anderes Verhältnis zur Technik als ein Skandinavier. In den Industriestaaten der nördlichen Hemisphäre sieht vieles, was die Auswirkungen der technischen Künste anbetrifft, beklemmender aus als in den weniger oder kaum entwickelten Ländern der südlichen Hemisphäre. Auf Atomkraft zu verzichten fällt dort leicht, wo genügend Energie vorhanden ist, schwer aber dort, wo es keine anderen Möglichkeiten der Energieerzeugung gibt. Wer seine Wälder schon vor Jahrhunderten abgeholzt hat wie die Länder am Mittelmeer, tut sich leicht mit der Kritik an südamerikanischen Ländern, die erst heute zu diesem Mittel greifen, um ihren Lebensstandard zu verbessern.

Vier Fragen an die Staaten des Erdballs

Die einhundertundsiebzig Staaten des Erdballs beurteilen also das Verhältnis des Menschen zur Natur und zur Technik völlig unterschiedlich, und damit auch die Frage, was aus der überkommenen Natur werden soll. Deshalb wurde es nötig, das Weltausstellungsmotto in einer Weise zu umschreiben, die es für jeden potentiellen Aussteller transparent und reizvoll macht. Dies ist dann der Fall, wenn es seiner besonderen Situation gerecht wird und ihm auch eine Haltung zubilligt, die konträr zu der aller anderen Aussteller ist. Auch dann würde die Dreierbeziehung zwischen dem Menschen, der Technik und der Natur abgehandelt werden, und darauf kommt es bei der Expo 2000 an.

Die Veranstalter des Projekts und die Wissenschaftler des Symposiums einigten sich auf Vorschlag des Verfassers darauf, den Ausstellern vier Fragen vorzulegen. Sie erlauben ihnen, auf ihre Weise einen Beitrag zum Thema zu leisten, ohne von ihm abzuweichen. Die Fragen wurden im Dezember 1989 in die Bewerbung für die Weltausstellung eingearbeitet.

Die erste Frage lautet, wie die Völker in der für sie »vortechnischen« Zeit gelebt und überlebt haben. Die Antworten könnten lauten: Sie haben sich ernährt, gekleidet, geschützt und gewärmt, ohne die Chemie, den Dieselmotor oder den elektrischen Strom gekannt zu haben. Sie waren erheblich anspruchsloser als wir, machten die Nacht nicht zum Tag und paßten sich den jeweiligen Regeln und Launen der Natur viel stärker an, als wir das zu tun pflegen. Gleichwohl werden die Antworten der Länder unterschiedlich ausfallen, weil, um Beispiele zu bilden, der Aufenthalt im subtropischen Indien zu anderen Verhaltensweisen zwang als im schneereichen Norwegen. In den fruchtbaren Ebenen Norditaliens war es leichter zu überleben als auf den sandigen Böden der afrikanischen Steppe. Im Jemen war man gezwungen, Häuser aus anderen Materialien zu bauen als in Lappland, und in der Wüste Saudi-Arabiens genügte ein Zelt. In manchen Inselländern wie den Philippinen war es nötig, sich auf dem Wasser so geschickt bewegen zu können wie auf festem Land. Jede Gruppe der menschlichen Gesellschaft entwickelte also eine spezielle Art, sich am Leben zu erhalten.

Die zweite Frage an die ausstellenden Staaten lautet, was sich mit dem Aufkommen der Technik bei ihnen geändert hat. Hierauf wird es eine Fülle von divergierenden Antworten geben, weil der technische Fortschritt sich von Land zu Land unterschiedlich und stufenweise vollzog oder noch vollzieht. Irgendwann wurde am Nordpol der Rentierschlitten durch das kleine Flugzeug ersetzt, aber dies war der vorerst letzte Punkt einer langen Kette von Veränderungen. Manche sind schon wieder vergessen, weil sie von effektiveren Erfindungen überholt wurden, wie die Dampfmaschine durch den Verbrennungsmotor. Jedes Land hat seine Erfahrungen gemacht, Deutschland, wo die technischen Innovationen relativ früh umgesetzt wurden, erheblich eher und vielfältiger als Kuwait, das sich erst innerhalb der letzten Jahrzehnte mit Hilfe des Erdöls den neuesten technischen Standard einkaufte. In manchen Ländern veränderte sich die Kommunikation unter den Menschen von heute auf morgen radikal, als das Telefon eingeführt wurde und das Briefeschreiben verdrängte, in anderen Ländern dagegen kaum. Überall hat sich das Auto sein spezielles Straßennetz geschaffen, mehr oder weniger ohne Rücksicht auf die vorhandene Landschaft. Mit dem Aufkommen der Technik wurde es möglich, Gebrauchsartikel für das tägliche Leben massenhafter und billiger herzustellen als je zuvor, die Ernteerträge in der Landwirtschaft rasant zu steigern oder Entfernungen zu überwinden, die zu Fuß oder mit dem Eselskarren in derselben Zeit nicht zu schaffen waren. Weniger Menschen sterben seitdem im Kindesalter, und die alten Menschen leben länger. Die Abhängigkeiten von den Unbilden der Witterungen wurden weniger furchterregend und gesundheitsgefährdend. Andererseits färbte sich der Himmel über den Industriestaaten schwarzgrau ein, und immer mehr Menschen sterben durch die Maschinen, mit denen sie arbeiten oder denen sie sich anvertrauen. Die festen und flüssigen Abfälle nehmen zu, darunter von Stoffen, die künstlich hergestellt werden und Gifte in nie gekannter Konzentration in sich vereinigen. Die Kriege entwickeln sich zu Völkermorden, weil ein einziger Soldat in Sekunden Hunderte, Zehntausende oder gar eine Million Menschen töten kann, je nachdem, welche Waffe man ihm überläßt. Dies alles und vieles mehr sind die Folgen der Technisierung, und sie haben das Leben der Menschen in wichtigen Beziehungen total verändert.

Die dritte Frage, die sich aus dem Weltausstellungsmotto »Mensch, Natur, Technik« ableiten läßt, bezieht sich auf den Sinn und Nutzen der beschriebenen Veränderungen. Was an ihnen ist gut, was an ihnen ist böse? Was läßt sich als konstruktiv bezeichnen, was nur als destruktiv? Wo überwiegt der Nutzen den Schaden? Auch zu dieser Frage werden die Staaten unterschiedliche Antworten mitbringen, je nach ihrem zivilisatorischen Entwicklungsstand. In den Städten Mitteleuropas ist das Auto zum Teil in Verruf geraten, jedenfalls soweit es mit seinem Schmutz, seinem Lärm, seinem Platzbedarf und seiner Brutalität die Städte ruiniert. Jedes Auto, das die City nicht mehr erreicht, wird als Segen betrachtet. In Südamerika ist die Situation gerade umgekehrt: man fordert, daß nicht nur die Reichen ein eigenes Vehikel haben, um in die Stadtmitte zu fahren, sondern jedermann. Wer seine politischen Feinde mit der Drohung, sonst atomare, biologische oder chemische Waffen gegen sie einzusetzen, von einem Überfall abhält, wird diese Waffen loben, wer sie nicht besitzt, aber fürchten muß, von ihnen heimgesucht zu werden, wird sie verfluchen.

Gut ist, daß die landwirtschaftlichen Böden Südostasiens gedüngt werden können, weil sie sonst nicht genügend Erzeugnisse liefern würden, um die dort lebenden Milliarden von Menschen zu ernähren. Böse ist, daß dieselbe Chemie etliche Gewässer und das Grundwasser Mitteleuropas inzwischen geschädigt hat, Fische und Pflanzen vernichtet und auch die Menschen auf Umwegen in Gefahr bringt. Was für das eine Land hervorragend ist, mag für das andere Land von Übel sein: weil es die Technik vom Diener zum Herrn hat werden lassen. Dies sind nur einige wenige Beispiele für eine Menge an Bewertungen, die das Aufkommen der Technik in der menschlichen Gesellschaft auf sich zieht. Ihre Widersprüchlichkeit soll sich auf der Weltausstellung offenbaren, um alle, die genau hinsehen und hinhören, nachdenklich zu stimmen.

Die entscheidende Frage an die Aussteller der Expo 2000 in Hannover ist schließlich die vierte Frage. Sie lautet, was denn zukünftig zu tun ist, um die destruktiven Wirkungen der Technik auf den Menschen und die Natur zu verringern und die konstruktiven oder notwendigen zu verstärken. Auch hierauf gibt es nicht nur eine einzige Antwort, sondern viele Antworten, die sich untereinander widersprechen mögen. Einige dieser Widersprüche sind in den vergangenen Absätzen schon angedeutet worden. Die weniger entwickelten Länder werden den weiter entwickelten nacheifern wollen, und die weiter entwickelten werden die weniger entwickelten daran hindern wollen, in bestimmte Fehler zu verfallen. Sie alle aber sind gezwungen, sich Gedanken darüber zu machen, wie im 21. Jahrhundert weiter verfahren werden soll. Werden nach wie vor die Naturwissenschaftler die Marschrichtung aller angeben, in der die Weltgesellschaft sich zu bewegen hat, oder kommt nun eine andere menschliche Species zum Zug? Bleibt es dabei, daß jede technische Neuerung eingeführt wird, sofern sie nur Geld abwirft oder Macht beschwert? Gilt weiter als gut, was technisch machbar ist? Wo bedarf es neuer und intensiverer Technik, um den Menschen zu helfen? Und wann ist ein Erdball, auf dem sich fünf Milliarden Menschen am Leben halten können, auch potent genug, um zehn Milliarden Menschen die Existenz zu ermöglichen?

Die vierte Frage an die Staaten der Welt ist schließlich die Frage nach jener Gruppe von Menschen, die zukünftig sich selbst und allen anderen die Maximen vorgeben wird, nach denen wir unser Tun und Lassen beurteilen wollen. Sie wird auch sagen müssen, welche Technik, weil schöpferisch, weiter verfolgt werden darf, und welche Technik, weil zerstörerisch, zum großen Tabu erklärt werden muß. Um es in der Theatersprache auszudrücken: vielleicht spielen sich auf der Commedia dell'Expo in Hannover Schauspieler mit heute noch kleinen Rollen dermaßen in den Vordergrund der Bühne, daß sehr viele meinen, ihnen sollten beim nächsten Stück die Hauptrollen übertragen werden. Dies ist nicht der einzige Stoff der Expo 2000, aber doch ein äußerst aufregender Teil des Geschehens.

Anmerkungen

[1] Allgemeine Richtlinien für die Weltausstellung Sevilla 1992, Sevilla 1988
[2] »Die Antworten des Landes Niedersachsen und der Landeshauptstadt Hannover auf die Fragen des Bureau International des Expositions in Paris«, Hannover, Juli 1989
[3] Interner Entwurf einer »gemeinsamen Erklärung von Bund, Land und Stadt« der Niedersächsischen Staatskanzlei vom 17. Mai 1991
[4] Durant, Kulturgeschichte der Menschheit, Band 15, S. 15, Frankfurt 1982
[5] Protokolle des Ideen-Symposiums für die Weltausstellung 2000 vom 3. Mai, 11. und 12. Juli 1989. Niedersächsisches Finanzministerium Hannover 1989

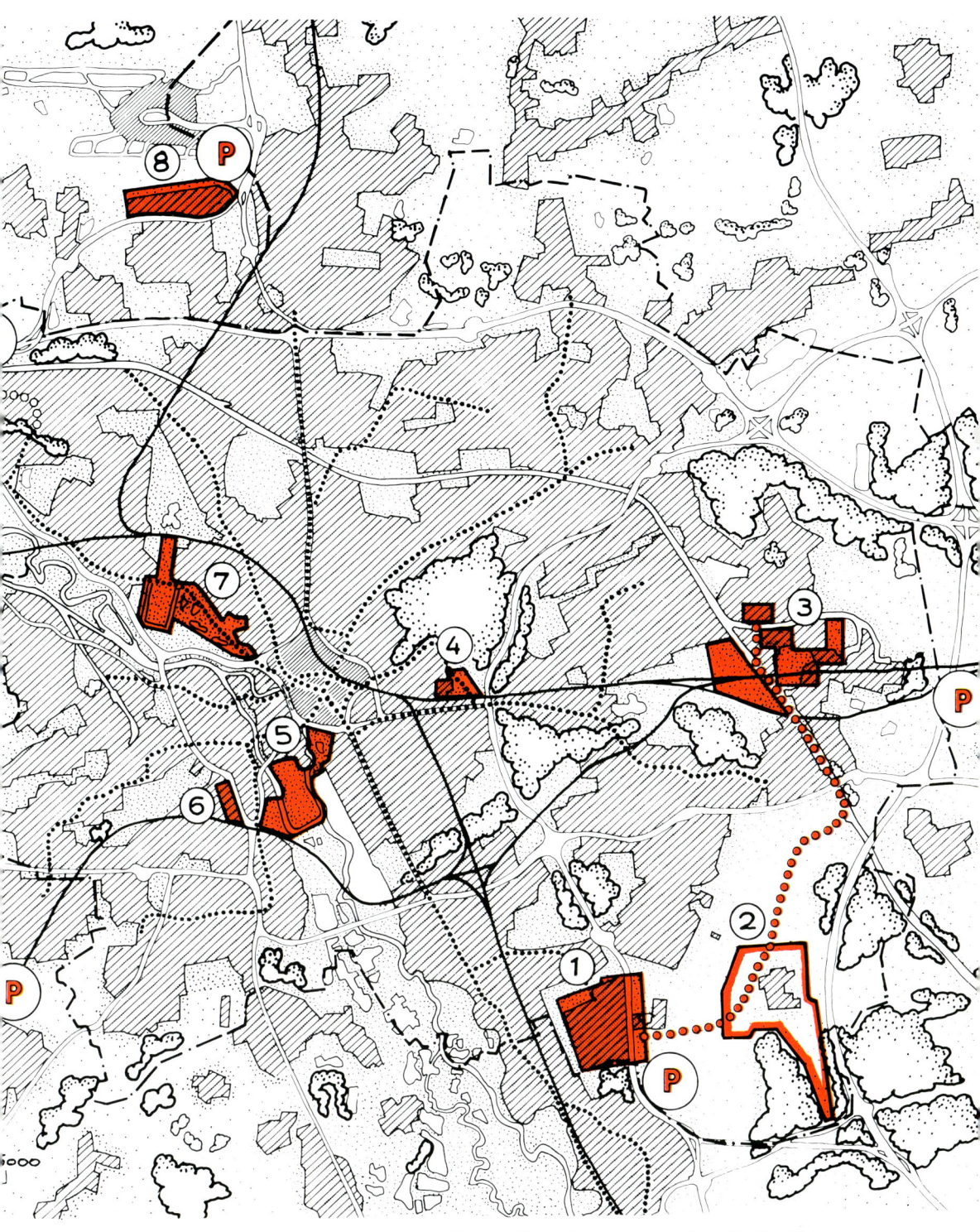

Mögliche Standorte für dezentrale Teile der Weltausstellung im hannoverschen Stadtgebiet.

DER ORT DER HANDLUNG
oder

Das Weltausstellungs-
gelände und die übrige Stadt

6

W o Theater gespielt wird, ist bekannt: auf einer Bühne. Sie muß nicht unbedingt in einem festen Haus installiert sein, wie die klimatischen und akustischen Verhältnisse dies etwa im nördlichen Europa verlangen. Die griechischen Mimen der vorchristlichen Zeit spielten auf offenen Anlagen, in den Amphitheatern von Delphi, Syrakus oder Pompeji, ebenso die Wanderschauspieler des Mittelalters oder die Sängerinnen und Sänger unserer Zeit, die sich für ihre Opern die italienischen Arenen in Verona oder Rom aussuchen. Es kommt auch nicht darauf an, wie die Fläche beschaffen ist, auf der die Commedia dell'arte gegeben wird. Manchmal reicht eine Planke über zwei Heringsfässern, der Flur in einer Mietwohnung oder die Ladefläche eines Lastwagens. Wo immer auch Theater gespielt wird, die Ebene, auf der dies geschieht, verwandelt sich auf märchenhafte Weise in eine Bühne.

Die Schauspieltruppe braucht diese eine Bühne. Die siebzehn Akteure einer Tragödie an siebzehn Stellen in der Stadt auftreten zu lassen, ist nur im Film möglich. Selbst wenn sie ihre Einsätze und Auftritte minutiös plazierten, so als spielten sie gemeinsam an einer Stelle, würde sich daraus kein Ganzes ergeben. Auch das Publikum kann ein Stück nur verfolgen oder erleben, wenn es in allen seinen Bestandteilen und von allen seinen Darstellern dort gegeben wird, wo sich das Publikum befindet. Ein Ensemble mag sich »atomisieren« können, der einzelne Theaterbesucher kann es nicht. Beide Gruppen, die Aktiven wie die Passiven, müssen geschlossen aufeinander zugehen und sich treffen, um Theater möglich zu machen. Die Bühne bezeichnet den Treffpunkt für jedermann, der an der Aufführung beteiligt sein will.

Der Marktplatz der Nationen

Damit ist auch über den Ort von Weltausstellungen so gut wie alles gesagt. Die Aussteller einer Exposition wollen und müssen gemeinsam ausstellen, nicht etwa durch kilometerweite Entfernungen getrennt. Der Witz einer Weltausstellung erschöpft sich nicht im einzelnen Ausstellungsdomizil des Staates A oder des Unternehmens B. Man möchte auch zwischen den Selbstdarstellungen der Staaten und Unternehmen vergleichen können, sowohl was ihr äußeres Erscheinungsbild als auch was das gebotene Programm angeht. Vor allem aber können die Besucher der Weltausstellung das von ihnen gewünschte »Expo-Erlebnis« nur an einem Punkt in der Stadt finden. Es wäre ihnen physisch nicht möglich, zehn, zwanzig oder fünfzig Stellen in der Stadt aufzusuchen, um zu sehen, was die verschiedenen Staaten zur Weltausstellung beizutragen haben. Schon der Entschluß, auf der Weltausstellung 1992 in Sevilla in die Eingänge aller Pavillons einen Blick zu werfen, verlangt, sechsunddreißig Kilometer zurückzulegen. Von diesem Prinzip, alle Angebote an einem Punkt anzuhäufen, mag es die eine oder die andere Ausnahme geben. In der Regel aber bedarf es eines Ortes, von dem sich sagen läßt, er sei der zentrale Ort des Ausstellungsgeschehens. Auf ihm spielt sich das eigentliche Spektakel ab, was immer auch sonst noch in der Stadt passieren wird. Die Bühne der Commedia dell'Expo ist und bleibt das Weltausstellungsgelände.

Die Geschichte der Weltausstellungen begann deshalb folgerichtig mit »Spielplätzen«, die in einem einzigen Gebäude untergebracht waren. Der Kristallpalast der Londoner Ausstellung von 1851 ist hierfür das klassische Beispiel, dem viele

Weltausstellungen gefolgt sind. Später war es nicht mehr möglich, alle interessierten Aussteller in einem einzigen Bauwerk unterzubringen. Man erweiterte das Zentralgebäude um mehrere Anbauten wie 1873 in Wien, so daß im großen und ganzen immer noch von einem gemeinsamen Dach gesprochen werden durfte, das die Expo-Bühne überspannte. Aber schon in Wien gab es einige isoliert stehende Gebäude, in denen sich verschiedene Aussteller präsentierten. In den dreißiger Jahren unseres Jahrhunderts entfielen dann die weitläufigen Paläste, in denen sich mehrere Staaten unterbringen ließen. Sie schufen sich ihre eigenen Baulichkeiten, relativ luftige Pavillons, und die Summe aller Pavillons auf dem Gelände war nun die Bühne der Weltausstellung. Dies gilt zumindest für die universalen oder »registrierten« Weltausstellungen bis zur Expo 1992 in Sevilla. Die Fachausstellungen oder »anerkannten« Weltausstellungen fanden, den Regeln des »Bureau International des Expositions« entsprechend, zu einem großen Teil in Gebäuden statt, die vom gastgebenden Land errichtet wurden. Aber auch hier bietet der »Site« eine abwechslungsreiche Gruppe von Bauwerken und gestalteten Flächen an einer einzigen Stelle der Stadt, so — wie einmal beabsichtigt — 1995 in Wien zwischen der UNO-City und der Donau.

Im Theater ist es üblich, die Bühne zu kennzeichnen, um sie aus ihrer Umgebung herauszuheben. Nicht erst das Bühnenbild, die Illusion eines Ortes außerhalb der Bühne, grenzt diese von allem anderen ab. Schon die geometrische Figur, die für die noch leere Bühne gewählt und durch bauliche Vorkehrungen sichtbar gemacht wird, schafft sich ihren besonderen Raum. Im Theater von Delphi oder anderen griechischen Spielstätten ist es der Platz, den das Halbrund der steinernen Ränge übrig läßt. Im klassischen Theater ist es der mehr oder weniger quadratische Guckkasten, im modernen Theater manchmal das Segment der kreisrunden Bühne, das gerade zum Publikum hin gedreht worden ist.

Auch die Gelände von Weltausstellungen bemühen sich darum, sich visuell nicht durch einen Zaun, sondern durch natürliche Elemente der Stadt oder der Landschaft abzugrenzen. Viele Expositionen benutzten dazu Wasserflächen, die schon vorhanden sind. Ein Hafenbecken wie in Vancouver, ein Fluß wie die Seine in Paris, der Ontariosee in Toronto oder eine von einem Fluß umspülte Insel wie in Sevilla eröffnen den Ausstellungen hervorragende Schauplätze. Die Commedia dell'Expo gewinnt, wenn sie sich des Elementes Wasser bedienen kann, um ihre Bühne zu kennzeichnen. Andere Weltausstellungen griffen auf freie Plätze im Inneren der Stadt zurück, so auf das Marsfeld in Paris oder auf »The Flushing Meadow« in New York. Weltausstellungen pflegen etwas zu besetzen, was in räumlicher Beziehung schon vorhanden ist, aber noch nicht endgültig genutzt wird. Jede Fläche für ein Weltausstellungsgelände hat also bereits eine Geschichte hinter sich, bis sie erneut entdeckt wird, diesmal mit der Aussicht, ihre vorerst letzte Gestalt zu erhalten.

Die Suche nach dem richtigen Standort

So lauteten die Erkenntnisse, als die Veranstalter der Expo 2000 in Hannover sich 1988 für einen Standort entscheiden mußten. Wo gab es in dieser relativ kleinen Stadt, was das Verhältnis der Einwohnerzahl von etwa 500 000 zur Gemeindefläche angeht, eine für sich sprechende Lage? Als erstes gab man den Gedanken auf,

Indischer Pavillon auf der Expo '92 in Sevilla.

Der Gemeinschaftspavillon der arabischen Länder auf der Expo '92 in Sevilla.

die Ausstellung an einer Wasserfläche veranstalten zu können. Die hannoverschen Flußläufe, die Leine und die Ihme, sind eher lächerlich als erhaben. Ähnliches gilt von einem Kanal, dem Mittellandkanal, der das Ruhrgebiet mit Berlin verbindet und die nördlichen Stadtteile Hannovers durchschneidet. Das nächste Meer, gleichgültig, ob man an die Nordsee oder die Ostsee denkt, liegt über zweihundert Kilometer weit entfernt. Einen bemerkenswerten See gibt es ebenfalls nicht, vielleicht mit Ausnahme des Maschsees am südliche Rand der City, der in den dreißiger Jahren als Arbeitsbeschaffungsmaßnahme angelegt wurde. Der Maschsee ist ein hübscher See, von einem Fußgänger in einer guten Stunde zu umschreiten, ohne daß er sich allzusehr langweilt. Auf jeden Fall sind seine Ufer nicht frei für die Pavillons einer Weltausstellung, und wo es freie Plätze gibt, sind sie zu klein. Trotz dieser eindeutigen Situationen schlugen 1990 einige Professoren und Studenten vor, die Weltausstellung baulich so umzuformen, daß sie an den Mittellandkanal oder den Maschsee paßt und mit Booten besucht wird. Sie fanden allerdings niemanden, der sich zutraute, ihre Träume in die Realität umzusetzen.

Der über den Stadtplan schweifende Blick landete schließlich auf einem Hügel, einer unbebauten Erhebung im Südosten der Stadt, die sich Kronsberg nennt. Seine Ausdehnung ist eindrucksvoll, sie beträgt 8,5 Quadratkilometer. Seine Höhe ist da-

Detail der Anlage der Europäischen Gemeinschaft auf der Expo '92 in Sevilla.

gegen enttäuschend, denn sie erreicht nur fünfzig Meter über hannoverschem Straßenniveau. Der Kronsberg ist also weder ein Berg noch »krönt« er die Stadt. Er stellt einen sanften Hügel dar, von dem sich vermutlich sagen läßt, daß nachts das Mondlicht auf ihm schläft. Andererseits verfügt er über einige Qualitäten, die einer Weltausstellung durchaus zustatten kommen können. Sie haben mit der gegenwärtigen Nutzung oder Nichtnutzung, mit den Eigentumsverhältnissen, mit der Erreichbarkeit für Autofahrer und für Fahrgäste des öffentlichen Nahverkehrs und mit der Nähe des weltgrößten Messegeländes zu tun. Vor allem aber zeigt der Kronsberg Bühnencharakter, einfach dadurch, daß er in einer ansonsten platten Stadt tatsächlich die einzige Erhebung darstellt, die sich mit dem bloßen Auge ausmachen läßt und von der man auf die Stadt herabblicken kann.

Der Kronsberg — Bühne für die Expo 2000

Die Bühne für die Expo 2000 erstreckt sich im Osten der Stadt, leicht nierenförmig von ihr abgebogen, über fünf Kilometer vom Stadtteil Anderten an der Messe vorbei bis nach Laatzen, einer freundlichen hannoverschen Nachbarstadt. Im Westen stößt er überall an Wohnsiedlungen, im Osten knapp drei Kilometer weiter an die Autobahn von Hamburg nach Frankfurt. Fast in der Mitte befindet sich der kleinste hannoversche Ortsteil Wülferode, in dem noch Landwirtschaft betrieben wird. Im Südosten steht ein Wäldchen, das Bockmerholz, das vergrößert werden und an andere Aufforstungen anschließen soll, wie ein Landschaftsrahmenplan für den Kronsberg vorsieht. Ansonsten ist der Kronsberg Ackerland, auf dem die Rübe »die einzige schattenspendende Pflanze darstellt« (Hanns Adrian). An einigen Stellen arbeiten kleinere Erdölpumpen mit ihren typischen Nickbewegungen, und ein Windrad der Stadtwerke AG erzeugt ein wenig elektrische Energie aus den Luftbewegungen am Westhang. Über allem hängen die Drähte der wichtigsten Stromversorgungsleitungen für die Stadt Hannover, deren Masten sich nicht verlegen lassen.

Diese merkwürdige Idylle ist weit größer als die hannoversche City. Vor dreißig Jahren entsann sich der damalige Verwaltungschef der Stadt, Martin Neuffer, daß der Wiederaufbau Hannovers nach den Zerstörungen des 2. Weltkrieges nicht so großzügig hätte erfolgen können, wenn nicht vorangegangene Generationen Grundbesitz auf Vorrat gekauft hätten. Er entschloß sich, diese kommunalpolitische Tugend wieder einzuführen und für seine Nachfolger eine Reserve an Bauland zu beschaffen. Wofür das auch eines Tages gut sein würde, es gab keinen Zweifel, daß es gut sein würde. Innerhalb des Stadtgebietes mit seinen ungewöhnlich engen Grenzen bot sich nur noch der unbebaute Kronsberg an, um im größeren Stil Bodenvorratspolitik zu betreiben. Die Landwirte, in deren Eigentum er stand, gingen auf das Angebot ein. Sie verkauften ihre Äcker und erwarben neues Land an anderer Stelle, das fruchtbarer und ökonomisch interessanter war. Nach und nach vergrößerte die Stadt ihre Flächen auf dem Kronsberg. Am 14. Juni 1990, als das Weltausstellungsbüro über die Expo 2000 entschied, konnte sie über etwa vier Fünftel der Grundstücke verfügen, die für die Ausstellung benötigt werden. Dies ist eine hervorragende Ausgangssituation für jemanden, der eine Weltausstellung veranstalten will. Ohne es zu wissen, arbeiteten also der frühere Verwaltungschef und seine Mitarbeiter schon in den sechziger Jahren für ein Ereignis, das erst fünfunddreißig Jahre später stattfinden sollte. Zwischen zwei und drei Millionen Quadratmeter lassen sich allein dem südlichen Kronsberg für die Ausstellung abgewinnen, und der überwiegende Teil davon ist Eigentum der Stadt Hannover.

Die Hallen und die Infrastruktur der Messe nutzen

Glücklicherweise liegen diese Flächen am Hangfuß des Kronsberges neben dem Gelände der Deutschen Messe AG. Beides ist nur durch den Messeschnellweg, eine vierspurige Straße mit Autobahncharakter, getrennt, die das innere Stadtgebiet mit der Nord-Süd-Autobahn verbindet. Legt man den Messeschnellweg in einen Tunnel, oder schlägt man eine Brücke über ihn, können Fußgänger ohne weiteres vom Messegelände zum Kronsberg gelangen oder umgekehrt. Für die Veranstalter der Expo 2000 bedeutet dies, daß sie bestimmte Elemente des Messegeländes, wie von Anfang an beabsichtigt, in die Weltausstellung mit einbeziehen können. Die Bühne der Expo 2000 kann sich also, im übertragenen Sinn, auf den überdeckten »Orchestergraben« der Messe ausdehnen. Die Veranstalter denken daran, von den 200 benötigten Hektar für das Weltausstellungsgelände etwa 60 Hektar bei der Messe zu »rekrutieren«.

Das heißt, von allen Dingen, die eine Weltausstellung benötigt, brauchen jene schon nicht mehr angeschafft zu werden, die bereits auf dem Messegelände vorhanden sind. Die Messegesellschaft kann die eine oder die andere ihrer Hallen, einige Restaurants, ihr Tagungszentrum mit drei großen und dreiundzwanzig kleinen Sälen, ihre hochentwickelte Informationstechnik, einen Hubschrauberlandeplatz, Feuerwehr, Zollstation und ein Pressezentrum (dort sind 7100 Journalisten akkreditiert) in die Veranstaltung einbringen. Am westlichen Messeeingang wird 1995 ein »World Trade Center« entstehen. Dies alles verbilligt die Investitionen für die Weltausstellung, erleichtert und beschleunigt ihren Aufbau und löst Probleme mit der späteren Nutzung der in Anspruch genommenen Gebäude. Auch dieser Gesichtspunkt sprach dafür, nachträglich betrachtet, den südlichen Kronsberg als zentrales Ausstellungsgelände ins Gespräch zu bringen. Um auch hier den Vergleich mit dem Theater zu Ende zu führen: die Nebenräume, das Buffet, die Garderobe, die Toiletten und der Schalter für den Kartenverkauf sind teilweise bereits vorhanden.

Nun taugt eine Bühne nur etwas, wenn man sie nicht nur zu Fuß, sondern auch mit dem eigenen Auto und einer öffentlichen Stadtbahn erreichen kann. Auch diese Forderungen vermag das Gelände für die hannoversche Weltausstellung zu erfüllen. Wie gesagt, es befindet sich zwischen einer Autobahn und einem Stadtschnellweg, ist zudem durch Straßen erschlossen, die Wülferode und Laatzen mit Hannover verbinden. Im Norden und Süden des »Berges« verbinden vierspurige Straßen den »Messeschnellweg« mit der Autobahn. Etwa fünfzigtausend Parkplätze werden von der Messegesellschaft ständig vorgehalten. Eine Stadtbahn fährt von der hannoverschen City bis vor den Haupteingang des Messegeländes, von wo sie in einer eleganten Schleife zur Stadt zurückkehrt. Die Messegesellschaft wirbt selbstbewußt damit, daß sie über den größten privaten Personenbahnhof der Welt verfüge, mit zwölf Gleisen und Bahnsteigen, die an die westlich vorbeiführende Bundesbahnstrecke zwischen Hamburg und Süddeutschland angebunden sind. Denkt man sich »People-Mover« in Busform oder ähnliches hinzu, wäre es sogar möglich, von der Bahnstation in Laatzen, auf der allerdings zur Zeit keine Züge halten, durch das Messegelände hindurch auf den Kronsberg transportiert zu werden. Wenn wir Übertreibungen nicht fürchten, dürfen wir sagen, daß in Hannover alle Wege zum Kronsberg führen.

So viele Vorteile dieser Standort für die Expo 2000 auch auf sich vereinigen mag, er leidet auch an einem bemerkenswerten Nachteil. Der Kronsberg beginnt dort, wo die Stadt Hannover aufhört. Auf der stadtabgewandten Seite gibt es nur noch Fernstraßen und bescheidene niedersächsische Landschaft. Kein Mensch, der sich mitten in Hannover aufhält, kann den Kronsberg zu Fuß erreichen. Er wird ihn nicht einmal sehen können, begäbe er sich auch auf den Turm des Rathauses, der den besten Überblick ermöglicht. Wo der Kronsberg liegt, hält sich eben niemand auf, von den Wochen abgesehen, in denen Messen stattfinden. Eine venezianische Weltausstellung, die in Mestre stattfindet, hat eben nicht viel mit Venedig zu tun. Eben dies ist die Situation, die wir in Hannover vorfinden. Es sind kaum Weltausstellungen bekannt, die so sehr das Weichbild der Stadt fliehen, die ihnen die Namen gibt, wie dies in Hannover beabsichtigt ist. Eine Bühne, die nicht in der Stadt liegt, sondern an ihrem äußeren Rand, ist zwar immer noch eine Bühne. Aber ihr fehlt die schnelle Erreichbarkeit, und sie kann nicht so spontan aufgesucht wer-

Vom Messegelände in Hannover werden verschiedene Hallen für die Expo 2000 genutzt, darunter auch das Tagungscenter mit seinen vielfältigen Einsatzmöglichkeiten.

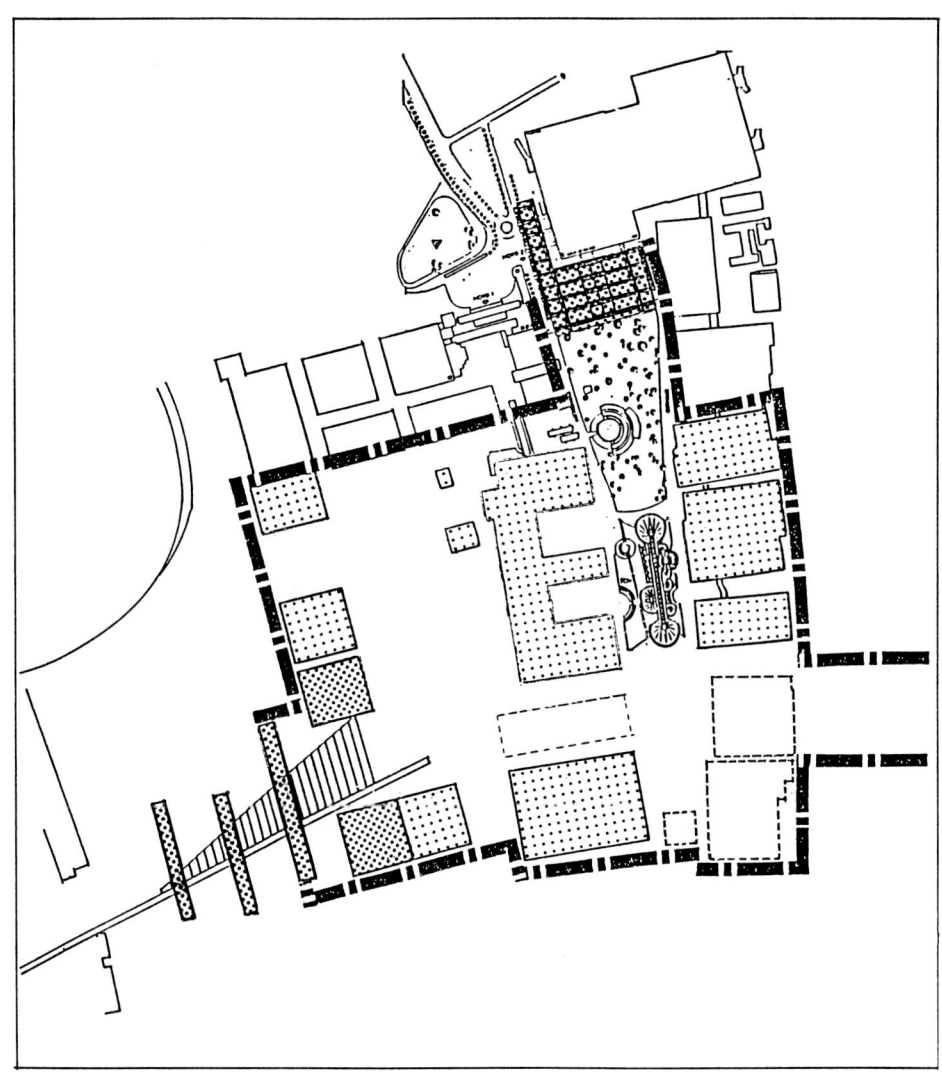

EINBEZIEHUNG DES MESSEGELÄNDES

■■■■	Größe des einbezogenen Messegeländes .... ca. 60 ha
░░░░░	Für EXPO-Nutzung geeignete Hallen .... 157.000 m²
⌐ ⌐	Für EXPO-Nutzung ungeeignete Hallen .... 47.000 m²
▓▓▓▓	Hallen, WTC in Planung .... ca. 45.000 m²

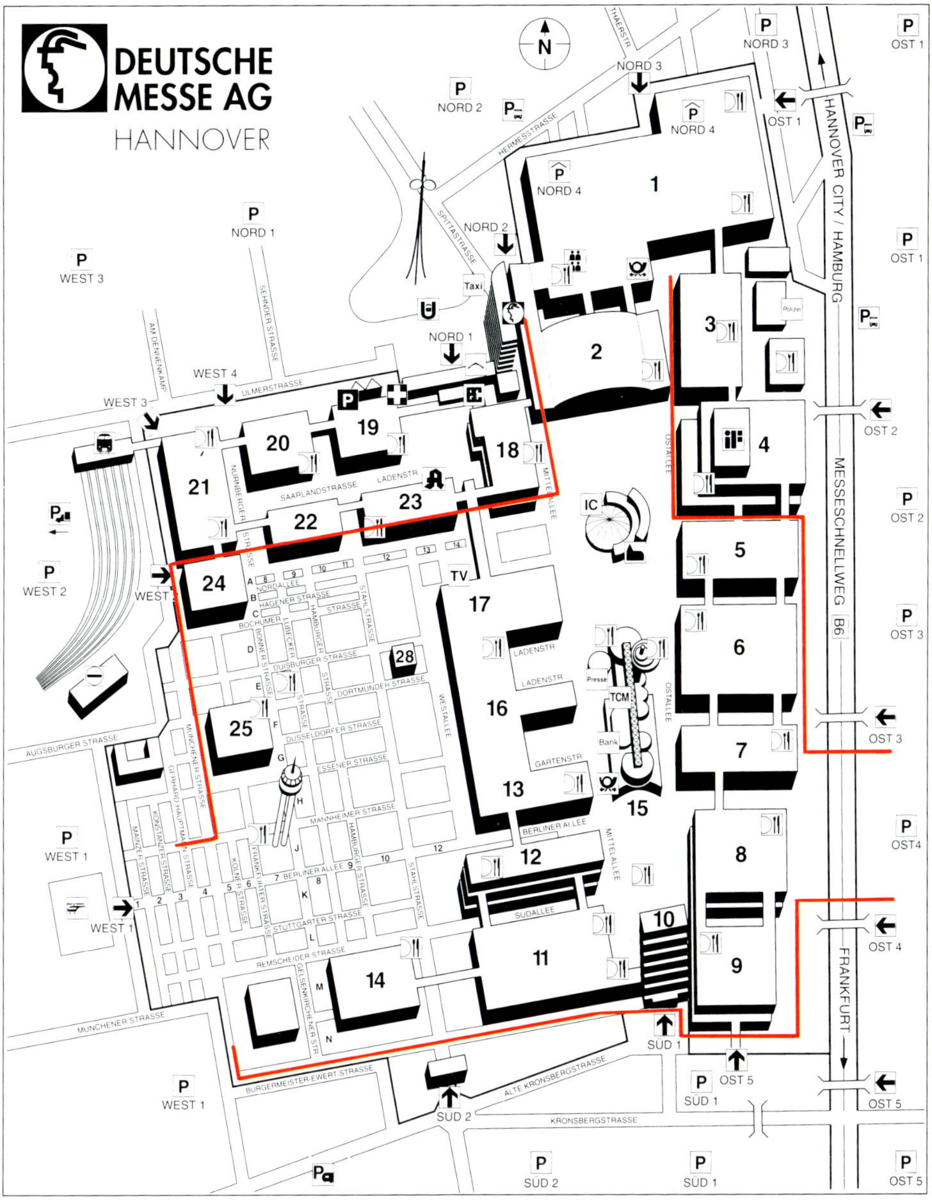

DEUTSCHE MESSE AG
HANNOVER

P NORD 2
P NORD 4
P NORD 3
P OST 1
P NORD 1
P WEST 3
Taxi
NORD 4
NORD 2
NORD 1
NORD 3
OST 1
P OST 1

1
2
3
Polizei
4
iF

WEST 4
WEST 3
ULMERSTRASSE
P WEST 2
WEST 3

20
19
18
21
SAARLANDSTRASSE LADENSTR
22
23
24

IC

P OST 2
P OST 2
OST 2

TV
17
LADENSTR
LADENSTR
5
6
7
OST 3
P OST 3

P WEST 2
WEST 2

28
25
16
GARTENSTR
Presse
TCM
Bank
15
13
OST 3

P WEST 1
MANNHEIMER STRASSE
BERLINER ALLEE
SÜDALLEE
MITTELALLEE
12
8
OST 4
P OST4

WEST 1
BERLINER ALLEE
STUTTGARTER STRASSE
11
10
9
FRANKFURT
OST 4

14
REMSCHEIDER STRASSE
SÜD 1
OST 5
P OST 5

P WEST 1
BÜRGERMEISTER-EWERT STRASSE
ALTE KRONSBERGSTRASSE
P SÜD 1
OST 5

SÜD 2
KRONSBERGSTRASSE
SÜD 1

P SÜD 2
P SÜD 1
P OST 5

HANNOVER CITY / HAMBURG
MESSESCHNELLWEG B6

Eingang / Entrance
Taxi / Taxi
Messebahnhof / Station
Parkplatz (Bus) / Parking (Bus)
Zoll/Güterbahnhof / Customs/Goods Station
Zentral-Garderobe / Central Cloakroom
Industrie Forum / Design Hannover

IC Informations-Centrum / Information Center
Stadtbahn / Tram
Flughafen Shuttle / Airport Shuttle
Parkplatz (LKW) / Parking (Lorries)
Bank Bankenallee / Banks
Polizei / Police
Presse Presse-Centrum / Press Center

TCM Tagungs-Centrum Messe / Convention Center
Linienbus / Bus
Parkplatzverwaltung / Car park adm. office
Restaurant
EC EC-Geldautomat / EC-Cash dispenser
Apotheke / Pharmacy
TV Radio/TV-Centrum / Radio/TV Center

Tagungsräume / Conference Rooms
Messe-Heliport
Parkplatz (PKW) / Parking (Cars)
Postamt / Post Office
Kirchen-Centrum / Church
Erste Hilfe/Arzt / First Aid/Doctor

Stand: Januar 1992
Position as of January 1992

Änderungen vorbehalten.
Subject to alteration.

Deutsche Messe AG • Messegelände • D-W 3000 Hannover 82

**Flächen und Einrichtungen des Messegeländes,
die für die Expo 2000 mitbenutzt werden können.**

den, wie dies den Einwohnern Hannovers vorschweben mag. Sie ist kein Ort, zu dem viel Publikum zu Fuß und von allen Seiten herbeieilt. Wer eine Weltausstellung am Rand der Stadt besuchen will, muß zielstrebig eine kleine Reise unternehmen. Vor allem aber: er verläßt dabei die eigentliche Stadt, oder, wenn er von außen kommt, er erreicht sie erst gar nicht.

Die Stadt als Ausstellungsraum

Aber nicht nur das Inviduum, auch die Stadt als Ganzes kommt nicht voll zu ihrem Recht. Eine Weltausstellung, die mehr oder weniger mitten in der Stadt arrangiert wird, erfaßt auch alle benachbarten Viertel. Die Stadt schmückt sich, baut sich vorbildlich um oder offeriert ein weltläufiges Angebot an Ereignissen und Produkten. Auf ihrem Weg zu dieser urbanen Exposition müssen die Besucher mitten durch die verwandelte Stadt hindurchgehen oder fahren. Wo die Menschen sind, die zum Weltausstellungsgelände wollen, halten sich auch die Straßenmusikanten und Schauspieler, die Alleinunterhalter und Anbieter aller möglichen Genüsse auf. Da sie nicht alle zum Gelände gehören, suchen sie sich ihren Standort in der Nähe aus, auf den Straßen, Plätzen und an den Ecken der Stadt. Der Ehrgeiz der Stadtbewohner, für die fünf Monate der Weltausstellung aus ihrer Stadt mehr zu machen, aber auch die Erwartung auf Geschäfte aller Art kommen dem Erscheinungsbild der Stadt zugute. Werden die Besucher der Weltausstellung dagegen am Stadtrand abgefangen, weil auch das Weltausstellungsgelände draußen liegt, findet das Fest der Feste allein am Kronsberg statt, von gewissen Ausnahmen abgesehen, von denen noch zu sprechen ist. Die Bereitschaft der Hannoveraner, sich innerhalb der Stadt zum Feiern vorzubereiten und zu schmücken, wird deshalb schwächer ausgebildet sein.

Weil dies so ist, spricht ausnahmsweise einiges dafür, einige interessante Elemente der Weltausstellung nicht an den Kronsberg oder auf das Messegelände zu plazieren, sondern in das Stadtgebiet. Wie der amerikanische Zirkus »Barnum & Bailey« zeitweise in zwei nebeneinander liegenden Manegen zirzensische Attraktionen vorführte, wird die Commedia dell'Expo in Hannover zwei Bühnen anstreben: eine große und eine kleine, eine zentrale am Kronsberg und eine dezentrale in der Stadt und ihrer Umgebung. Man wird nicht nur darauf setzen, daß die Menschen zur Weltausstellung kommen. Die Ausstellung wird sich auch zu den Menschen bemühen müssen, jedenfalls zu jenen, die bereits in Hannover und in seiner Region wohnen.

Ein weiterer Grund für eine teilweise janusköpfige Ausstellung liegt in ihrem Thema. Im vorangegangenen Kapitel ist beschrieben worden, wie das Motto »Mensch, Natur, Technik« verstanden werden kann. Die Bilanz eines Jahrhunderts, eben des 20. Jahrhunderts, und der Blick in das folgende, das 21. Jahrhundert, kann auf unterschiedliche Weise vor sich gehen. Einmal ist es möglich, Pavillons zu errichten und in ihnen auf Schaubilder, in Grafiken, durch Filme, Vorträge, Objekte oder Happenings zu sagen, was man sagen möchte. Dies ist die klassische Methode, die Commedia dell'Expo zu spielen. Nehmen wir die USA: vielleicht ist dieses Land der Ansicht, daß es den Naturwissenschaftlern zu stark gefolgt ist und zu viel von dem verwirklicht hat, was technisch realisierbar ist, oder daß es die humanen Mög-

der Themenfragen nach dem Wert oder Unwert technischer Errungenschaften wird die USA die Auffassung vertreten, schmutz- und lärmerzeugende Stoffe und Ursachen müßten aus den großen Städten systematisch verbannt werden. Diese Aussage läßt sich verbal oder in Bildern vortragen: der Zustand im Jahr 2000 wird beschrieben, die Maßnahmen, die Abhilfe leisten können und die künftige Lage, die eintritt, nachdem die Maßnahmen gewirkt haben. Man sieht beispielsweise auf Fotos, wie die Schornsteine auf den Dächern einer langen Straße in San Francisco verschwunden sind, weil die Häuser nicht mehr mit Kohle oder Öl, sondern auch durch Solarenergie oder Geothermie mit Heißwasser versorgt und beheizt werden. Auf anderen Schautafeln wird gezeigt, wie mit Hilfe der elektronischen Datenverarbeitung Operationen aus der Mayo-Klinik in New York in eine nigerianische Krankenstation oder in die Praxis eines peruanischen Landarztes übertragen werden, um zentrales Wissen dezentral zu vermitteln. Dies wären zwei einfache Beispiele für die übliche Möglichkeit der Präsentation auf Weltausstellungen.

Die andere Möglichkeit der Präsentation bestünde darin, dies alles in Hannover real zu verwirklichen. Die USA würden bei dieser Alternative auf einen Pavillon verzichten und dafür die »Botschaft«, die sie an sich nur in Bildern gezeigt hätten, an einer geeigneten Stelle der Stadt Hannover in der notwendigen Form umsetzen. Sie würden in einem Stadtteil eine umweltschonende Energiequelle installieren, um bei unserem Beispiel zu bleiben. Oder sie würden in der Medizinischen Hochschule in Hannover die Technik installieren, die erforderlich ist, um Operationen über Satelliten in eines oder mehrere der unterversorgten Gebiete der Erde zu übertragen. So könnte dort die Lösung schwieriger medizinischer Probleme am Ort studiert werden, und zwar beginnend mit der Expo 2000.

Diese Beispiele, die aus der Aktualität des Jahres 1991 stammen, sollen zeigen, daß sich die tausend Unterthemen des Mottos »Mensch, Natur, Technik« nicht nur dafür eignen, theoretisch vermittelt zu werden. Sie sind auch hervorragend geeignet für praktische Demonstrationen in der Stadt der Weltausstellung. Will ein Ausstellerstaat das letztere, muß er das Weltausstellungsgelände verlassen und sich in die innere Stadt begeben. Auf diese Weise würde ein, wenn auch sicherlich nur bescheidener, Teil der Weltausstellung auf den Kronsberg und das Messegelände verzichten und sich unter den Bürgerinnen und Bürgern der Stadt niederlassen. Der »amerikanische Pavillon« bestünde dann nicht mehr in einem mehr oder weniger kunstvollen Bauwerk, sondern in angewandter Technik, Kultur, Ökologie, Landschaftsgestaltung oder ähnlichem. Auch dies wären spektakuläre Ereignisse, die sich aufsuchen, besichtigen und bewundern lassen.[1]

Die Weltausstellung in der Region

Sie könnten nicht nur in Hannover, sondern auch in Wilhelmshaven, Göttingen oder Halle angesiedelt sein — in einer immer noch erreichbaren Nähe. Sachsen-Anhalt möchte diesen Gedanken verfolgen und Besuchern der Expo 2000 an Musterprojekten zeigen, wie ein in fünfzig Jahren zerstörter Teil Deutschlands den Menschen zurückgewonnen werden kann. Braunkohlengruben in Bitterfeld und verfallene Siedlungen aus der Jahrtausendwende in Dessau sollen in Kulturlandschaften zurückverwandelt, die Mittelelbe zum Bioreservat renaturiert und alte Häfen in ein Areal von gewerblicher, kultureller und Freizeitnutzung umgebaut wer-

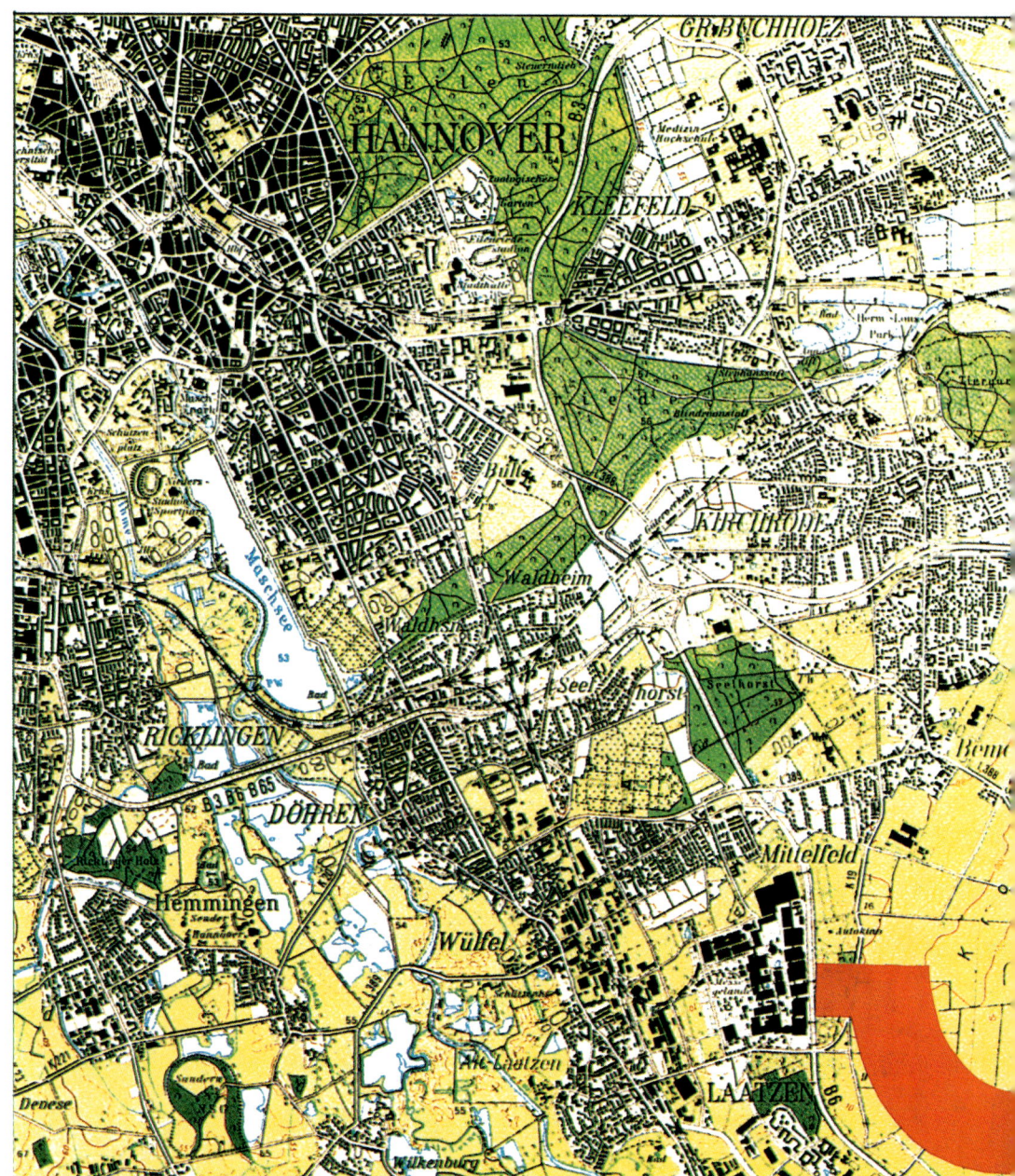

Lage des Expogeländes im Stadtgebiet

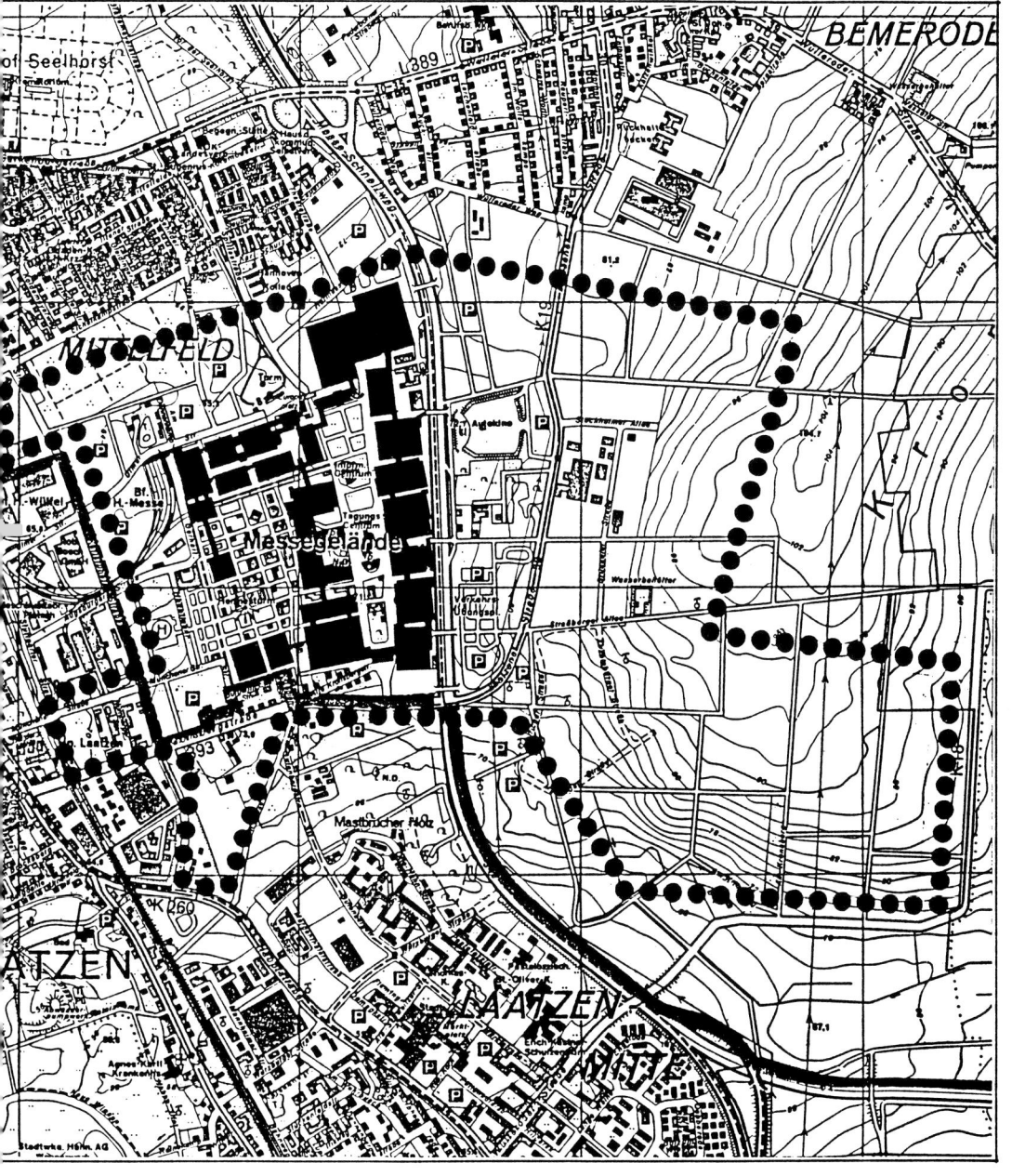

Abgrenzung des Weltausstellungsgeländes nach einem Beschluß des Rates der Landeshauptstadt Hannover.

den. Der Direktor des berühmten Bauhauses in Dessau, Rolf Kuhn, möchte sich mit einem solchen »industriellen Gartenteich, einem gigantischen Kunstwerk«, an der hannoverschen Weltausstellung beteiligen.[2] Die Besucher der speziellen Umwelt-Expo im Städtedreieck Dessau, Bitterfeld und Wittenberg sollen per Bahn zu bestimmten Projekten geführt werden: über eine rote Route sollen sie die wirtschaftliche Erneuerung, über eine hellblaue Route die neue Landschaftskultur, über eine grüne Route die angewandte Umwelttechnologie, über eine rosa Route die moderne Industriekultur und über eine blaue Route die zeitgemäße Wohnkultur kennenlernen.

Deshalb propagieren die Veranstalter der Expo 2000 auch diese zweite Art, sich selbst mit seinen Leistungen auszustellen. Übersetzt in die Sprache des Theaters würde dies bedeuten: die Schauspieler verlassen die Bühne und verlegen ihr Spiel in den Zuschauerraum. Auch hierfür gelten wieder einige theatralische Regeln, gegen die nicht ungestraft verstoßen werden darf. Das Spiel der Schauspieler unter dem Publikum im Theaterraum bedarf lauter kleiner »Bühnen«, um inszeniert werden zu können. Man kennt dies aus bestimmten Vorführungen: Schauspieler betreten eine Loge und verwickeln die dort sitzenden Damen und Herren in ein Gespräch. Oder sie schlängeln sich durch die Stuhlreihen im Parkett und verharren an einer von allen Seiten gut einsehbaren Stelle, um Besucher mitagieren zu lassen. Oder sie fordern ihre Gäste von der Bühne aus auf, irgendwelche Aktivitäten zu ergreifen.

Eine Weltausstellung, die in die Stadt oder in die Region geht, bedarf ebenfalls wieder einer städtebaulich hervorgehobenen Stelle, um Aufmerksamkeit zu erregen. Ein Staat, der sich nicht auf dem Weltausstellungsgelände, sondern in der Stadt verwirklichen will, braucht dafür ein spektakuläres Ambiente. Dies mag ein stadtbekannter Platz sein oder eine Stelle in der City, wo sehr viele Menschen vorbeiströmen, oder eine Parkanlage wie die berühmten Herrenhäuser Gärten in Hannover. Hier könnte, beispielsweise über den Grundmauern des kriegszerstörten Schlosses, ein »Expo-Palais« für kulturelle Zwecke errichtet werden. An ihm ließe sich, mit den Bordmitteln einer europäischen Stadt, demonstrieren, wie ein hochzivilisiertes Leben ohne die übliche Vergeudung von Wasser, elektrischer Energie und ohne Unmengen von Abfall möglich ist, in einem eigenen »Klima«, also in besonders guter Luft.

Davor würde die Fahne des Staates im Wind stehen, dessen Ausstellungsobjekt die technische Ausrüstung dieses Expo-Palais darstellt. Und der deutsche Generalkommissar würde zwischen Juni und Oktober 2000 seine internationalen Gäste in diesem Palais empfangen.

Die City als zweite »Bühne«

Der Kronsberg und die Innenstadt als Bühnen der Commedia dell'Expo: beide haben ihre natürlichen Grenzen. Es gibt Dinge, die sich nur dezentral, und es gibt solche, die sich nur zentral verwirklichen lassen. Zu jeder Weltausstellung gehören kulturelle, sportliche und wissenschaftliche Veranstaltungen. Sie sind mehr oder weniger frei vom bestimmenden Thema der Weltausstellung. Auch in Hannover eignen sie sich kaum oder überhaupt nicht dazu, auf das Gelände am Kronsberg verlegt zu werden. Um Musik und Theater anzubieten, stehen bereits mehrere große und kleine Säle in der Stadt oder in Nachbarorten bereit. Sie können um »fliegen-de« Theaterbauten oder Zelte auf bestimmten Plätzen wie dem Georgsplatz, dem Steintor oder dem Raschplatz ergänzt werden, auf jenen Kreis also, der die City von den ersten innerstädtischen Wohngebieten trennt. Dort würden tagsüber, bis in die Nacht hinein, Künstler — unbekannte, Provinzstars oder weltberühmte — ihre Laufkundschaft unterhalten. Bei gutem Wetter macht es keine Mühe, sämtliche Fußgängerstraßen zu aktivieren, um den Bildhauern, den Filmleuten, den Musi-kern oder den Artisten Gelegenheit zu geben, sich und ihre Künste zu zeigen. Han-nover ist die erste deutsche Stadt, in der Straßenkunst aller Art, wenn auch nur für wenige Jahre, aufblühte. Jede Weltausstellung ist auch ein Fest, und im Fall Hanno-vers eignet sich die innere Stadt besonders gut dafür, den Festraum zu stellen.

Dies alles gilt auch für die Sportler, die auf dem Weltausstellungsgelände kei-nen Platz finden, um ihren speziellen Leidenschaften nachzugehen. Sie werden sich auf den Sportanlagen einfinden, die über die ganze Stadt verstreut sind. Nur ein Teil der Wissenschaftler, die sich in Kongressen, Symposien oder öffentlichen Anhörungen zur Expo 2000 versammeln werden, findet ihr Forum auf dem »Site«. Darüber hinaus wird die Stadt ihr intellektueller Aufmarschplatz sein, mit zahllo-sen Sälen unterschiedlichster Dimension, in denen sich hervorragend debattieren, demonstrieren, streiten und Resolutionen beschließen läßt.

Die ausstellenden Staaten oder Institutionen, die ihre Ideen und Auffassungen nicht innerhalb der Stadt umsetzen wollen, werden einen einzelnen oder gemein-schaftlichen Pavillon am Kronsberg bauen. Nur dort finden sie den Raum, um sich architektonisch so auszudrücken, wie sie das für richtig halten. Nur in ihrem eige-nen Bauwerk lassen sich die politischen, geisteswissenschaftlichen oder techni-schen Erkenntnisse darstellen, mit denen sie auf die vier Fragen des hannover-schen Projekts antworten wollen. Ihrem in sich geschlossenen Areal am Kronsberg werden die Besucherinnen und Besucher zielgerecht zugeführt. Wer auf dem Welt-ausstellungsgelände ausstellt, darf also erwarten, die größtmögliche Zahl von Men-schen erreichen zu können. Wieder ist es wie im Theater: nirgendwo werden die Akteure so gut gesehen und gehört wie im Scheinwerferlicht und zwischen den Ku-lissen der Bühne. Aus der Perspektive des Publikums bedeutet dies, vor allem am Kronsberg zu erfahren, was die GUS, China, Spanien, Venezuela oder die UNESCO zum Thema »Mensch, Natur, Technik« an Einsichten zu vermitteln haben.

Anmerkungen

[1] Vgl. für den ökologischen Teil eines solchen Programms die Studie »Die Weltausstellung der Lösungen« von Michael Braungart, Douglas Mulhall, Katja Hansen, Hamburg 1991
[2] Neue Presse, Hannover, vom 6. November 1991 und Die Welt, Bonn, vom 4. März 1992

DIE VISION

oder

Woran sonst noch erkennt man die Expo 2000

7

Eine Ausstellung, die zu wenig Publikum aus dem Zimmer zieht, in dem der französische Philosoph Pascal es halten möchte, ist eine überflüssige Ausstellung. Es wäre besser und billiger gewesen, sie gar nicht erst vorzubereiten. Um es nicht zu diesem Defizit kommen zu lassen, sehen sich die Veranstalter aller Weltausstellungen veranlaßt, ihrem Projekt mehr mitzugeben, als sein Motto erwarten läßt. Über das eigentliche Thema hinaus sollte etwas unter das Programm gemischt werden, was auch jene Menschen anzuziehen vermag, denen Weltausstellungen oder ihr jeweiliges Thema ziemlich gleichgültig sind. Das Theater setzt häufig auf den besonderen Ruf eines Schauspielers oder eines Regisseurs, falls zu befürchten ist, daß das gespielte Stück allein nicht ausreicht, um alle Plätze zu füllen. Auch wer den »Schwierigen« von Hofmannsthal schon kennt, mag es reizvoll finden, ihn einmal nicht von X, sondern von U gespielt zu sehen. Immer geht es darum, auf sich aufmerksam zu machen und in der Stadt, in der Republik oder international bemerkt zu werden. Auch die Veranstalter der Expo 2000 in Hannover möchten nichts versäumen, was dazu führen könnte, das Interesse an ihrem Projekt schon vor der Eröffnung erlahmen zu lassen. Weil der Eiffelturm bereits erfunden worden ist und der erste Flug zum Mond schon stattgefunden hat, müssen sie sich etwas anderes einfallen lassen. Wie an diesen Beispielen erkennbar ist, sollte es sich um etwas handeln, das die Phantasie der Menschen auf einfache und doch überwältigende Weise zu beflügeln vermag. Es darf dem Motto »Mensch, Natur, Technik« nicht widersprechen, muß allerdings dessen Abstraktheit durch eine konkrete und anschauliche Vision ergänzen.

Weltausstellungen leiden nämlich unter einem merkwürdigen Problem, das es bei Olympischen Spielen, Fußballweltmeisterschaften oder anderen Großereignissen nicht gibt. Über Olympische Spiel wird im allgemeinen sechs Jahre vor dem Zeitpunkt, an dem sie stattfinden sollen, entschieden. Die Entscheidung umfaßt die Auswahl der gastgebenden Stadt, aber auch neu hinzukommende Sportarten und andere interessante Details. Kürzlich entschied sich das Internationale Olympische Komitee in Tokio dafür, die Olympischen Spiele des Jahres 1996 nach Atlanta in den USA zu vergeben. Die Menschen in Atlanta wissen nun, daß sie in wenigen Jahren die besten Sportler der Welt bei sich zu Gast haben werden. Sechs Jahre sind vermutlich eine Zeit, die sich gerade noch richtig überschauen läßt. Auf sechs Jahre lassen sich die wichtigsten Determinanten unseres Lebens einigermaßen abschätzen oder erahnen. An die Ereignisse der zurückliegenden sechs Jahre kann man sich jedenfalls gut erinnern, an längere Zeiträume schon weniger.

Weltausstellungen werden dagegen zehn Jahre vor dem Zeitpunkt festgelegt, zu dem sie stattfinden sollen. Die hannoverschen Bürgerinnen und Bürger lasen schon 1990 in den Zeitungen, daß in zehn Jahren in ihrer Stadt eine Weltausstellung stattfinden wird. Zehn Jahre sind im Leben des einzelnen, was seine Vorstellungen, Absichten und Empfindungen angeht, eine lange Zeit. Dies gilt für den Blick nach vorn wie für den Blick zurück, für die Gedanken an die Zukunft wie für jene an die Vergangenheit. Das zehnte Jahr ist so weit entfernt, daß die meisten Menschen den Beschluß der Generalversammlung des Weltausstellungsbüros vom 14. Juni 1990 in eine Grauzone ihres Bewußtseins abgelagert haben werden, kurz nachdem sie von ihm erfahren haben. Wer weiß schon mit Sicherheit, wo er in zehn Jahren leben, was er unternehmen oder wie er sich fühlen wird? Wer ahnt schon, welche Salto mortale die Weltpolitik uns bis dahin abverlangen wird? Wer vermag abzuschätzen, welche Moden wir bis dahin durchzumachen haben? Wird das Thema »Mensch, Natur, Technik« uns im Jahr 2000 noch so interessieren, wie es uns im Jahr 1990 anspricht? Was den Sport angeht, darf man eine entsprechende Frage bedenkenlos bejahen. Fußball, Tennis oder Radfahren werden auch in hundert Jahren auf eine bemerkenswerte Begeisterung stoßen. Für Weltausstellungen dagegen gilt: die Menschen werden innerlich auf das Projekt erst zurückkommen, wenn es sich durch irgendetwas anschaulich abzuzeichnen beginnt.

Die Unkenntnis über Weltausstellungen

Weltausstellungen sind noch durch einen zweiten Umstand psychologisch belastet. Die Bewohner Atlantas, die eben erfahren haben, daß ihre Stadt in sechs Jahren Olympische Spiele erleben wird, wissen ziemlich genau, was dies bedeutet. Unter einer Olympiade können sie sich allerhand Zutreffendes vorstellen. Verlegen sie ihre Kenntnisse, Erfahrungen und Eindrücke aus den Berichten der Medien über vergangene Spiele nach Atlanta, entsteht sogar ein relativ scharfes Bild von den künftigen Ereignissen vor ihrer Haustür. Das Ziel ist bekannt, es wird von einer übergroßen Mehrheit akzeptiert, und mit jedem Jahr des Weges, den man sich dorthin bewegt, erhöht sich die innere Spannung. Vielleicht läßt sich behaupten, daß der Gedanke an bevorstehende Olympische Spiele eine ganze Stadt zu elektrisieren vermag. Die allgemeine Freude hat ein Kind, auf das sie sich berufen kann, und was später passiert, läßt sich schon Jahre vorher genießen. Viele Menschen verfolgen zudem den Werdegang und die Leistungen bestimmter Sportler bei nationalen oder internationalen Meisterschaften. Einige von ihnen werden auch bei den Olympischen Spielen auftreten und verstärken damit das Wissen über ein solches Ereignis und das, was es bringen wird.

Bei Weltausstellungen ist auch dies anders. Nur ganz wenige Menschen haben eine exakte Vorstellung von einer modernen »Expo«, nämlich dann, wenn sie eine der vorangegangenen Ausstellungen haben besuchen können. Bisher wurde auch über Weltausstellungen nur sporadisch und bruchstückhaft in den elektronischen Medien und in den Zeitungen berichtet. Die Universalen Weltausstellungen folgten einander zudem in einem beträchtlichen zeitlichen Abstand. Zwischen Brüssel und Montreal betrug er elf Jahre, zwischen Montreal und Osaka drei Jahre, zwischen Osaka und Sevilla zweiundzwanzig Jahre und zwischen Sevilla und Hannover wird er acht Jahre betragen. Kleinere Veranstaltungen, die sich vor allem in den achtziger Jahren häuften, folgen einander ungefähr alle zwei Jahre. Doch von allen diesen Ereignissen erfuhren fast ausschließlich die Bewohner des gastgebenden Landes und einiger angrenzender Staaten. Wer in Deutschalnd hat etwas von der »Expo 1985« in Tsukuba gehört? Wem in Japan ist die »Expo 1988« in Brisbane geläufig? Welcher Australier wußte etwas von den Vorbereitungen für eine »Expo 1995« in Wien? Die Commedia dell'Expo, die im Jahr 2000 in Hannover aufgeführt werden soll, ist also ein völlig unbekanntes Stück. Wer aber ist in der Lage, sich auf etwas zu freuen, was erstens noch ein Rätsel darstellt und zweitens erst in zehn Jahren über die Bühne gehen soll? Ohne ein Bild von einer Sache zu haben, hat man auch schwerlich eine theoretische Meinung von ihr. Es heißt, einige Einwohner Sevillas hätten auf den Straßen ihrer Stadt gefeiert, als sie 1982 davon erfuhren, daß sie 1992 Zeugen einer Weltausstellung sein würden. Es müssen jene uralten Spanier gewesen sein, die sich noch an die Ibero-amerikanische Ausstellung von 1929 in Sevilla erinnerten. In Hannover jedenfalls haben wir niemanden öffentlich tanzen gesehen oder »Bravo« rufen gehört, als die Stadt am Abend des 14. Juni 1990 über Radio und Fernsehen mitgeteilt bekam, sie werde zur Jahrtausendwende Standort einer Weltausstellung ein.

An sich hat das »Bureau International des Expositions« vorgesorgt und schon im Abkommen vom 22. November 1928 eine Definition von Weltausstellungen eingeführt. Gleich im 1. Artikel wird, wenn auch in gespreizter Diplomatensprache, etwas über den Sinn und Zweck von Weltausstellungen erklärt: »Eine Ausstellung ist eine Veranstaltung, deren Hauptzweck ungeachtet ihrer Benennung es ist, die Öffentlichkeit zu unterrichten, indem sie die Mittel aufzeigt, über die der Mensch zur Befriedigung der Bedürfnisse der Zivilisation verfügt, und indem sie in einem oder mehreren Bereichen menschlicher Tätigkeit die erzielten Fortschritte oder die Zukunftsaussichten erkennen läßt.« Diese Definition ist nicht nur kompliziert, sondern auch zu wenig anschaulich, um vor dem inneren Auge des Lesers eine bildhafte Vision einer Weltausstellung aufleuchten zu lassen. Er kann sich zwar manches vorstellen, wenn Stichworte wie »die Befriedigung der Bedürfnisse der Zivilisation« oder »die erzielten Fortschritte oder die Zukunftsaussichten in einem oder mehreren Bereichen menschlicher Tätigkeit« fallen, nur eben nicht das, was die nächste Weltausstellung tatsächlich daraus machen wird. Er wird sich von dem geplanten Projekt für einige Jahre abwenden, bis es Gestalt annimmt und sinnlich nachvollzogen werden kann. Aber dies wird frühestens dann der Fall sein, wenn das Weltausstellungsgelände baureif hergerichtet worden ist, mit all den Accessoirs, die dazugehören. Dies wird erst kurz vor der Eröffnung sein.

Herrenhausen und die Expo 2000

Selten sind auch die Themen einer Weltausstellung so anschaulich, daß aus ihnen heraus erkennbar wird, was man sich unter der Veranstaltung vorzustellen hat. Die letzten kleineren Ausstellungen in Vancouver 1986 und in Brisbane 1988 gehören vielleicht hierher, weil ihr jeweiliges Motto bekannte Assoziationen auszulösen vermochte. In Vancouver wurde der Verkehr abgehandelt (»World in Motion, World in Touch«), in Brisbane die Freizeit (»Leisure in the Age of Technology«). Jedermann hat eine natürliche Beziehung zum Verkehr, oder zur Freizeit, wenn er damit auch kaum weiß, mit welchen Neuigkeiten und Attraktionen er auf einer Weltausstellung konfrontiert wird. Aber ein Thema wie das der Expo 2000 (»Mensch, Natur, Technik«) erlaubt nicht den geringsten Rückschluß auf das, was auf dem Weltausstellungsgelände präsentiert wird. Einerseits ist es zu abstrakt, und andererseits gibt es nichts auf der Welt, was sich nicht dem Menschen, der Natur oder der Technik zuordnen läßt.

Ein Veranstalter kann die Zeit zwischen der Entscheidung für seine Weltausstellung und ihre Verwirklichung durch zusätzliche Angebote überbrücken. Um den Sevillanern zu zeigen, daß eine erst in zehn oder fünf Jahren vorgesehene Weltausstellung schon vorher die Stadt bereichern kann, wurden noch vor 1992 die alte Oper wiederhergestellt, ein neuer Hauptbahnhof gebaut und weitere Brücken über den Guadalquivir geschlagen. Dies sind sinnlich wahrnehmbare, benutzbare, Freude vermittelnde, kulturell bedeutsame und technisch sinnvolle Expo-Derivate. Sie vermitteln jenen Glanz und jene Wärme, die von einer mehr oder weniger abstrakten Expo-Planung nicht erwartet werden kann. Vor allem durch das Projekt »Oper« schlich sich die Weltausstellung in das Herz der Sevillaner ein. Bekanntlich gibt es keine Stadt, die häufiger zum Thema und zum Schauplatz einer Opernhandlung geworden ist als gerade Sevilla: siebzig Mal.

Der Zugang zur Expo 2000 durch das Gemüt der Hannoveraner führt über die Herrenhäuser Gärten, die größten und am besten erhaltenen Barockgärten des Erdballs. Dort sollte die Weltausstellung beginnen, und zwar nicht erst im Jahr 2000, wenn sich schon heute gute Gefühle und lebhafte Emotionen mit ihr verbinden sollen. Seit 1945 wird in den Herrenhäuser Gärten eine Stelle freigehalten, auf der früher ein kleines Schloß stand. Sie verlangt danach, erneut einen architektonischen Solitär aufzunehmen, zu dessen Entwurf die Architekten der Welt aufgerufen werden. Er könnte das große Café aufnehmen, das nach Auffassung wohl aller Bürgerinnen und Bürger in den Gärten fehlt. In seiner Belle Étage könnte es endlich möglich werden, die Herrenhäuser Gärten aus der gedachten Perspektive zu betrachten, nämlich genau ein bis zwei Stock über dem Erdboden. Im dritten Geschoß ist ein Theater- und Konzertsaal vorzusehen, der die vorhandene Orangerie entlastet und das Theater im Freien ergänzt. Damit wären sowohl die Vor- wie die Nachnutzung einer derartigen architektonischen Kostbarkeit umschrieben. Zwischen dem 1. Juni und dem 31. Oktober 2000 aber könnte dieses »Expo-Palais« gesellschaftliches und diplomatisches Zentrum der Weltausstellung sein. Hier könnte — wie schon erwähnt — der Generalkommissar der Expo 2000 residieren und die Vertreter der ausstellenden Staaten, der internationalen Organisationen und Unternehmen empfangen. Die Expo 2000 könnte — in den Herrenhäuser Gärten und im Expo-Palais — einen kulturellen Mittelpunkt gewinnen, der schon sehr früh die Phantasie anregt und das Bedürfnis nach Schönheit befriedigt. Dem Publikum würde sich der Eindruck vermitteln, daß die Weltausstellung etwas bewegt, und zwar nicht nur vernünftigte, sondern auch liebenswerte Dinge.

Ein visionäres Projekt

Um zehn Jahre an einer kommenden Weltausstellung interessiert zu sein, um sogar wachsende Freude und zunehmende Neugier zu empfinden, bedarf es also einer lebendigen Vision. Die Veranstalter der hannoverschen Expo 2000 waren sich dessen schon seit ihrer Bewerbung im Jahr 1988 bewußt. Einige hofften, hierfür die Idee eines »Internationalen Populärwissenschaftlichen Zentrums« (IPZ) einsetzen zu können. Es war als eine Art von prospektivem Museum gedacht, eines Museums also, das nicht Vergangenes, sondern Zukünftiges ausstellt. Sein Grundgedanke ist, die Arbeitsergebnisse von Forschung und Wissenschaft aus den naturwissenschaftlichen Disziplinen rund um den Erdball permanent zu registrieren und die wichtigsten auf »museale« Art für jedermann sichtbar zu machen: ihre Funktionsweise, aber auch ihre Auswirkungen auf das Individuum und die Gesellschaft. Die Besucher würden in diesem Museum erfahren, was die Wissenschaftler an neuem erarbeitet haben, was davon möglicherweise realisiert wird und was dies für uns alle bedeuten könnte. Das IPZ war sozusagen als Pionier der programmatischen Seite der Weltausstellung gedacht. An ihm könnten sich die ausstellenden Staaten und Unternehmen darüber orientieren, worauf es der Bundesrepublik Deutschland bei dem gewählten Expo-Thema ankommt. Aber auch dieses Projekt leidet darunter, daß es für Jahre nichts als ein Phantom im Nebel sein kann, das sich bis zur Eröffnung der Weltausstellung dem Blick der Menschen entzieht. Es würde im übrigen auch nur ein einziges Element der Weltausstellung symbolisieren: eben die Technik.

Inzwischen dachten die Veranstalter der Expo 2000 weiter nach, und Gerd Weiberg entwickelte 1991 Vorstellungen über ein Museum der Zivilisation in einem Themenpark auf dem »Site«[1]. Er schlägt vor, den gegenwärtigen Zustand und die möglichen Perspektiven der Weltzivilisation an bestimmten Lebensfeldern zu demonstrieren. Die Ernährung, die Arbeit, das Wohnen, die Gesundheit, die Sexualität (Ehe und Familie) oder die Sozialität (Formen der Gesellschaft) sollen in ihren historischen Vorläufen, ihrer aktuellen Realität und ihrer zukünftigen Ausgestaltung dargestellt werden. Zur »Ernährung« gibt es zum Beispiel Aspekte wie den der Versorgung oder Unterversorgung, der Produktion, der Märkte, der ökologischen Probleme, der Tierhaltung, der Gentechnologie, der Genußmittel und Drogen, der Arzneimittelproduktion, der Kochkunst, der Religionen, der Mahlzeiten, der Rolle der Frau, der Migration und anderes mehr. Es könnten Küchen aus den Favellas in Südamerika, aus europäischen Luxushotels oder asiatischen Wohnhäusern nebeneinander installiert werden, um den historischen Entwicklungsprozeß der Küchentechnik an noch heute auf dem Globus vorhandener Praxis nachzuvollziehen. Die Darstellung der Sozialität oder Formen der Gesellung soll sich mit Nachbarschaft, mit der Dorfgemeinschaft, der städtischen Gesellschaft, Vereinskultur, Kindern, Kirchen und Klöstern, Parteien und sozialen Bewegungen, mit Schichten und Rollen bis hin zu gemeinschaftlichen Festen befassen. Es werden weiter Themen genannt wie die Zeit, die sich mit der Zivilisation zu einem beherrschenden Faktor des zeitgenössischen Lebens entwickelt hat. Ein anderes Beispiel ist die Kommunikation zwischen den Menschen, beispielsweise das Ende der Briefkultur und der Beginn der elektronischen Verständigung, die Suche nach einer Weltsprache oder die Verwandlungen der Politik parallel zu den sich ändernden Formen der Kommunikation. Die Veranstalter haben sich eine Reihe von »Megathemen« vorgenommen, die vor und während der Weltausstellung richtungweisend sein sollen.

Den Sinn und Geist einer zukünftigen Weltausstellung anschaulich werden zu lassen, könnte vielleicht auch einem architektonischen Wahrzeichen gelingen. In Montreal wurde 1967 »Habitat« gebaut, eine kubistische Anordnung von übereinander gestapelten Häusern, die ein Zeichen für das Weltausstellungsthema setzen sollten. Brüssel errichtete 1956 sein Atomium, Seattle 1962 einen riesigen Bogen. Jedes dieser architektonischen Werke ist in das Bewußtsein zahlreicher Menschen eingedrungen — allerdings erst hinterher. Was eine Weltausstellung sein wird oder sein kann, läßt sich weder aus einem geplanten Eiffelturm, einem geplanten Atomium oder einem geplanten »Habitat« herauslesen. Diese Beispiele sprachen vor ihren jeweiligen Weltausstellungen für nichts anderes als für sich selbst.

Vorschläge für die Expo 2000

Auch für die Expo 2000 erhielten die Veranstalter einige Vorschläge, die versuchen, wiederum ein gebautes Zeichen zu setzen und damit das Motto »Mensch, Natur, Technik« zu visualisieren. Manche sind ziemlich kurios: ein britischer Antiquitätenhändler sandte gezeichnete Entwürfe für einen nackten Mann, Adam genannt, von über hundert Meter Länge. Die Besucher sollen ihn durch den großen Zeh oder ein Ohr besteigen können, um dann innen die Funktionsweise eines menschlichen Körpers miterleben zu können. Ein riesiger Mensch aus Kupfer, hingestreckt in die spartanische Natur des Kronsberges und gefüllt mit elektronischen Maschinen, die ein Kunstherz schlagen, eine rote Flüssigkeit durch Plastikadern strömen und hundert Gummimuskeln sich bewegen lassen. Dies war der originellste Vorschlag — und dennoch nicht geeignet, eine Vision von der Expo 2000 zu geben. Schon auf der New Yorker Weltausstellung 1939 stiegen die Besucher in ein Auge hinein und verstellten die Linsen, um Kurz- oder Weitsichtigkeit zu erleben. Auch andere Organe waren so überdimensional nachgebaut, daß sie von innen besichtigt werden konnten. Ist dies charakteristisch für die Welt der Weltausstellung? Vermutlich nicht. Andere Vorschläge sind faszinierender: Der hannoversche Zoodirektor schlug vor, die Technologie einzusetzen, um den Menschen erlebbar zu machen, wie gut ein Fuchs hören, wie scharf ein Greifvogel sehen, wie intensiv ein Marder riechen und wie exakt ein Kaninchen seine Umgebung ertasten kann. Dies wäre ein erster kleiner Schritt, um Menschen die Sinneswelt der Tiere zu erschließen, und die Technik würde sozusagen die Brücke von Gehirn zu Gehirn bilden.

Gibt es für eine neue Weltausstellung keine Vision, die das Ganze widerspiegelt, so findet sich doch vielleicht eine Vision im kleinen. In ihr würde, quasi miniaturisiert, ebenfalls alles vorkommen. Sie setzt voraus, daß mit Begriffen und Bildern gearbeitet werden kann, die den Menschen geläufig sind. Um sich ihr zu nähern, ist es allerdings erforderlich, sich der Mühe zu entziehen, die wichtigsten Besonderheiten einer Weltausstellung zu analysieren. Was an ihr ist einzigartig und typisch, weil es überhaupt oder in dieser konstruktiven Mischung nur bei ihr vorkommt?

Jede Universale Weltausstellung stellt als erstes die größte und friedlichste Versammlung von Staaten und internationalen Organisationen dar, die auf dem Erdball zu beobachten ist. Selbst verfeindete Staaten gehen auf Expos freundlich miteinander um, wie zwei Schauspieler auf der Bühne, die sich im Privatleben nicht riechen können. Nur manchmal können auch Staaten es nicht lassen, sich beispielsweise mit Prunkbauten gegenseitig zu »attackieren«, in dem Versuch, größer als die anderen zu erscheinen. Eine solche »Schlacht« fand auf der Weltausstellung 1937 in Paris statt, als Frankreich, das Deutschland Hitlers und die UdSSR Stalins mit Bauwerken im Stil ihrer jeweiligen Ideologie antraten. Im übrigen aber werden Weltausstellungen in ihrem friedlichen Charakter nicht einmal von Olympischen Spielen übertroffen, schon weil es nicht um Wettbewerbe und Hierarchien geht und die Zahl der sich beteiligenden Länder inzwischen größer ist.

Die zweite Besonderheit von Weltausstellungen ist, daß sich alle beteiligten Staaten einem gemeinsamen Motto unterwerfen. Sie kommen, um sich zu einem bestimmten Thema zu äußern, im Fall Hannovers zum Thema »Mensch, Natur, Technik«. Drittens leisten sie einen besichtigungsfähigen Beitrag zum Thema, sei es, daß sie einen architektonisch interessanten Pavillon errichten und in ihm etwas ausstellen, sei es, daß sie auf Dauer angelegte Bauwerke wie eine Musikhalle oder Räume, die man bewohnen oder in denen man arbeiten kann, hinterlassen. Der vierte Aspekt ist, daß die Staaten zu künstlerischen oder wissenschaftlichen Ereignissen in ihre Pavillons einladen, gesellschaftliche Empfänge geben oder für Unterhaltung im breitesten Sinn sorgen. Die letzte Besonderheit besteht darin, daß die

Aussteller im allgemeinen nach Abschluß der Expo alles wieder forträumen, manchmal einen Pavillon zu Haus wieder aufbauen oder am Ausstellungsort verkaufen.

Alle diese Charakteristika können auf hohem oder auf niedrigem Niveau passieren, sie können zu einem vorübergehenden Spektakel oder zu einer Bereicherung von Dauer führen. In allem steckt das Risiko des Scheiterns und die Chance eines für die menschliche Gesellschaft nützlichen Erfolges. Da der Gesamteindruck bis zum Schluß offen oder ungewiß bleibt, ist auch das Bild, das eine kommende Weltausstellung in den Köpfen hervorrufen könnte, außerordentlich unscharf. In der Theorie ist bekannt, was die Besonderheiten einer Weltausstellung sind. In der Praxis aber hat diese theoretische Erkenntnis nicht allzuviel zu sagen.

Die Expo-Stadt als ein Wahrzeichen

Läßt sich nun zumindest für die Expo 2000 in Hannover etwas finden, das die noch abstrakten Eigenschaften einer Weltausstellung in sich aufzunehmen vermag und dennoch ein konturenscharfes Bild mit vertrautem Inhalt liefert? Der Verfasser schlug im November 1990 die Expo-Stadt als ein mögliches Symbol der Weltausstellung vor. In Hannover kam dieser Idee eine Tatsache zu Hilfe, die bei vorangegangenen Weltausstellungen nur gelegentlich eine Rolle gespielt hat. Wer dem im großen und ganzen noch jungfräulichen Kronsberg seine Unschuld rauben will, indem er ein Weltausstellungsgelände auf seiner westlichen Flanke vorsieht, muß sich Gedanken darüber machen, was mit allen übrigen Flächen geschehen soll. Die Antwort hierauf fällt ziemlich leicht, wenn man sich darauf besinnt, daß Städte im wesentlichen aus Wohnungen, Arbeitsstätten und öffentlichen Einrichtungen für die Daseinsvorsorge bestehen. Also werden sich auch auf den Äckern des Kronsberges, die noch frei sind und von der Weltausstellung nicht benötigt werden, Wohnungen, Arbeitsstätten und sonstige Einrichtungen ansiedeln. Das gleiche gilt für das Weltausstellungsgelände, wenn die Commedia dell'Expo gespielt worden ist und ihre Akteure abgezogen sind. Daß die Stadt Hannover unabhängig von einer Weltausstellung Wohnungen und Arbeitsstätten dringend benötigt, wird im nachfolgenden Kapitel dargestellt.

Ist geklärt, daß die Flächen für die Weltausstellung und ihre Nachbarflächen für eine gewöhnliche Stadtentwicklung genutzt werden sollen, dann liegt es nahe, gleich neben dem »Site« mit einem Siedlungsteil zu beginnen, der sich bis zum Jahr 2000 fertigstellen läßt. Er wird die Gestalt eines Dorfes haben, vergleichbar den Olympischen Dörfern, oder allenfalls die einer relativ kleinen Stadt. In ihm kann ein Teil der Menschen wohnen, die ab 1998 auf dem Weltausstellungsgelände arbeiten werden. Dies würde den hannoverschen Wohnungsmarkt entlasten, der infolge der sich anbahnenden Weltausstellung mit einigen tausenden neuer Interessenten rechnen muß. Dies ist der wohnungspolitische Aspekt einer solchen »Weltausstellungsstadt«. Er ist so überzeugend, daß es beinahe undenkbar ist, in Hannover eine Weltausstellung durchzuführen, ohne ihm Rechnung zu tragen.

Ist aber unzweifelhaft, daß es einer derartigen Siedlung bedarf, dann bietet sich an, ihr eine Reihe weiterer Funktionen zu übertragen. Damit sind die Veranstalter der Expo 2000 auf dem Weg, der zu einer miniaturisierten Version der gesamten Weltausstellung führt: die Expo-Stadt kann so programmiert, geformt und gestaltet werden, daß sie einen anschaulichen Beitrag zum Thema »Mensch, Natur, Technik« liefert. Jedermann wird damit ermöglicht, schon vor seinem inneren Auge etwas zu sehen, das die Weltausstellung widerspiegelt und was die Staaten auf dem Gelände »ausstellen« könnten. Was ein Dorf oder was eine kleine Stadt ist, weiß nämlich jede Bürgerin und jeder Bürger. Was man mit Dörfern oder kleinen Städten alles anstellen kann, ist auch jenen Menschen vorstellbar und nachvollziehbar, die mit dem Gedanken an eine Weltausstellung nichts zu verbinden vermögen. Eine solche Expo-Stadt wird sehr früh Ideen, Inhalte, Gestaltungen und Spielformen der Expo 2000 verständlich machen können, weil sie einige Jahr vor der Ausstellung entstehen wird.

Weitere Funktionen der Expo-Stadt

Der Witz liegt darin, der Expo-Stadt Funktionen zuzuweisen, die gewöhnlich in Städten heute noch nicht vorkommen, die aber typisch für die geplante Weltausstellung sein sollen. Neben dem Aspekt der Wohnungspolitik soll nach den Vorstellungen der Veranstalter als zweites der thematische Aspekt stehen. Das heißt: in der Expo-Stadt werden Erkenntnisse umgesetzt, die aus der Beschäftigung mit dem Motto »Mensch, Natur, Technik« gewonnen werden. Im Kapitel über »Das Motto oder Vier Fragen an die Staaten des Erdballs« war zusammengefaßt worden, worauf die Expo 2000 hinaus will. Um noch einmal an einige Stichworte zu erinnern: ob und inwieweit war es gut, das 20. Jahrhundert mehr oder weniger den Naturwissenschaftlern und ihren Arbeitsergebnissen zu überlassen? Wer soll die Gesellschaft im 21. Jahrhundert führen, alle Menschen gleichberechtigt nebeneinander oder eine kleine Gruppe von Spezialisten, wobei zu entscheiden wäre, welchen Spezialisten diesmal mehr Einfluß eingeräumt werden soll. Neben personenbezogenen stehen die sachbezogenen Antworten, die darauf abzielen, die Technik wieder mehr in den Dienst der Natur und des Menschen zu stellen. Alle Staaten sind aufgefordert, ihr Verhältnis zu den Segnungen und zu den Übeln der Technik darzustellen.

Sie können dies nicht nur verbal oder auf bildhafte Weise tun, sondern auch dadurch, daß sie ihre Erkenntnisse in der Expo-Stadt umsetzen. Damit kann eine Siedlung entstehen, deren Geräusche geringer und deren Luft und Wasser sauberer sind als in anderen Siedlungen. Es würde weniger Abfall anfallen, und das Grund- und Regenwasser würden stärker geschont werden. Vielleicht gelingt es, den Energiebedarf für alle Bewohner aus einer unerschöpflichen Energiequelle zu decken, der Erdwärme, der Sonne und dem Wind. Die Stadtwerke Hannover denken an ein Kraftwerk aus Biomasse, aber auch an ein getrenntes Trink- und Brauchwassersystem und zahlreiche kleinere Maßnahmen zur Energieeinsparung. Das letztere ist notwendig, weil sich durch die Weltausstellung zum Beispiel der Wasserverbrauch in Hannover von etwa 44 Mio. Kubikmeter auf annähernd 52 Mio. Kubikmeter erhöhen kann. Bei der Flächenstruktur und der Bauweise der Expo-Stadt kann berücksichtigt werden, daß möglichst viele Ziele zu Fuß oder mit dem Fahrrad zurückgelegt werden sollten. Aber auch die räumliche Zergliederung der Gesellschaft in junge und alte, erwerbsfähige und nicht erwerbsfähige, gesunde und kranke Menschen kann zugunsten einer sozialen Symbiose, soweit erwünscht, beeinflußt werden. In die Expo-Stadt kann hineinkonstruiert, hineingebaut und hineingelegt werden, was den Menschen und der Natur mit Hilfe der Technik oder gegen sie besser bekommt. Die Expo-Stadt wird damit zu einem der Demonstrationsobjekte oder Erkennungszeichen, mit denen die Expo 2000 auftreten wird.

Nach den planerischen Vorstellungen der Stadt Hannover sollte eine solche kleine Siedlung nördlich des Weltausstellungsgeländes angeordnet, räumlich also mehr oder weniger ein Bestandteil der »Bühne« sein. Diese besondere räumliche Situation erleichtert es den Staaten, die an der Ausstellung teilnehmen möchten, auf einen eigenen oder einen gemeinschaftlichen Pavillon zu verzichten. Sie würden auch dann im Strom der Besucher liegen, wenn sie sich an der Expo-Stadt beteiligen. Viele konstruktive Elemente dieses baulichen und sozialen Gebildes könnten von den Staaten übernommen und finanziert werden. Es wäre ihr neuartiger, weiter entwickelter und vollendeter Beitrag zur Expo 2000. Sie setzten damit in die Tat um, wovon sie sonst nur reden oder Bilder zeigen würden. Der Phantasie sind keine Grenzen gesetzt: vielleicht investiert und installiert Schweden eine energiesparende Energieversorgung, Kanada errichtet eine gemeinschaftliche Kirche für die Gläubigen verschiedener Religionen, Italien spendiert eine zentrale Piazza aus dem Geist italienischer Städtebaukunst, Marokko richtet eine Werkstatt zur Lederverarbeitung durch jedermann ein, Japan oder Deutschland durchzieht die Expo-Stadt mit einem elektronischen System für gemeinsame Willensbildungen unter den Bewohnern, Kenia baut eine Anlage, in der seltene afrikanische Kleintiere gehalten werden (Zoo), Saudi-Arabien schafft ein Recyclingsystem für Trinkwasser und Österreich hinterläßt ein Studio für die Komponisten des 21. Jahrhunderts. Dies ist der Aspekt der Nationenbeteiligung an der Expo-Stadt.

Ein neues Demokratieverfahren

Es gibt noch weitere interessante Gesichtspunkte, die in dieser Siedlung zu realisieren wären. Durch seinen inneren wie äußeren Zusammenhang mit der Weltausstellung stellt sie etwas ungewöhnliches dar und hebt sich aus der üblichen kommunalen Welt heraus. Dies macht es psychologisch leichter, die Menschen dafür zu gewinnen, auch andere Erkenntnisse aus dem 20. Jahrhundert und gewisse Wünsche an das 21. Jahrhundert, die sich in vorhandenen Städten schwer umsetzen lassen, in der Expo-Stadt auszuprobieren. Dazu gehört die Beteiligung der Stadtbewohner an der Ausübung städtischer Macht, in welcher Form auch immer. Bei allen möglichen Anlässen ist es bereits üblich geworden, die Bürgerinnen und Bürger an bestimmten kleineren Projekten zu beteiligen. Man befragt sie, mündlich oder schriftlich, läßt sie gelegentlich in kleinen Arbeitsgruppen an der Planung teilhaben und führt auch einmal aus, was sie theoretisch durchdacht haben. Für die Konzeption eines Dorfes oder einer kleinen Stadt durch Laien und Amateure mochte sich allerdings keine Stadtverwaltung entschließen. Es gibt keine Spielregeln, nach denen so etwas erfolgversprechend praktiziert werden kann, und die Bewohner der zukünftigen Siedlung sind ohnehin nicht bekannt. Die Bereitschaft, diese und andere Erschwernisse zu überwinden, war offensichtlich nicht vorhanden.

Bei der Expo-Stadt sieht dies anders aus, weil ihre Einmaligkeit es erleichtert, wie bei allen Einzelheiten der Weltausstellung, etwas neues und kühneres zu unternehmen. Hiervon könnte auch die Teilhabe der Stadtbewohner an der kommunalen Macht profitieren. Jedermann wird aufgefordert, sich Gedanken über den Entwurf der Expo-Stadt zu machen, was das Ganze und die Teile angeht. Stadtbewohner ließen sich am Projektfortschritt beteiligen und zu Entscheidungen auffordern, nach einem Verfahren, das Anfänge, Regeln und Schlußpunkte kennt. Weil die Expo-Stadt als visionäres Symbol für die Weltausstellung die Gedanken mancher Menschen geradezu wirbeln lassen wird, spricht alles dafür, sich der Früchte anzunehmen, die dabei in den Köpfen wachsen. Dies ist der fünfte Aspekt. Er greift sozusagen auf, was der parlamentarischen Demokratie in den Städten an neuen Ausdrucksformen zugewachsen ist.

Der sechste Aspekte dagegen, der des politischen Experimentierfeldes, bringt die Expo-Stadt mit dem nächsten Jahrhundert in Verbindung. Vielleicht kann in ihr praktiziert und ausprobiert werden, was sich als vierte europäische Stadtverfassung ankündigt. In den vorangegangenen Stadtverfassungen, der griechischen, der mittelalterlichen und der neuzeitlichen des Freiherrn vom Stein, gibt es eine aufschlußreiche Tendenz zu erkennen. Sie gesteht der ursprünglich machtlosen Masse der Stadtmenschen eine gewisse »Karriere« zu. Im alten Athen des Aritstoteles galt die überwältigende Mehrheit der Einwohner nicht einmal als Mensch, erst recht nicht als Bürger. In der mittelalterlichen Stadtverfassung galt der Einwohner zwar als Mensch, aber nur teilweise als Bürger, also ein mit gewissen Rechten ausgestatteter Mensch. In der Neuzeit wurde er als Mensch und als Bürger voll akzeptiert, jedoch immer noch nicht als »Herr« über die städtischen Angelegenheiten. Der nächste Schritt wäre, den Stadtbewohner als kommunalen Machthaber einzusetzen, ihn also als Mensch, Bürger und Politiker zu akzeptieren. Die Expo-Stadt, im Bewußtsein der Menschen ohnehin aus der täglichen Routine herausgehoben, könnte es wagen, die Selbstverwaltung der Bewohner bis hin zu vernünftigen Spielarten der direkten Demokratie auf der Ebene des Stadtteils zu versuchen. Auch hierfür müßte ein mündliches, schriftliches oder elektronisches Verfahren eingesetzt werden, um Frau und Herrn Jedermann zu ihren eigenen Politikern werden zu lassen.[2]

Alle großen Theater haben nicht nur ihre Hauptbühne, sondern nebenbei noch ein kleines Studio, in dem neue Formen der Schauspielkunst praktiziert werden. Die Expo-Stadt wäre das Studio der Weltausstelllung, in dem im kleinen bereits mit dem Stoff experimentiert wird, der auf der eigentlichen Bühne nur mittelbar und andeutungsweise vorgeführt wird.

Anmerkungen

[1] Zur Konzeption der Expo 2000, Manuskript vom 11. April 1991
[2] Dieter Eisfeld, Stadt der Zukunft, Stuttgart 1991

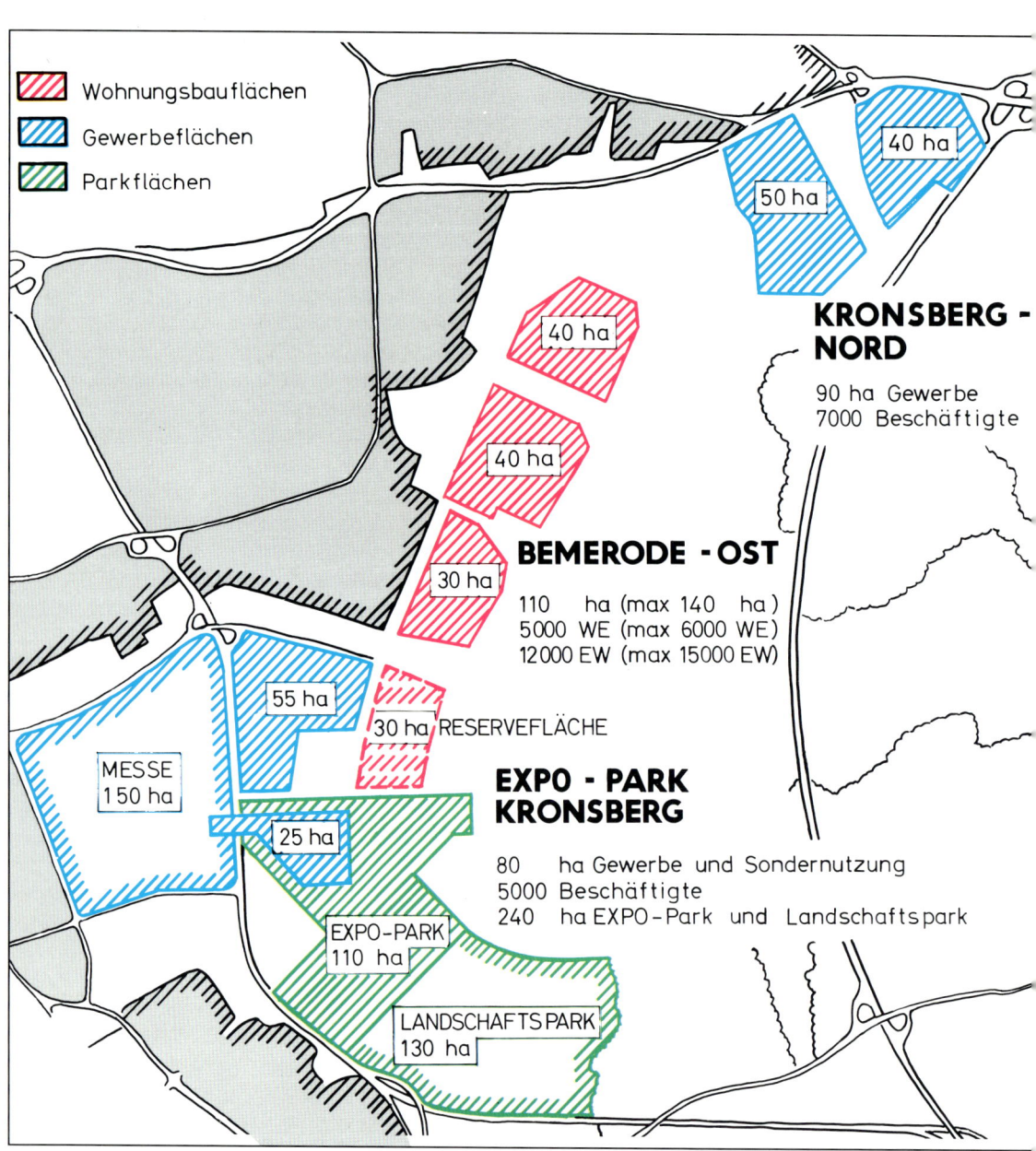

Wohnungsbauflächen

Gewerbeflächen

Parkflächen

40 ha

50 ha

KRONSBERG - NORD

90 ha Gewerbe
7000 Beschäftigte

40 ha

40 ha

30 ha

BEMERODE - OST

110 ha (max 140 ha)
5000 WE (max 6000 WE)
12000 EW (max 15000 EW)

55 ha

30 ha RESERVEFLÄCHE

EXPO - PARK KRONSBERG

MESSE
150 ha

25 ha

80 ha Gewerbe und Sondernutzung
5000 Beschäftigte
240 ha EXPO-Park und Landschaftspark

EXPO-PARK
110 ha

LANDSCHAFTSPARK
130 ha

Die Stadt Hannover hat 3 Varianten für die städtebauliche Entwicklung des Kronsberges und des Weltausstellungsgeländes international zur Diskussion gestellt.

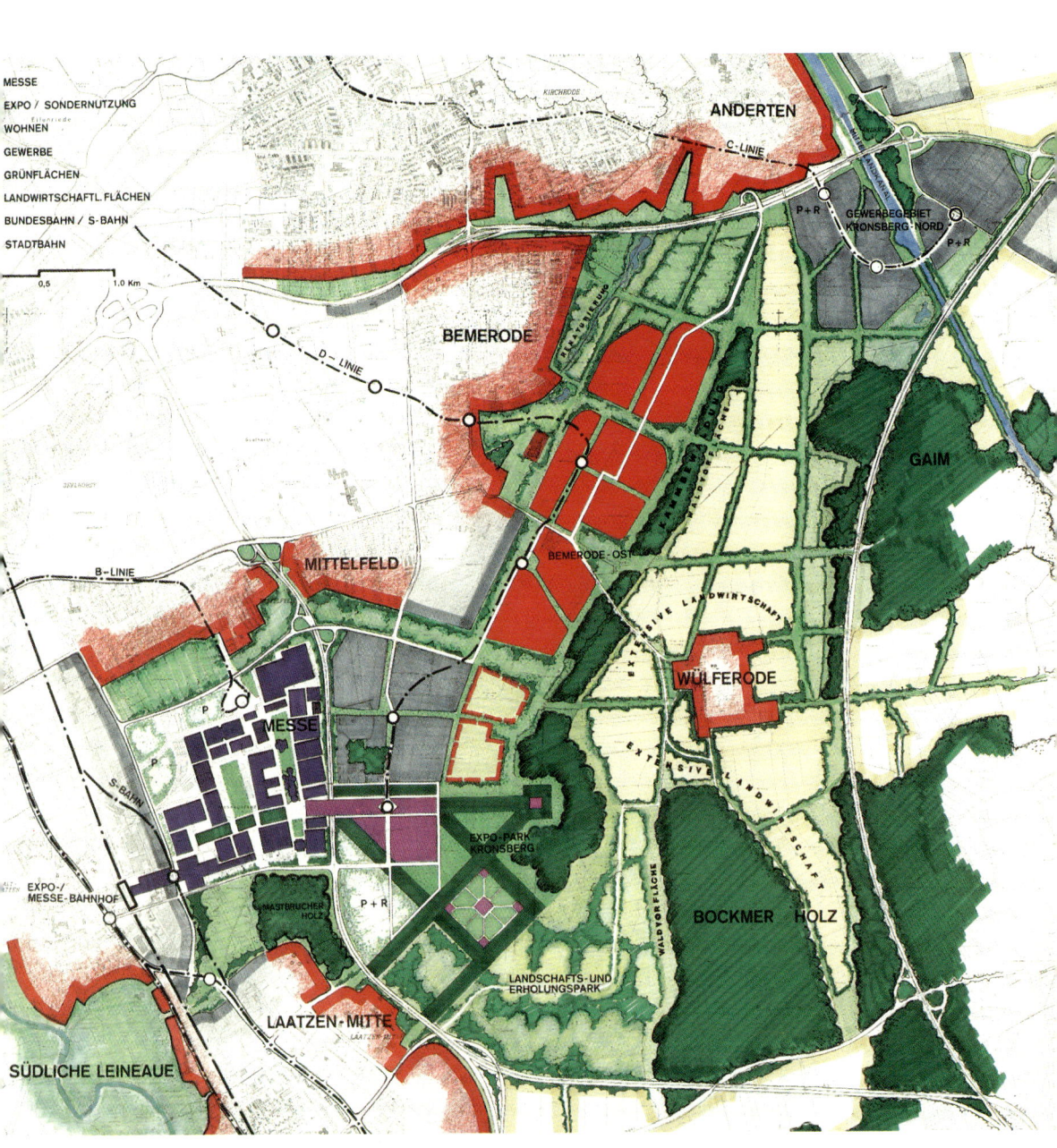

MESSE
EXPO / SONDERNUTZUNG
WOHNEN
GEWERBE
GRÜNFLÄCHEN
LANDWIRTSCHAFTL. FLÄCHEN
BUNDESBAHN / S-BAHN
STADTBAHN

0,5   1,0 Km

ANDERTEN

C-LINIE

P+R
GEWERBEGEBIET
KRONSBERG-NORD
P+R

BEMERODE

D-LINIE

GAIM

MITTELFELD

B-LINIE

BEMERODE-OST

EXTENSIVE LANDWIRTSCHAFT

WÜLFERODE

MESSE

EXTENSIVE LANDWIRTSCHAFT

S-BAHN

EXPO-PARK
KRONSBERG

WALDVORFLÄCHE

BOCKMER HOLZ

EXPO-/
MESSE-BAHNHOF

MASTBRUCHER
HOLZ

P+R

LANDSCHAFTS-UND
ERHOLUNGSPARK

LAATZEN-MITTE

SÜDLICHE LEINEAUE

Variante 1: 6000 Wohnungen, 15 000 Einwohner, 170 ha Gewerbeflächen.
Diese Lösung sieht eine weitgehend landschaftsbezogene Nutzung sowie
publikumsintensive bauliche Nutzung wie »Arena« und »Museum der Zukunft« vor.

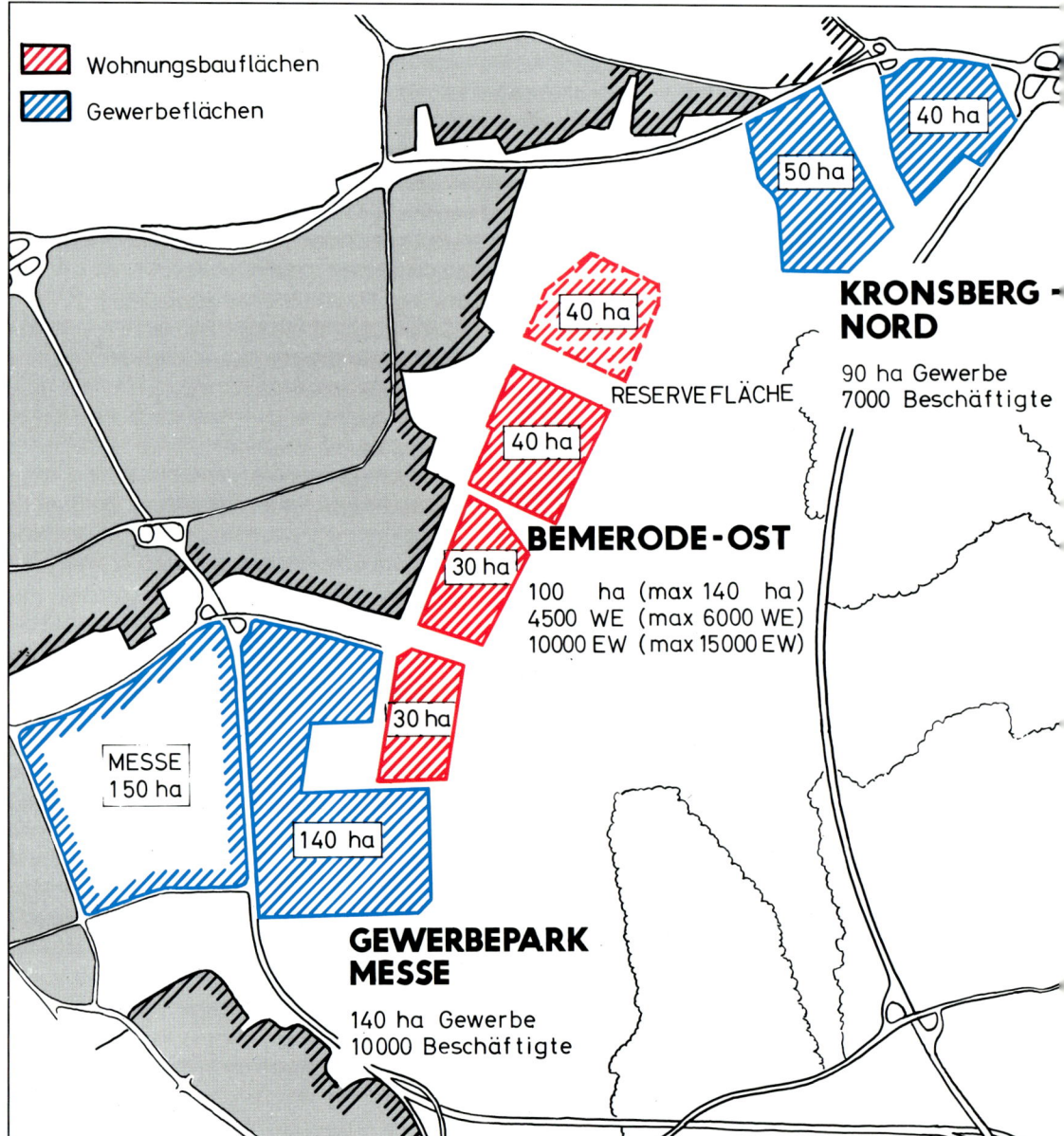

Wohnungsbauflächen
Gewerbeflächen

40 ha

50 ha

KRONSBERG - NORD

90 ha Gewerbe
7000 Beschäftigte

40 ha

RESERVEFLÄCHE

40 ha

30 ha

BEMERODE - OST

100   ha (max 140   ha)
4500 WE (max 6000 WE)
10000 EW (max 15000 EW)

30 ha

MESSE
150 ha

140 ha

GEWERBEPARK MESSE

140 ha Gewerbe
10000 Beschäftigte

116

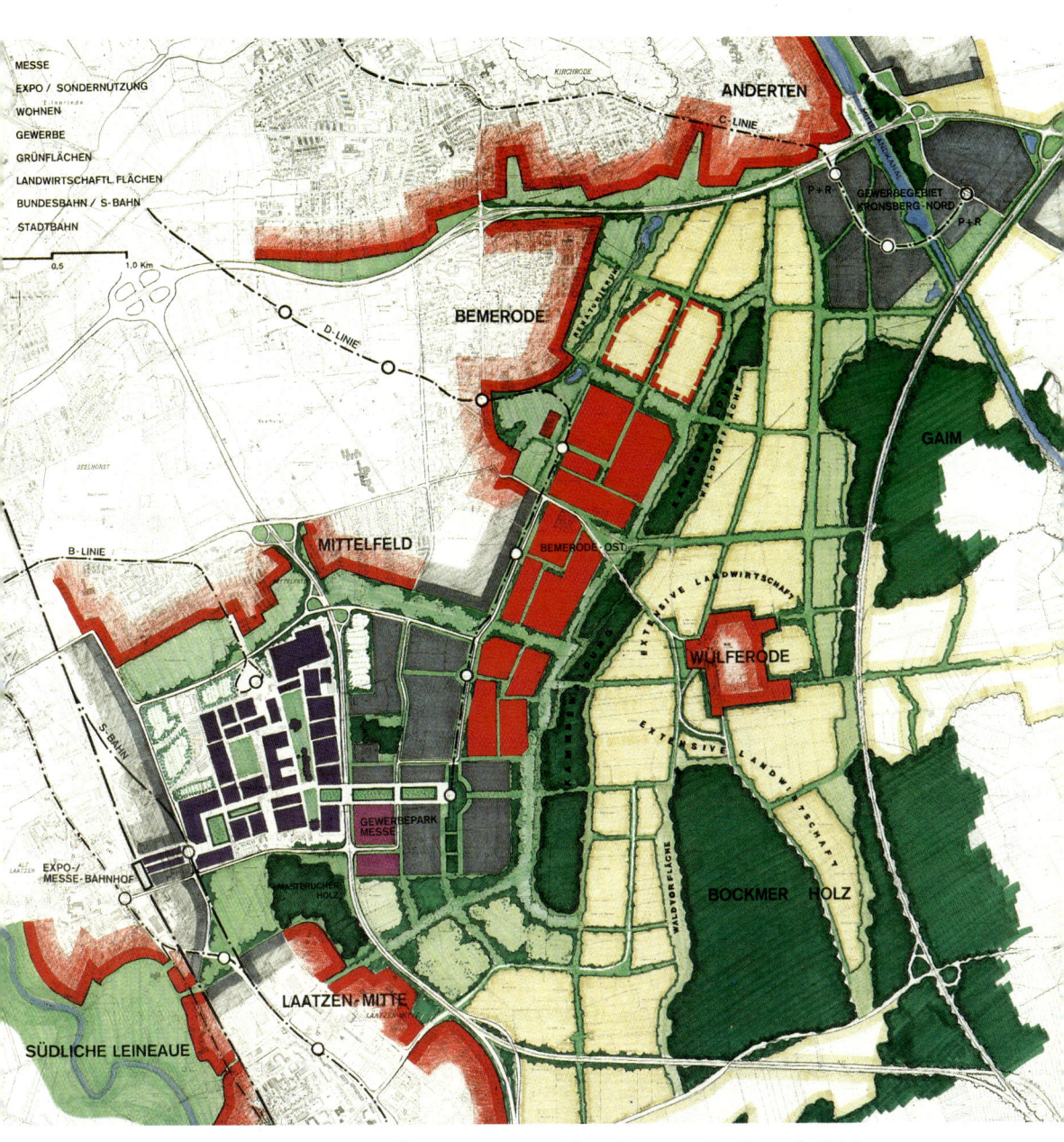

MESSE

EXPO / SONDERNUTZUNG

WOHNEN

GEWERBE

GRÜNFLÄCHEN

LANDWIRTSCHAFTL. FLÄCHEN

BUNDESBAHN / S-BAHN

STADTBAHN

0,5   1,0 Km

ANDERTEN

C-LINIE

P+R   GEWERBEGEBIET
      KRONSBERG-NORD   P+R

D-LINIE

BEMERODE

GAIM

B-LINIE

MITTELFELD

BEMERODE-OST

EXTENSIVE LANDWIRTSCHAFT

WÜLFERODE

S-BAHN

EXTENSIVE LANDWIRTSCHAFT

GEWERBEPARK
MESSE

WALDVORFLÄCHE

BOCKMER HOLZ

EXPO-/
MESSE-BAHNHOF

LAATZEN-MITTE

SÜDLICHE LEINEAUE

Variante 2: 6000 Wohnungen, 15 000 Einwohner, 230 ha Gewerbeflächen.
Diese Lösung ist gekennzeichnet durch die Entwicklung eines größeren
Gewerbegebietes, in dem messebezogene Nutzungen, Wissenschafts- und
Forschungseinrichtungen untergebracht werden.

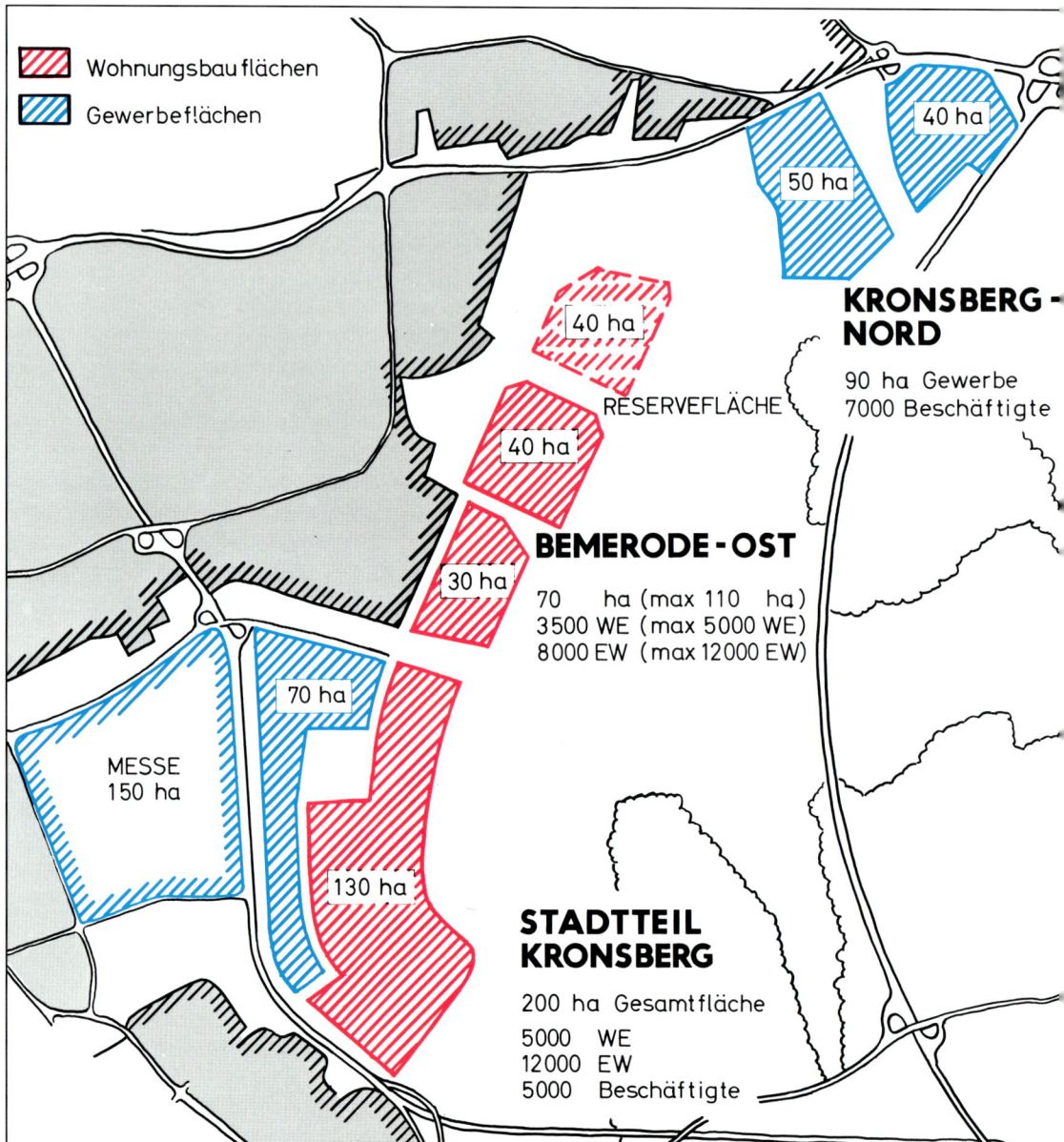

Wohnungsbauflächen

Gewerbeflächen

40 ha

50 ha

40 ha

RESERVEFLÄCHE

40 ha

30 ha

70 ha

MESSE
150 ha

130 ha

KRONSBERG - NORD

90 ha Gewerbe
7000 Beschäftigte

BEMERODE - OST

70   ha (max 110   ha)
3500 WE (max 5000 WE)
8000 EW (max 12000 EW)

STADTTEIL KRONSBERG

200 ha Gesamtfläche

5000   WE
12000   EW
5000   Beschäftigte

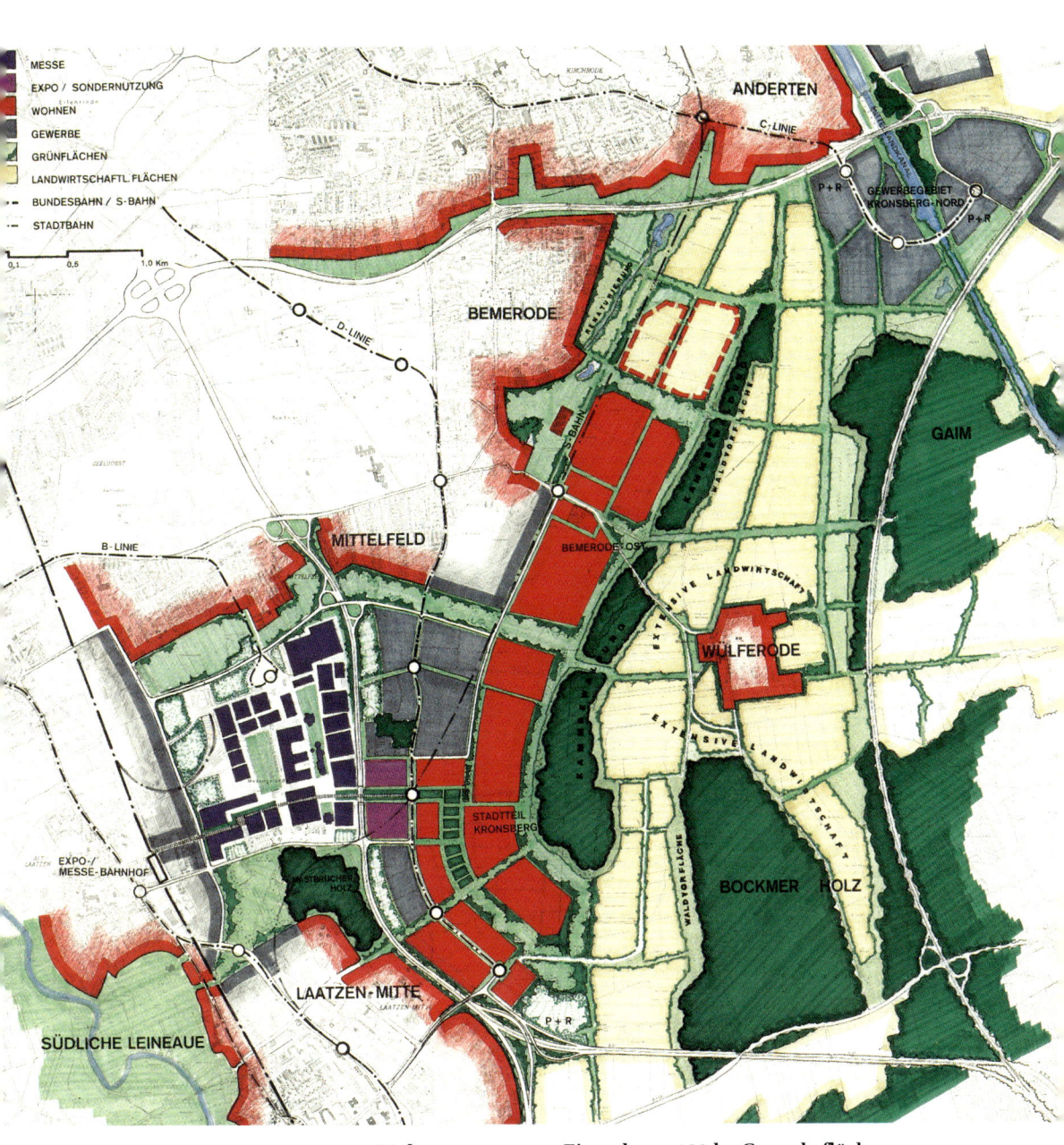

MESSE
EXPO / SONDERNUTZUNG
WOHNEN
GEWERBE
GRÜNFLÄCHEN
LANDWIRTSCHAFTL. FLÄCHEN
BUNDESBAHN / S-BAHN
STADTBAHN

0,1   0,5   1,0 Km

ANDERTEN

C-LINIE

P+R   GEWERBEGEBIET
KRONSBERG-NORD
P+R

D-LINIE

BEMERODE

GAIM

B-LINIE

MITTELFELD

BEMERODE-OST

EXTENSIVE LANDWIRTSCHAFT

WÜLFERODE

EXTENSIVE LANDWI

STADTTEIL
KRONSBERG

BOCKMER HOLZ

EXPO-/
MESSE-BAHNHOF

LAATZEN-MITTE

P+R

SÜDLICHE LEINEAUE

**Variante 3: 10 000 Wohnungen, 24 000 Einwohner, 160 ha Gewerbeflächen.
Diese Lösung schlägt die Entwicklung eines eigenständigen Stadtteils zwischen
Bemerode-Ost und Laatzen vor.**

DIE NACHNUTZUNG

Die heimlichen Interessen
der Stadt

8

Was wird sein, wenn die Commedia dell'Expo gespielt worden ist? Die hannoversche Weltausstellung soll am Abend des 31. Oktober 2000 enden. An diesem Tag werden die letzten Besucher erscheinen, die Staaten sich in ihren Pavillons noch einmal ihren Gästen präsentieren, und die Veranstalter werden die letzten Punkte ihres reichhaltigen Programms aufrufen. Am Tag danach wird das Weltausstellungsgelände ziemlich verlassen sein. Es wird erheblich weniger geschäftig, eher still zugehen, ohne Musik, ohne den Lärm zehntausender von Menschen und vielleicht schon ohne flatternde Fahnen. Die Gastgeber aus allen Landstrichen des Erdballs, die fünf Monate auf der »Bühne« gearbeitet haben, werden einigermaßen erschöpft auf ihre Stühle sinken. Ein Gefühl der Leere wird sich ausbreiten, wie häufig, wenn ein Fest in sich zusammenfällt. Auch im Theater ist jener Augenblick am enttäuschendsten, in dem sich der Vorhang senkt, die Schauspieler gegangen sind und die Lampen im Saal aufleuchten. Die Weltausstellung, über viele Jahre aufgebaut, muß wieder abgebaut werden.

Für diesen Moment müssen die Veranstalter eine überzeugende Antwort auf eine schwierige Frage parat haben: galten die Mühen, die viele Beteiligte bis zu zehn Jahre auf sich genommen hatten, allein einem Spektakel von fünf Monaten? Die Frage beantwortet sich nicht von selbst. Auf jeden Fall wissen wir, daß von nun an die Commedia dell'arte und die Commedia dell'Expo gewissermaßen ein anderes Schicksal haben werden. Jetzt lassen sich beide menschlichen Aktivitäten nur noch bedingt miteinander vergleichen. Was passiert, wenn im Theater das Publikum nach allen Seiten davonschwärmt, ist bekannt. Schon am nächsten Tag kehren neugierige Besucher in das Haus zurück, der Vorhang wird wieder aufgezogen und das Spiel beginnt aufs neue. Die Theaterbühne ist nicht nur für ein einziges Ereignis errichtet worden, sondern für eine unbekannte Zahl von Ereignissen. Schließlich steht ein Schauspielhaus oder eine Oper hundert Jahre und länger. Die Theaterwelt ähnelt in diesem Punkt einem Sternenhimmel, eine Weltausstellung sozusagen nur einer Sternschnuppe. Zwar wird es nach einer abgeschlossenen Ausstellung eine neue geben, aber erst nach Jahren und auf einem ganz anderen Quadratkilometer unseres Planeten. Auf Hannover im Jahr 2000 wird vermutlich im Jahr 2005 eine weitere Weltausstellung folgen, vielleicht in Japan, das sich für Nagoya beworben hat, oder auch schon früher in Kansas City und St. Louis, die ebenfalls Interesse signalisiert haben. Doch zunächst einmal steht eine »expolose« Zeit bevor, und wer eine Weltausstellung besuchen möchte, muß sich etwa fünf Jahre gedulden.

Was blieb von den früheren Weltausstellungen?

Was aber geschieht an jener Stelle, an der eine Weltausstellung glücklich zu Ende gebracht worden ist? Werden die Flächen, auf denen hunderte von Gebäuden stehen und über die sechzig, achtzig oder hundert Millionen Füße gewandert sind, einfach leergeräumt? Bleiben einige Bauwerke erhalten, wenn auch mit einer völlig anderen Nutzung? Wird im übrigen der ursprüngliche Zustand wieder hergestellt? Wird das Gelände zurückverwandelt in Ackerland, in ein überflüssiges Hafengelände, in einen Park oder in eine Reservefläche zukünftiger Stadtentwicklung, also in das, was es im Fall Hannovers vorher war?

Aus der Geschichte der Weltausstellungen gibt es auch heute noch Anschauungsmaterial für jede denkbare Art, mit dem früheren Expo-Gelände umzugehen. Manches zeugt von der Einfallslosigkeit der Veranstalter, manches von ihrer Hilflosigkeit, anderes aber auch vom Gegenteil oder schlicht von einem Regierungswechsel. In New York erinnert eine rostige Weltkugel auf einer im übrigen abgeräumten Freifläche an die Expo 1964/65. Die Ausstellung in Vancouver 1986 endete mit einem leergefegten Gelände am »False Creek«, auf der sich als erfreulicher Rest der kanadische Pavillon befindet, den die Stadt Vancouver übernommen hat. Osaka entwickelte aus seiner Weltausstellung 1970 immerhin einen großzügigen Park, in dem 1990 eine weitere Exposition in Form einer Internationalen Gartenschau stattfand. Von der Pariser Weltausstellung 1873 blieb der Eiffelturm, von der Brüsseler Ausstellung 1956 überlebte das Atomium. Das freigewordene Gelände in Paris ist in vorzüglicher Manier, das in Brüssel eher unbefriedigend zu einem Detail der Stadtstruktur geworden. Über das leergeräumte Gelände der Ausstellung 1982 in Tsukuba wuchs die Stadt, wie von vornherein geplant, geordnet weiter. Nach der Ausstellung 1988 in Brisbane konnten sich neu in das Stadtparlament gewählte Politiker nicht dazu durchringen, wie ursprünglich vorgesehen, das Gelände intensiv mit Wohnungen und Betrieben zu bebauen. Von der Ausstellung 1986 in Vancouver heißt es: »Expo is really a gigantic urban redevelopment project, an expenditure of more than one billion dollars to spur public and private land development. Without Expo there would have been no Skytrain, no BC Place Stadium, no Canada Harbour Place, no evictions of hundreds of long-time residents in the Downtown Eastside, no rezonings of the lands to the east and the west of the Expo site, no new Cambie Bridge, and fewer redevelopment pressures on other surrounding communities. Because of Expo Vancouver will never be the same.«[1] Wie es anziehende und abstoßende Weltausstellungen gibt, so gibt es auch anziehende und abstoßende Nachnutzungen jener Stadtflächen, auf denen sie stattgefunden haben.

Was kommt nach der Weltausstellung?

Die Veranstalter der Expo 2000 in Hannover haben aus diesen Erfahrungen gelernt, sich nicht nur Gedanken über Inhalt und Form ihrer Expo zu machen. Ebenso bedeutsam ist zu klären, welcher Nutzen auf Dauer aus den finanziellen und baulichen Investitionen gezogen werden soll. Für eine Weltausstellung werden nicht nur wertvolle Grundstücke in der Stadt oder in der Region eingesetzt. Um ein solches Ereignis durchzuführen, wird quasi eine Kleinstadt mit allem, was dazugehört, errichtet. Sie wird durch Schienenbahnen an die City angeschlossen, um erreichbar zu werden. In Sevilla wurden bis 1992 etwa 350 000 Bäume, Sträucher, Blumen von über tausend verschiedenen Arten aus achtzehn Ländern sowie fünfunddreißig Kilometer Hecken gepflanzt. Fünf große Avenidas und dreißig Kilometer Straßen und Wege bleiben nach der Ausstellung zurück, außerdem Plätze, Springbrunnen, Rasenflächen und Brücken. Lampen, Bänke, Papierkörbe, Telefonzellen, Zäune, Geländer, kleine Treppen erinnern an jeden beliebigen Stadtteil. Immerhin sind dort sechshundert Architekten, Stadtplaner und Ingenieure tätig geworden, um 650 000 m^2 zu bebauen und zu bepflanzen. Es wird, von wem auch immer, viel Geld aus den öffentlichen und privaten Kassen abgezweigt, um das anspruchsvolle Ereignis möglich zu machen.

Ihr schöpferischer Effekt sollte sich allerdings für eine längere Zeit erhalten als nur für ein halbes Jahr. Selbst wenn der sichtbare Teil der Ausstellung vor allem aus Pavillons besteht, die sich beiseite räumen lassen, so daß ihre Grundstücke aufs neue zur Verfügung stehen, ist das Problem der dauerhaften Nutzung nicht gelöst. Was unter den Pavillons, neben und zwischen ihnen angelegt und installiert worden ist, darf nicht vergessen werden. Die Kabel, Kanäle und Leitungen können weiter verwendet werden. Auch die Funktion dieser Infrastruktur darf sich nicht in den fünf oder sechs Monaten der Ausstellung erschöpfen, nicht nur, weil sich die hohen finanziellen Investitionen damit nicht rechtfertigen lassen. Indem man einer Stadtfläche bestimmte nützliche Elemente einpflanzt, läßt sie sich zunächst nur noch für bestimmte Zwecke gebrauchen, für andere nicht. Andererseits haben die unterirdisch und oberirdisch geschaffenen Werte eine längere Lebensdauer als die eigentliche Ausstellung. Deshalb werden sie durch diese nur solange gerechtfertigt, wie sie dauern wird: wenige Monate. Für die nachfolgenden achtzig oder hundert Jahre aber müssen die Kanäle, die Straßen, Grünanlagen, Wasserflächen, Strom- und Gasleitungen, Anlagen der Telekommunikation und die Verkehrseinrichtungen einer anderen Nutzung dienen. So betrachtet, ist ihr »Dienst« für die Weltausstellung nur ein vorübergehender, und ihr Endzweck muß ein anderer als die Weltausstellung sein. Daraus folgerten die Veranstalter der Expo 2000: wer eine Weltausstellung plant, muß zunächst etwas anderes — nämlich die langfristige Nutzung — planen, und zwar derart, daß es für fünf Monate auch eine Weltausstellung aufzunehmen vermag. Nicht die Exposition steht also im Vordergrund, wenn die Planer ihre Ideen entwickeln, Skizzen auf Papier werfen und endgültige Linien ziehen, sondern das, was nach ihr kommt.

Diese einleuchtende Maxime ist selten befolgt worden. Zu allen Zeiten wurde darüber geklagt, daß nach Ablauf der Weltausstellung zu viele Werte verlorengingen. Schon zur Weltausstellung 1888 in Barcelona wurde befürchtet, Aufwand und Nutzen stünden in keinem sinnvollen Verhältnis: »Vielleicht, meinen wir, wäre es angezeigt, soviel Aufwand und Geld nützlicheren und dringenderen Aufgaben zukommen zu lassen, statt sie für eine umfangreiche öffentliche Bauerei von nur momentanem Effekt und oberflächlichem Nutzen zu verschwenden, falls sie überhaupt einen Nutzen hat«, zitiert Eduardo Mendoza einen Zeitungsartikel von damals.[2] Ob die Veranstaltung dieses Vorurteil dann bestätigt hat, ist umstritten.

Die geplante Nachnutzung in Sevilla

Um in Spanien zu bleiben: die gegenwärtige Weltausstellung 1992 in Sevilla dagegen scheint aus schlechten Beispielen gelernt zu haben. Sie wurde von Anfang an dazu ausersehen und benutzt, die Stadt Sevilla in ihren entwicklungsbedürftigen Teilen zu modernisieren. Unter anderem wurden der Hauptbahnhof verlegt (und Gleise unter die Innenstadt gelegt), wobei ein eindrucksvoller neuer Bahnhof in der Stadtmitte entstand, der Flughafen ausgebaut, sieben neue Brücken über den Guadalquivir geschlagen, Schnellstraßen sowie Parks und Grünanlagen angelegt. Es lag nahe, sich dabei auch Gedanken über eine geeignete Nachnutzung des Weltausstellungsgeländes auf der Karthäuser-Insel zu machen, und zwar nicht nur im Interesse der Stadt, sondern der gesamten Provinz Andalusien. Seine Flächen wurden so angelegt, daß Zonen unterschiedlicher städtischer Funktionen entstehen können. In einen Nachnutzungsplan »Projecto Cartuja 1993«[3] wird die Insel mit dem Weltausstellungsgelände in dreizehn Zonen aufgeteilt, die unterschiedlichen Zwecken vorbehalten sind. Dies beginnt im Westen mit einer künftigen »University Area«, setzt sich über einen »City Park«, »Rowing Facilities«, Sportanlagen in einer Fläche für technische Einrichtungen fort, sieht eine »Service Area« und das wiederhergestellte Kloster »La Cartuja« vor und endet im Osten mit einem Flußhafen am Guadalquivir, einem Ausstellungszentrum und einer Fläche für »Public and Private Innovation Entities«. Im Milieu technischer Innovationen haben sich Firmen wie Siemens, IBM, Fujitsu, Alcantel, Rank Xerox, Philips und vergleichbare spanische Industrien niedergelassen oder beabsichtigen, dies noch zu tun. Das Kloster soll unter anderem ein Museum der andalusischen Geschichte und ein Institut zur Restaurierung historischer Gebäude aufnehmen. Die Firmen, die sich der Forschung widmen, sollen aus dem Bereich der Biotechnologie, des Gesundheitswesens, der erneuerbaren Energien, der Luftfahrt- und Autoindustrie und der Telekommunikation stammen. Soweit Pavillons der an der Weltausstellung teilnehmenden Staaten und Bauwerke der ausstellenden Industrie auch nach der Ausstellung gebraucht werden, sind sie der Zone zugeordnet worden, zu der sie auf Dauer passen werden. Das Weltausstellungsgelände »bevölkert« sich also nach einem System, das mit der Ausstellung nichts oder wenig zu tun hat. Es bezieht seinen endgültigen Sinn aus der Zeit danach.

Die »One-World-City«

Auch die Veranstalter der Expo 2000 standen vor der Frage, ob sie ihr Projekt wie ein Schützenfest aufbauen und wieder abbauen wollen, oder ob sie es als Vehikel für etwas dauerhaft Anderes benutzen sollten. Die Interessen der an der Weltausstellung Beteiligten sind allerdings, was die Zeit danach angeht, nicht ganz identisch. Es ist wieder wie im Theater: obwohl die Schauspielerinnen und Schauspieler sich bemühen, ihr Stück als Ganzes über die Bühne zu bringen, benutzen sie jeden Auftritt, sich selbst vor den anderen in den Vordergrund zu spielen. Ihre persönlichen Interessen sind nur zu einem Teil mit den persönlichen Interessen aller anderen identisch, darüber hinaus aber nicht mehr. Die Beziehungen der Figuren des Dorfrichters Adam und der Frau Marthe hat Kleist in seinem »Zerbrochenen Krug« vollständig definiert, nicht aber die der Menschen, die diese Figuren spielen. Auf dem Ausstellungsgelände werden die ausstellenden Staaten alle Konventionen beachten, die eingehalten werden müssen, um eine Ausstellung entstehen zu lassen. Davon abgesehen aber werden sie versuchen, sich auf Kosten der anderen zu profilieren, um auf Dauer mehr Vorteile zu gewinnen als ihre Konkurrenten.

Relativ gleichgültig wird den Ausstellern allerdings sein, was am Kronsberg geschehen wird, wenn sie wieder abgezogen sind. Sie kennen ohnehin fast nichts anderes, als daß Expositionen dieser Art mehr oder weniger folgenlos sind. Der eine oder andere Aussteller wird es begrüßen, wenn er sein Bauwerk nach dem 31. Oktober 2000 veräußern kann. Dies müßte kein Verkauf nach außerhalb sein, so wie Japan 1991 den dänischen Pavillon in Sevilla erwarb, um in Tamba ein typisches dänisches Dorf zu errichten. Es geht um Umwidmungen: sie würden erleichtert, wenn die Bauwerke nicht einsam und allein auf einer leeren Fläche zurückblieben, sondern Teil eines städtebaulichen Ensembles von einigem Sinn würden. Dies könnte die geplante Expo-Stadt sein, aber auch etwas anderes. Je mehr Bauten, die für die Weltausstellung errichtet werden, sich in etwas Nützliches hinüberretten lassen, umso leichter wird es den Ausstellern fallen, sich an einer endgültigen Lösung zu beteiligen.

Die Bundesrepublik Deutschland als federführender Veranstalter der Expo 2000 ist in zweifacher Weise am Weltausstellungsgelände engagiert. Einerseits wird sie gewisse Finanzmittel bereitstellen (oder sich dafür verbürgen), die benötigt werden, um zumindest die innere und die äußere Erschließung der Ausstellungsflächen zu garantieren. Zum anderen wird sie einen Ausstellungsbeitrag leisten, der mindestens im nationalen Pavillon, darüber hinaus vielleicht in einem »Museum der Zivilisation« und einem Themenpark bestehen wird. In Sevilla äußert sich ein solches Engagement in Themenpavillons des spanischen Staates: ein »Pavillon des 15. Jahrhunderts«, ein »Pavillon der Entdeckungen«, ein »Pavillon der Schiffahrt«, ein »Pavillon der Gegenwart und Zukunft« und ein »Pavillon der Natur«, die auch in der Zeit nach 1992 genutzt werden können. Jeder Regierung wird wohler sein, wenn die gewährten Mittel nicht nur für eine vorübergehende Zeit, sondern für immer und sichtbar ihre ökonomischen Wirkungen entfalten. Es wäre zum Beispiel unsinnig, eine neue Schnellbahn zwischen dem Hauptbahnhof in Hannover und dem Weltausstellungsgelände zu bauen, weil für fünf Monate genügend Fahrgäste vorhanden sind, danach aber fast nur noch warme Luft transportiert werden kann. Die Bundesregierung wird deshalb darauf achten, daß die Expo 2000 eine Durchgangsstation zu etwas anderem darstellt. Das Geld, das der Ausstellung gewährt wird, soll also in Gedanken diesem anderen überlassen werden. So werden auch alle anderen Institutionen sich selbst gegenüber argumentieren, die an der Finanzierung der Austellung beteiligt sein werden, es sei denn, eine Nachnutzung ist auch beim besten Willen nicht zu realisieren. Die Veranstalter denken zur Zeit an etwas, was sie »One-World-City« nennen.[4] Damit sind internationale Einrichtungen der Kooperation und Kommunikation gemeint, in denen Wirtschaftsunternehmen gemeinsam an globalen Projekten arbeiten können. Aus dem Einmal-Ereignis der Weltausstellung würde auf diese Weise eine auf Dauer angelegte Forschung an Projekten aus dem Bereich von »Mensch, Natur, Technik«. Nachgedacht wird über ein International Strategie Research Centre, ein International Research & Technology Cooperation Centre und Interdisziplinäre Forschungszentren, die sich mit der Welternährung, der Weltgesundheit, der Wetterforschung und anderen notwendig gewordenen Aufgaben befassen.

Was für die Staaten ein mehr oder weniger schwergewichtiges Interesse darstellt, ist für die Stadt Hannover von existentieller Bedeutung. Die Büros der Ministerien mögen dem Wirbel der Weltausstellung und dem, was ihm vorangeht und was ihm folgt, sehr fern liegen. Der Rat der Stadt und die Verwaltung der Landeshauptstadt aber sind täglich mit ihren über fünfhunderttausend Einwohnern konfrontiert, denen sich von Fall zu Fall eine weitere halbe Million Menschen aus dem Landkreis Hannover zugesellen. Sie gelangen in den Genuß aller Freuden einer Weltausstellung, haben aber auch ihre lästigen und bedrückenden Folgen zu ertragen. Zum anderen wird die Stadt die dreißig oder mehr Millionen Menschen betreuen müssen, die Hannover besuchen werden. Es ist, als falle täglich die Einwohnerschaft einer mittleren Großstadt ein, mit allen menschlichen Ereignissen, die in einer solchen Siedlung passieren. Die gastgebende Stadt bringt sich sozusagen mit

Haut und Haar in eine Weltausstellung ein. Sollte die Weltausstellung ein soziales Risiko sein, dann wäre es vor allem ein Risiko, das die Stadt treffen würde. Diese spezielle Situation verschärft alle Fragen, die das zukünftige Schicksal des Weltausstellungsgelände, seiner Erschließung und seiner Architektur aufwerfen.

Eine vorläufige und eine endgültige Planung

Als der Rat der Stadt Hannover sich im November 1988 entschloß, der Bewerbung der Bundesregierung um eine Weltausstellung in Hannover zuzustimmen, tat er dies, um das Projekt als ein willkommenes Medium für die Stadtentwicklung zu benutzen. Es würden Finanzmittel nach Hannover fließen, die es sonst nicht so rasch geben würde. Weder die Bundesrepublik Deutschland noch irgendein anderer Staat hätte den geringsten Anlaß, ohne eine Weltausstellung sein Geld ausgerechnet nach Hannover zu tragen. Mit diesen Mitteln ließen sich Pläne verwirklichen, die sonst in den Schubladen vergilben müßten. Eine Exposition würde unter den Stadtbewohnern und vor allem bei der Wirtschaft Impulse auslösen, die andernfalls ausfallen würden. Die leichte Rückständigkeit, die das äußere und innere Bild der Stadt zu bestimmen droht, würde durch einen belebenden neuen Charakterzug aufgehoben werden. Hannover könnte selbst unter jenen Menschen in Mode kommen, die dieser strengen norddeutschen Siedlung bisher nichts abzugewinnen vermochten. Die Stadt könnte an Vitalität und Anziehungskraft zulegen, ihr Selbstbewußtsein stärken und Fremde vielleicht ein wenig faszinieren.

Alle diese unausgesprochenen Überlegungen vom November 1988 setzten aber voraus, daß es der Stadt gelingen wird, die Weltausstellung in ein bemerkenswertes kommunalpolitisches und städtebauliches Konzept einzubetten. Dafür muß sie sozusagen doppelbödig planen: etwas Definitives, und darin eingefügt etwas Provisorisches. Die Stadt kann nicht erwarten, diese komplizierte Aufgabe abgenommen zu bekommen, von wem auch immer. Sie ist ihr ureigener großer Monolog im Rahmen der hannoverschen Commedia dell'Expo. Nach deutschem Recht ist es Pflicht der Gemeinden, die zweidimensionale Flächennutzung ihres Gebietes festzulegen und Bebauungspäne aufzustellen, aus denen sich die dreidimensionale Baustruktur ergibt. Andererseits genießt die Stadt dabei den Vorzug, vom Staat nicht beherrscht zu werden, wenn man von einigen gesetzlichen Spielregeln absieht. Für Hannover bietet die Weltausstellung also die Gelegenheit, etwas zu planen und zu unternehmen, was aus Mangel an entsprechender Potenz bisher nicht möglich war.

Kommunale Dienstleistungen

Was aber waren die bisherigen Ideen für jenes Stadtareal, in dem der Kronsberg und die Messe liegen? Wovon haben die hannoverschen Kommunalpolitiker und ihre Administration jahrelang geträumt? Da Träume ihnen als gute Norddeutsche ferner liegen als nüchterne Spekulationen, fragen sie sich seit langem, was eigentlich ihrer Stadt noch fehlt. Es gibt so etwas wie ein ideales urbanes Programm, das sich von Epoche zu Epoche ändern mag, aber doch relativ leicht zu formulieren ist. Den heutigen Idealvorstellungen sind zumindest die Städte Europas, Nordamerikas oder Japans schon ziemlich nahe gekommen, im Gegensatz etwa zu den Städten in Afrika, Südostasien oder Südamerika. Dieses Programm orientiert sich an den

Erfordernissen für ein humanes Leben in der Stadt, die der einzelne Stadtbewohner sich aus eigener Kraft kaum oder nicht schaffen kann. Es sieht ungefähr folgendermaßen aus:

Der Straßenbau und die Energieversorgung, die Abfallbeseitigung oder das Vorhalten von Schulen, Sportanlagen und Kulturstätten kann nur als Gemeinschaftswerk gelingen. Eine Instanz muß sich für alle darum kümmern: die städtische Administration. Gleiches gilt für das Angebot von Wohnungen, zumindest für jene Menschen, die nicht das Geld haben oder aus anderen Gründen daran gehindert sind, sich ein Domizil selbst zu bauen oder zu kaufen. Man muß die Stadt nicht nur auf dem Erdboden erreichen können, sondern auch aus der Luft und manchmal auch zu Wasser. Neben Straßen müssen Bahnhöfe, ein Flughafen und, falls nötig, ein Schiffshafen in der Stadt präsent sein und sie mit der Außenwelt verbinden. Sollten die privaten Autos ein städtisches Straßensystem so erfolgreich verstopfen, daß sie ihren Zweck nur noch teilweise oder stundenweise erfüllen, dann werden selbst die Autofahrer entweder zu Fahrrädern greifen oder nach oberirdischen und unterirdischen Schienenbahnen rufen. Sie zu errichten, zu betreiben und zu unterhalten kann, von Ausnahmen abgesehen, wieder nur durch die Stadtverwaltung geschehen. Oder auch: um die Meisterwerke der Malerei, der Bildhauerei oder der Grafik jedermann zugänglich zu machen, bedarf es eines oder mehrerer Museen. Auch hier ist die Stadt wieder gefragt, wenn auch nicht als einzige Institution, um einzuspringen. Es gäbe keine Opernhäuser, wenn nicht vor allem Städte sich entschlossen hätten, sie zu bauen und zu betreiben. Ähnliches gilt für die Feuerwehr wie für Bibliotheken, für Bäder wie für Krankenhäuser, für Kindertagesstätten wie für Altenpflegeheime, für die Realisierung des urbanen Umweltschutzes in allen seinen Spielarten wie für die Sicherheit der Menschen auf Straßen, Plätzen, in Tunnels und Parks. Die Stadtverwaltung ist dabei, wenn jemand auf die Welt kommt, und sie bietet ihre Hilfe an, wenn es darum geht, ihn wieder der Erde zu übergeben. Eine Stadt, in der alle diese Aufgaben hervorragend erledigt werden, läßt sich als eine Stadt bezeichnen, die ihre Bürgerinnen und Bürger nach unseren gegenwärtigen Auffassungen gut versorgt.

Überprüfen wir eine Elendsstadt wie Kalkutta an Hand dieser kommunalen Checkliste, werden wir feststellen, daß viele dieser Elemente, sogar die meisten, gar nicht oder nur notdürftig vorhanden sind. Deshalb spricht aus globaler Sicht, nebenbei gesagt, eigentlich alles dafür, auf eine Weltausstellung in Hannover zu verzichten und mit dem freiwerdenden Geld beispielsweise Kalkutta »aufzurüsten«. In Hannover sind die kommunalen Angelegenheiten, alles in allem, zufriedenstellend geregelt. Dennoch bleibt diese Argumentation zugunsten Kalkuttas folgenlos, weil die Finanziers einer Weltausstellung für den Fall, daß auf sie verzichtet wird, ihr Geld nicht in Kalkutta ausgeben werden. Sie werden es noch nicht einmal in Leipzig, Magdeburg oder Dresden ausgeben, in deutschen Städten, deren zivilisatorischer Status dem Hannovers zur Zeit unterlegen ist. Es gibt weder einen globalen Haushaltsplan, der die Finanzmittel der Menschheit sinnvoll zu steuern vermag, noch wären zumindest die Staaten des »Bureau International des Expositions« und alle anderen Aussteller bereit, ihr Geld für etwas anderes als eine von ihnen beschlossene Weltausstellung zu investieren. So bleibt es dabei, daß die Politiker der Stadt Hannover sich fragen dürfen, was ihrem Gemeinwesen trotz allem noch fehlt.

Was können sie, mit Hilfe der Weltausstellung, für ihre Bürgerinnen und Bürger zusätzlich tun?

Ein neuer Stadtteil auf dem Kronsberg

Die Antwort hierauf lautet, daß die Stadt zur Zeit mit zwei Problemen konfrontiert wird, die sie gern gelöst hätte. Im Gegensatz etwa zu Sevilla 1992 geht es nicht darum, einen neuen Bahnhof, Brücken oder Autobahnen zu bekommen. Hierin ist Hannover hervorragend versorgt, weniger in etwas anderem. Im Jahr 1991 war jeder achte arbeitswillige Bewohner, der in Hannover lebt, arbeitslos. Annähernd jeder fünfzigste Bewohner sucht eine Wohnung, weil er unter den vorhandenen oder im Bau befindlichen keine findet. Der Stadt fehlen Arbeitsplätze und Wohnungen, um alle Wünsche zu erfüllen, die registriert werden. Es ist keine Not von der Art, die in jedem Fall existentiell unerträglich ist, von einigen Ausnahmen abgesehen. Doch der Gesichtspunkt der Gleichbehandlung muß die Politiker und die Stadtverwaltung veranlassen, auch jene, die ohne die ersehnte Wohnung oder Beschäftigung sind, den in dieser Beziehung glücklicheren Bewohnern gleichzustellen. Deshalb gefällt allen der Gedanke — auch den Gegnern der Expo 2000 —, die Weltausstellung zu benutzen, um diese beiden Sorgen zu verkleinern.

Dies geschieht am besten dadurch, daß auf dem Weltausstellungsgelände und in seiner Umgebung am Kronsberg ein neuer Stadtteil vorgesehen wird. Ein Teil von ihm könnte die kleine Expo-Stadt darstellen, von der schon die Rede war. Die Schienenbahnen, die einen solchen neuen Stadtteil mit der City verbinden, werden auch benötigt, um die Besucher der Weltausstellung zum Gelände und wieder zurück zu fahren. Das Schnellbahnsystem könnte bei dieser Gelegenheit bis zum Flughafen in Langenhagen verlängert werden, der heute nur mit dem Auto erreicht werden kann. Der Kronsberg hat, neben Wäldern und üppigen Grünanlagen, Platz für etwa 20 000 Menschen. Die Stadt hat, beraten von einem internationalen Planungsbeirat, einen städtebaulichen und landschaftsplanerischen Wettbewerb ausgeschrieben. Von Büros oder Arbeitsgemeinschaften, die aus Architekten, Stadtplanern und Landschaftsplanern bestehen, soll ein Strukturkonzept erarbeitet werden. Der Stadt schwebt vor, in beispielhafter Weise die Bedürfnisse der Bewohner nach Wohnungen, Arbeitsstätten und Freizeitmöglichkeiten zu bedienen und zugleich auf die aktuellen Forderungen der Ökologie einzugehen. Die Ergebnisse des Wettbewerbs werden für den westlichen Hang des Kronsberges ein Stück Stadt vorsehen, mit einer Weltausstellung als Vornutzung. Von den vorhandenen etwa 3,46 Quadratkilometern sollen etwa 2,3 für die Weltausstellung und die sich anschließende Expo-Stadt und etwa 1,16 für drei weitere Wohngebiete verwendet werden. Eine ähnliche große Fläche wird für gewerbliche und gemischte Nutzungen zur Verfügung stehen. Die Hälfte von allen soll bewaldet und von Grünanlagen bedeckt sein, so daß das Ganze sich zu einen in Wälder, Garten- und Parkanlagen eingebetteten neuen Stadtteil entwickeln wird.

Für die Stadt bietet ein solches Konzept zwei Vorteile. Zum einen löst es einige Probleme der Wohnungssuchenden und der Arbeitslosen schneller, als dies ohne Weltausstellung geschehen könnte. Zum anderen erhält die Stadt für die Vorfinanzierung der Infrastruktur des neuen Stadtteils, also für den Bau der Kanalisation, der Straßen, Wege, Plätze, Grün- und Wasseranlagen, der Einrichtungen zur Versorgung mit Energie und Wasser und zur Beseitigung der festen und flüssigen Abfälle einen Geldgeber: den Veranstalter der Weltausstellung. »Veranstaltet« im juristischen Sinn wird die Weltausstellung von der Bundesrepublik Deutschland und vom Land Niedersachsen. Indem diese staatlichen Institutionen oder von ihnen ins Leben gerufene Gesellschaft für die technischen und finanziellen Vorkehrungen sorgen, um den Staaten aus aller Welt zu einer Exposition zu verhelfen, schaffen sie zugleich die Plattform, auf der die Stadt ihren neuen Stadtteil realisieren kann. Er würde, neben den erforderlichen kommunalen Einrichtungen, die begehrten Wohnungen und Arbeitsplätze anbieten. Was auch immer die anderen Beteiligten sich von der Weltausstellung versprechen: die Stadt würde die Qualitäten des städtischen Lebens auch für diejenigen steigern, die im Augenblick vernachlässigt werden müssen. Nicht nur die Sorglosen könnten sich dann mit der Weltausstellung leichter identifizieren, sondern auch die Benachteiligten.

Anmerkungen

[1] Donald Gutstein, The Impact of Expo on Vancouver, in Robert Anderson and Eleanor Wachtel, The Expo Story, Madeira Park BC 1986
[2] Eduardo Mendoza, S. 74
[3] A Technological Development Project in Andalusia, Projecto Cartuja, Sevilla 1989
[4] Expo 2000-Gesamtkonzept, Bericht der Niedersächsischen Staatskanzlei, Hannover, März 1992, sowie Siegfried Neumann, Strategisches Konzept und Entwicklungsprogramm 1992—2001 für die Expo-Nachnutzung 2001 vom 1. November 1991, Wolferdange (Luxemburg)

DIE SCHLÜSSELZAHL
oder
Das Spiel mit den
Besuchermassen

9

F ür jede Weltausstellung gibt es eine geheimnisvolle Schlüsselzahl, die mit darüber entscheidet, welche Vorbereitungen auf dem Weltausstellungsgelände und in der gastgebenden Stadt zu treffen sind. Sie beantwortet entscheidende und heikle Fragen wie diese: Müssen bis zur Eröffnung der Expo 2000 neue Straßen gebaut werden? Ist die Zahl der Hotelbetten in der Region ausreichend, damit alle Besucher der Weltausstellung, die dies wünschen, übernachten können? Verfügt die Stadt über genügend Krankenhäuser? Müssen weitere unterirdische oder oberirdische Schienenbahnen gebaut oder vorhandene verlängert werden? Wie viele Restaurantplätze und Cafés müssen während der Weltausstellung zusätzlich eingerichtet werden? Reicht die Zahl der Polizeibeamten, um zusätzliche Kriminalität zu verhindern oder zu verfolgen? Wird der Lärm und der Schmutz, den anreisende und abfahrende Besucher verursachen, in bestimmten Stadtteilen das Maß des Erträglichen übersteigen? Wird die Nachfrage nach Wohnungen in den Monaten der Weltausstellung oder davor steigen? Wie viele Eintrittskarten und zu welchem Preis müssen an den Kassen der Weltausstellung verkauft werden, damit sich das Geschehen auf dem Gelände finanziell selbst trägt? Wie werden sich in der gastgebenden Stadt die Preise für die Lebensmittel des täglichen Bedarfs entwickkeln? In welchem Maß ist die Müllabfuhr zu verstärken, um den zusätzlichen Abfall auf dem Gelände und in der übrigen Stadt fortzuschaffen? Um wieviel Prozent werden sich bis zur Eröffnung der Weltausstellung die Grundstückspreise für die gewerbliche Wirtschaft erhöhen? Muß der Hauptbahnhof um weitere Gleispaare erweitert werden? Bis zu welchem Grad ist es für die Kaufleute der City wirtschaftlich interessant, ihre Geschäfte zu erweitern und mehr Personal einzustellen? Wie viele Menschen werden während der Weltaussstellung und veranlaßt durch sie, einen Arbeitsplatz finden? Empfiehlt es sich, den zusätzlichen Autoverkehr außerhalb der Stadt abzufangen, um das Stadtgebiet zu schonen? Brauchen die einheimischen Kirchen (oder die Juden, die Mohammedaner, die Buddhisten, die Hindus) auf dem Weltausstellungsgelände zusätzliche Sakralbauten?

Szenarien einer Weltausstellung

Solche Fragen, die auf unsere Schlüsselzahl anspielen, lassen sich seitenlang fortführen. Sie lassen sich alle zurückführen auf, erstens, die Zahl der »fremden« Besucher, die vor dem Eingangstor der Weltausstellung erscheinen werden. Werden es wenige sein, was immer dies bedeutet, wird sich vermutlich in der gastgebenden Stadt nichts oder nur wenig ändern müssen. Schließlich gibt es das ganze Jahr über Fremde in den Städten: Geschäftsreisende, Touristen, Kongreßteilnehmer, Fußballfans und viele andere. Man wird mehr oder weniger gut mit ihnen fertig, und sie bereiten keine ernsthaften Probleme. Um sie zu bedienen, genügen in Hannover die vorhandenen etwa 3500 Hotelzimmer, die zur Zeit durch im Bau befindliche Hotels auf die doppelte Zahl erhöht werden. Bei Messen bieten die Familien allein in Hannover weitere 15 000 bis 20 000 Betten. Das »Bett« aber ist in diesem Zusammenhang ein Indikator für alle weiteren benötigten und vorhandenen Serviceleistungen in der Stadt.

Zieht die Weltausstellung eine mittlere Größenordnung von Besuchern an, mag sich die Szene in der Stadt schon beträchtlich verändern. Plötzlich fehlt es an Platz in den Stadtbahnen, werden Übernachtungsmöglichkeiten und freie Stühle in

Gaststätten vermißt. Die Anzahl der Autos auf den Straßen verstärkt sich so, daß sie sich gegenseitig behindern, kaum noch fahren und um so mehr stehen. Auf einmal gibt es zu wenig Ärzte, um die Kranken zu versorgen, und zu viele Diebe und Randalierer, um sie durch die Polizei in Schach zu halten. Irgendwelche organisatorischen Vorkehrungen müssen getroffen werden, um der Stadt die gewohnten Möglichkeiten des Daseins zu erhalten. Vielleicht sollten normale Stadtstraßen am Morgen und gegen Abend in Einbahnstraßen verwandelt werden, mit jeweils wechselnder Richtung, wie dies bei Messen geschieht. Oder die Restaurants regulieren die Aufenthaltsdauer ihrer Gäste, um jeden bedienen zu können.

Eine weitere Variante ist, daß eine überwältigende Zahl von Besuchern aus aller Welt auf die Weltausstellungsstadt einstürmt. Jetzt funktioniert die urbane Maschinerie fast überhaupt nicht mehr und kommt rasch zum Stillstand. Viele Besucher erreichen das Weltausstellungsgelände auch nach tagelangem Bemühen nicht, und unter den Einheimischen entwickeln sich gefährliche Aggressionen gegen die »Fremden«. Es kommt zu Demonstrationen der Gegner der Veranstaltung, Streiks der U-Bahn-Schaffner, handfesten Auseinandersetzungen auf den Straßen und einer Blockade der Weltausstellung. Irgendwo werden Terroristen eine Bombe zünden und Menschen verletzen. Die Expo 2000 wird vorzeitig abgebrochen, um das Chaos in der Stadt und in ihrer Region zu beenden.

Für jedes dieser Szenarien gibt es Vorbilder aus der Geschichte der Weltausstellungen. Relativ unauffällig wickelten sich die »Expositions Universelles« in den Weltstädten ab, in London oder Paris zum Beispiel. Diese Städte waren immer weltläufig und weitläufig genug, um selbst außergewöhnlich viele Gäste vorübergehend in sich aufzunehmen. Das andere Extrem, die Weltausstellung als urbane Katastrophe, fand teilweise 1967 in Montreal und 1970 in Osaka statt. In Osaka wurden an manchen Tagen die öffentlichen Verkehrsmittel restriktiv eingesetzt, um Besucher daran zu hindern, sich überhaupt zum Weltausstellungsgelände zu begeben. Zwei- oder dreimal näherte sich die Besucherzahl am Tag der Million. In Montreal hatten die Veranstalter mit dreißig Millionen Besuchern gerechnet — es kamen aber fünfzig Millionen. Die meisten Weltausstellungen lassen sich der mittleren Kategorie zurechnen. Sie waren also nur zu realisieren, nachdem die Stadt mit ihrer Umgebung entsprechend »aufgerüstet« war.

Aber die Besucherzahl ist nicht der einzige Faktor, aus dem sich die Schlüsselzahl errechnen läßt. Es spielen weitere Dinge hinein: jede Expo-Stadt hat eine andere Einwohnerzahl, und jede wurde mit einer anderen Besucherzahl konfrontiert, so daß das Verhältnis der beiden Zahlen extrem unterschiedlich ausfiel. Tsukuba war 1985 eine Stadt von nicht mehr als fünfzehntausend Einwohnern und registrierte exakt zwanzig Millionen Besuche auf dem Weltausstellungsgelände. Das riesige New York empfing bei seiner letzten »amtlichen« Weltausstellung 1938/39 etwa vierundvierzig Millionen Besuche auf dem »Site«, also eine im Verhältnis zu Tsukuba nur etwas mehr als verdoppelte Zahl. Die Vorkehrungen, die einerseits in New York und andererseits in Tsukuba getroffen werden mußten, fielen also völlig unterschiedlich aus. Obwohl Tsukuba nur die Hälfte der New Yorker Besucherzahl zu beherrschen hatte, führte dies vor dem Hintergrund einer Einwohnerzahl von noch nicht einmal einem Prozent der New Yorker Einwohnerzahl zu einem völlig anderen Konzept. In Tsukuba hing die Stadt wie ein Appendix an der Weltausstellung, in New York war die Weltausstellung nur ein Detail der Stadt. Die Kleinstadt Tsukuba blieb allerdings bisher ein Ausnahmefall. Die Mehrzahl der Städte, in denen im 20. Jahrhundert Weltausstellungen stattfanden, gehören zu den mittleren Metropolen zwischen 500 000 bis zwei Millionen Menschen. In diesem »Club« befindet sich auch Hannover: sowohl innerhalb wie außerhalb der ziemlich eng gezogenen Stadtgrenzen wohnen jeweils etwas über eine halbe Million Menschen.

Was bei der Commedia dell'Expo ein schwerwiegendes Problem auslöst, nämlich die wirkliche Zahl der Besucher, die sich einfinden werden, ist für die Commedia dell'arte nicht einmal ein Thema. Ein Theatersaal mag dreißig oder dreitausend Plätze aufweisen, nicht er hat auf die Theatergäste Rücksicht zu nehmen, sondern die Theatergäste auf ihn. Für wen kein Stuhl oder Stehplatz mehr frei ist, der erhält an der Theaterkasse auch keine Eintrittskarte. Darum scheint es in diesem Kapitel auch keine sinnfälligen Vergleiche zwischen Theater und Weltausstellung zu geben. Tatsächlich aber läßt sich auch für die Expo 2000 von diesem Prinzip des Theaters durchaus lernen, wie sich später zeigen wird.

Wie groß und wie leistungsfähig Hannover ist, wissen die Veranstalter der Expo 2000. Die Einwohnerzahlen von Stadt und Region sind bekannt, auch im Hinblick auf ihre Entwicklung bis zum Jahr 2000, ebenso die urbane Ausrüstung mit allen möglichen zivilisatorischen Einrichtungen. Wie aber sieht es mit der Zahl der Besucher aus, die zwischen dem 1. Juni und dem 31. Oktober 2000 in der Stadt erwartet werden müssen? Wie viele Menschen werden ihr Auto oder einen Bus besteigen, sich eine Eisenbahnfahrkarte kaufen oder sich einem Flugzeug anvertrauen, um die Expo 2000 aufzusuchen? Wie viele werden das Gelände einmal betreten, wie viele zweimal oder häufiger? Wofür müssen sich die Veranstalter des Projekts wappnen, und mit ihnen die Stadtverwaltung, andere Behörden der Region und die niedersächsische Landesregierung? Erst wenn diese Zahl der Gäste bekannt ist, lassen sich die Fragen am Anfang dieses Kapitels richtig beantworten. Erst dann schält sich auch heraus, was zu tun und zu investieren ist, um Hannover in eine gut vorbereitete Stadt zu verwandeln.

Besucherzahlen der Weltausstellungen

Befassen wir uns mit der Frage, wieviele Menschen und wie häufig vergangene Weltausstellungen besucht wurden, dann stoßen wir auf durchaus verläßliche Zahlen. Alle Veranstalter haben voller Eifer Statistiken geführt, auch schon zu Zeiten, als es das »Bureau International des Expositions« in Paris noch nicht gab. Es verlangt heute nach jeder Weltausstellung einen ausführlichen, ja minutiösen Bericht. Von der »Great Exhibition of the Works of Industry of all Nations« 1851 in London weiß man, daß ihrer Einladung etwa 6 Millionen Menschen gefolgt sind. Eine ähnliche Zahl, genau 5,1 Millionen, wird von der »Exposition Unviersell des Produits de l'Industrie« 1855 in Paris gemeldet. Wien brachte es, trotz Cholera, Bankenkrach und nicht ausgenutzter Ausstellungszeit 1873 auf 7,2 Millionen, Philadelphia 1876 auf 10,1 Millionen Besuche. Für die Ausstellung 1893 in Chicago kauften sich sogar 27,3 Millionen Menschen ein Ticket. Doch den stärksten Zulauf im 19. Jahrhundert hatte Paris: 1889 mit 32,2 Millionen und 1900 mit 50,8 Millionen Besuchern. Wir sollten in Erinnerung behalten, daß gerade die Weltausstellung zur Jahrhundertwende die größten Besuchermengen anzogen. Dies muß sich im Fall Hannovers 2000 nicht wiederholen, ist aber interessant für unsere spätere Berechnung.

Diese Zahl von Besuchern wurde danach nicht wieder erreicht und ist bis heute auch nur ein einziges Mal übertroffen. Zunächst bewegte sich der Zulauf zu den Weltausstellungsgeländen zwischen etwa 5 und 18 Millionen Menschen (so in Mailand und San Francisco). Erst 1933/34 brachte wieder eine Ausstellung in Chicago mit dem Titel »A Century of Progress« 48,7 Millionen Besuche zusammen. Damit begann eine neue Hochphase der Besucherzahlen: 41,4 Millionen Besuche 1958 in Brüssel, 50,3 Millionen verkaufte Karten 1967 in Montreal und 64,2 Millionen Besuche 1970 in Osaka. Die letzte Universale Weltausstellung vor der Expo 1992 in Sevilla war also zugleich die meistbesuchte Weltausstellung aller Zeiten. Manche sehen in dieser Tendenz einen Beweis dafür, daß Weltausstellungen sich keinesfalls überlebt haben, sondern begehrter sind als je zuvor. Andere wiederum meinen darin ein Verfallszeichen zu erkennen. Habe man nicht auf ziemlich niedrigen Geschmack gesetzt, um so viele Leute zusammenzutrommeln? Für die Zeit nach dem 2. Weltkrieg haben beide Meinungen recht, weil in der Tat eine gewisse Bereitschaft zu Expositionen durch ein entsprechend unkompliziertes Programm noch zusätzlich angefeuert worden ist. Mit dem Jahr 2000 wird sich das letztere ändern, wenn die Veranstalter nicht den Respekt vor sich selbst verlieren wollen. Dies braucht aber auf die Zahl der Besucher keinen negativen Einfluß zu haben, weil ihr Reservoir unerschöpflicher ist als je zuvor.

Wie viele Menschen werden die Expo 2000 besuchen?

Um aus diesen statistischen Angaben für die Expo 2000 in Hannover einen richtigen Schluß zu ziehen, ist es allerdings erforderlich zu wissen, woher die Besucher jeweils gekommen sind. Kennen wir den klassischen Einzugsbereich von Weltausstellungen, werden wir fragen müssen, wieviel Prozent der dort lebenden Menschen zur jeweiligen »Expo« aufgebrochen sind. Als drittes ist sicher zu berücksichtigen, daß die internationale Mobilität seit 1937, seit 1958 oder 1970 erheblich zugenommen hat und sich bis zur Jahrtausendwende noch einmal steigern wird. Brüssel hat schon 1958 41,4 Millionen Besuche erlebt, zu einer Zeit also, in der von einem europäischen Luftverkehr kaum gesprochen werden konnte. Längst nicht so viele Europäer wie heute waren Besitzer eines eigenen Autos, und für die Bewohner der östlichen Staaten gab es wegen des »Eisernen Vorhanges« keine Reisefreiheit. Wir dürfen vermuten, daß die Weltausstellung in Brüssel heute etliche Millionen Menschen mehr veranlaßt hätte, die Veranstaltung aufzusuchen.

Um also aus vorangegangenen Weltausstellungen auch in diesem Punkt zu lernen, studierten die Veranstalter der Expo 2000 unter anderem beispielhaft die statistischen Hintergründe dreier Universaler Weltausstellungen (Montreal 1967, Osaka 1970 und vorausschauend Sevilla 1992) und dreier Fachweltausstellungen (Tsukuba 1985, Vancouver 1986 und Brisbane 1988)[1]. Was sich daraus für Hannover schließen ließ, war ziemlich eindrucksvoll. In allen Fällen entsprach die Zahl der Besuche zumindest der Hälfte der Einwohnerzahl des betreffenden Landes, mit Ausnahme von Tsukuba. In Osaka kamen 64,2 Millionen Besuche (50 Millionen Besucher) auf 116,8 Millionen Japaner, in Montreal sogar 50,3 Millionen Besuche (30 Millionen Besucher) auf 24 Millionen Kanadier. In Sevilla werden voraussichtlich 36 Millionen Besuchen 38,8 Millionen Spanier (1990) gegenüberstehen, wenn die Planungen sich bestätigen werden. Auch Vancouver mit 22,1 Millionen Besu-

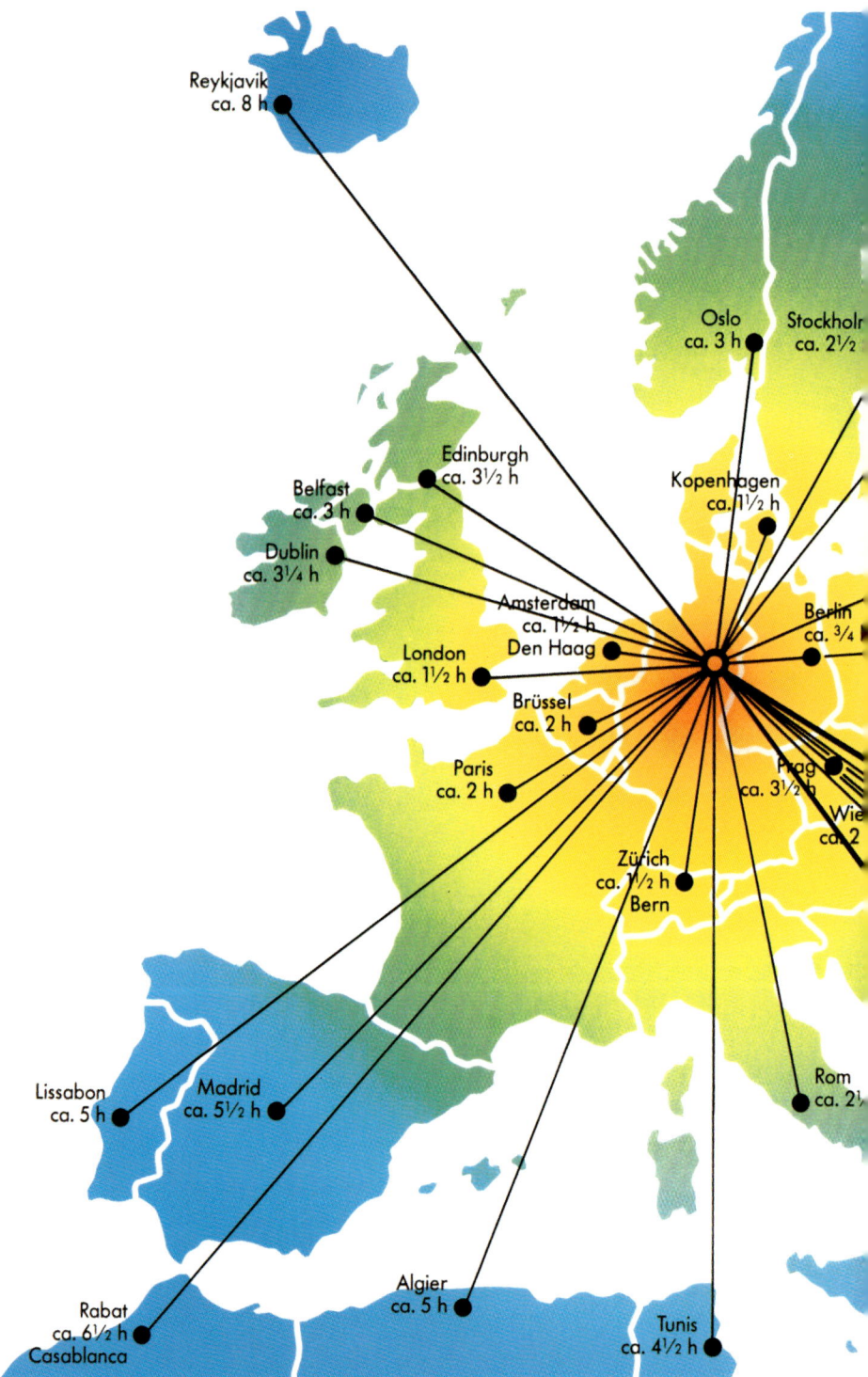

Reykjavik
ca. 8 h

Oslo
ca. 3 h

Stockholm
ca. 2½

Edinburgh
ca. 3½ h

Kopenhagen
ca. 1½ h

Belfast
ca. 3 h

Dublin
ca. 3¼ h

Amsterdam
ca. 1½ h

Den Haag

Berlin
ca. ¾

London
ca. 1½ h

Brüssel
ca. 2 h

Paris
ca. 2 h

Prag
ca. 3½ h

Wien
ca. 2

Zürich
ca. 1½ h
Bern

Lissabon
ca. 5 h

Madrid
ca. 5½ h

Rom
ca. 2½

Algier
ca. 5 h

Rabat
ca. 6½ h
Casablanca

Tunis
ca. 4½ h

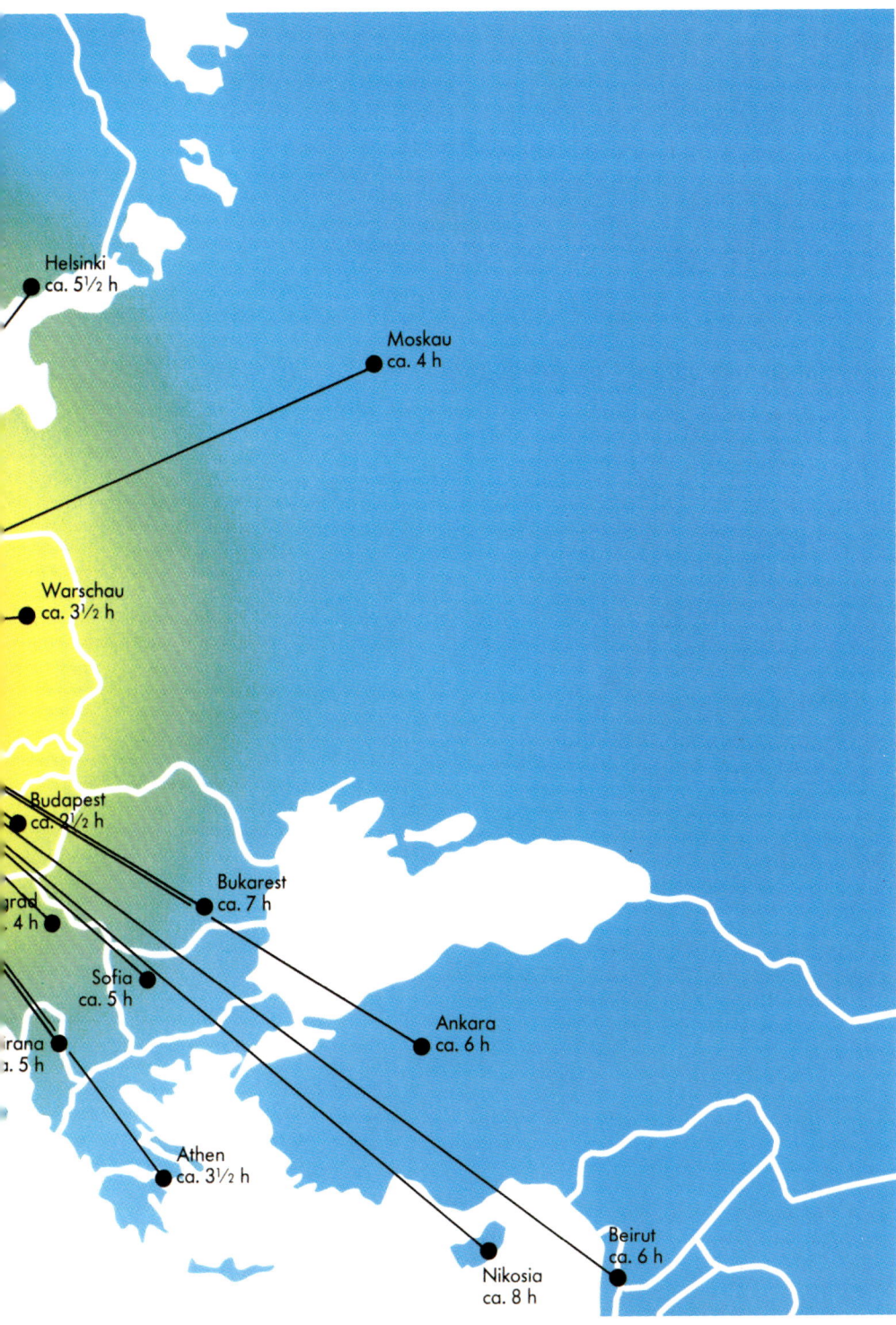

Helsinki
ca. 5½ h

Moskau
ca. 4 h

Warschau
ca. 3½ h

Budapest
ca. 2½ h

Bukarest
ca. 7 h

grad
4 h

Sofia
ca. 5 h

Ankara
ca. 6 h

rana
a. 5 h

Athen
ca. 3½ h

Beirut
ca. 6 h

Nikosia
ca. 8 h

Das europäische Einzugsgebiet der Expo 2000.

chen (15 Millionen Besucher) lag noch über der halben Einwohnerzahl (25,6 Millionen), ebenso Brisbane mit 15,7 Millionen Besuchen (7,8 Millionen Besucher) und der Zahl von 16,2 Millionen Australiern. Nur Tsukuba mit seinen 20,3 Millionen Besuchen (20 Millionen Besucher) fiel gegenüber der Zahl der Japaner von inzwischen 122 Millionen ab.

Es fällt auf, daß die drei Universalen Weltausstellungen, zu denen auch die Expo 2000 in Hannover rechnen wird, im Fall von Osaka etwa die Hälfte und in den Fällen Montreal und Sevilla sogar mehr an Besuchen brachte oder bringen wird, als das Gastland Einwohner zählt. Wird dies auch für Hannover gelten, ist mit mindestens 37 bis 80 Millionen Besuchen zu rechnen, denn in Deutschland leben zur Zeit etwa 74 Millionen Menschen.

Der Einzugsbereich von Weltausstellungen

Eine weitere Überlegung, die wir anstellen müssen, führt zu einer noch höheren Zahl. Untersuchen wir, aus welchem Einzugsbereich die Besucher der sechs Vergleichsausstellungen eigentlich gekommen sind, dann läßt sich folgendes feststellen. Je schwieriger und kostspieliger es ist, ein gastgebendes Land von anderen Ländern aus zu erreichen, umso stärker wird die Weltausstellung zu einer nationalen Sache. Auf der Insel Japan stammten im Fall Tsukuba 96,3 Prozent und im Fall Osaka 97,3 Prozent der Besucher aus dem eigenen Land. Auch die Exposition in Brisbane auf der »Insel« Australien wurde zu 88 Prozent von den eigenen Landsleuten besucht und nur zu 12 Prozent von Ausländern. Aber schon Vancouver bezog sein Publikum nur noch zu 60 Prozent aus Kanada und zu 40 Prozent aus dem Ausland, wovon allein 33 Prozent auf Nordamerika entfielen. In Sevilla schließlich rechnet der Veranstalter mit nur 47 Prozent Spaniern und bereits 53 Prozent Ausländern, weil Spanien ein relativ gut erreichbarer Teil Mitteleuropas ist und deshalb von vielen Touristen aufgesucht wird.

Wenden wir diesen Gesichtspunkt auf die Expo 2000 in Hannover an, werden wir erkennen, daß noch niemals eine Weltausstellung in einem so dicht besiedelten Gebiet stattgefunden hat. Hannover liegt nämlich weder auf einer Insel, noch in einem dünn besiedelten Kontinent oder in einer Randlage, die nur aus einer oder zwei Himmelsrichtungen Zufahrten auf dem Landweg ermöglicht. Hannover befindet sich in der Mitte Europas. Sowohl mit dem Auto und erst recht mit der Bahn oder dem Flugzeug kann diese Weltausstellungsstadt aus Ländern wie Irland, England (Kanaltunnel), Finnland, Norwegen, Schweden, Dänemark, Portugal, Spanien, Frankreich, den Niederlanden, Belgien, Luxemburg, Österreich, der Schweiz, Italien, Griechenland, Polen, der Tschechoslowakei, Rumänien, Bulgarien, Ungarn, Jugoslawien, Albanien und selbst der bisherigen Sowjetunion einigermaßen rasch und bequem erreicht werden. Allein in diesen Ländern leben zur Zeit etwa 355 Millionen Menschen. Die weltpolitische Grenze, die längs der Elbe die östlich gelegenen von den westlich gelegenen Ländern teilte, ist 1990 weggefallen. Bis zum Jahr 2000 wird sich auch in den ärmeren Ländern die wirtschaftliche Situation der dort lebenden Menschen erholen oder verbessern. Sie werden sich ein wenig mehr erlauben können als heute, vielleicht auch eine Reise zu einer Weltausstellung in Hannover.

Vergleichen wir nun die Zahl von 429 Millionen Menschen in Deutschland und seinen Nachbarstaaten in einem Einzugsbereich von bis zu 2000 km Luftlinie mit den vergleichbaren Zahlen anderer Weltausstellungen, gelangen wir für die Expo 2000 zu einer beunruhigenden Einsicht. In Japan lag der Einzugsbereich bei etwa 125 Millionen Menschen, und bis zur Hälfte davon wurden als Besuche gezählt. In Kanada lag die Zahl der im Einzugsbereich lebenden Menschen bei etwa 275 Millionen, von denen etwas weniger als ein Fünftel auf der Ausstellung zumindest in Montreal erschien. Der Einzugsbereich Brisbanes betrug 16,2 Millionen Menschen (Australien), von denen wiederum etwa die Hälfte auf der Exposition erschien. Erst Sevilla kann auf ein Einzugsgebiet zurückgreifen, das noch größer ist und dennoch das Einzugsgebiet Hannovers bei weitem nicht erreichen wird. Einerseits liegt westlich von Spanien der Atlantik und im Süden Afrika, das voraussichtlich nur wenige Besucher stellen wird. Andererseits sind die Entfernungen im Osten, zum Beispiel bis zur Sowjetunion, teilweise bereits zu weit, um für das Auto oder die Bahn noch interessant zu sein.

Mit anderen Worten: die Expo 2000 in Hannover darf mit der Aufmerksamkeit von mehr Menschen rechnen, als seit 1851 jemals von einer Weltausstellung erreicht wurden. Laden ihre Veranstalter jedermann herzlich ein, nach Hannover zu kommen, ist nicht auszuschließen, daß 100 Millionen Menschen oder mehr dieser Einladung Folge leisten werden. Die Commedia dell'Expo würde Ziel einer europäischen Völkerwanderung sein, wenn ihre Veranstalter es darauf anlegten, die »größte Weltausstellung aller Zeiten« auszurichten.

Die Häufigkeit der Besucher

Dabei ist noch etwas anderes zu berücksichtigen. Wir wissen aus den Erfahrungen vorangegangener Weltausstellungen, daß zahlreiche Menschen der gastgebenden Stadt, ihrer Region und Provinz das Gelände nicht nur einmal aufsuchen, sondern häufiger. Von Osaka ist bekannt, daß aus dem Radius von 100 km, in dem damals 15,2 Millionen Menschen lebten, 9,8 Millionen Besucher erschienen. Sie wiederholten ihren Besuch durchschnittlich dreimal, so daß aus dieser Zone 30,0 Millionen Besuche zu verzeichnen waren. Aus dem Radius zwischen 100 und 300 km, der 11,6 Millionen Menschen umfaßt, kamen 4,9 Millionen zur Weltausstellung. Sie taten dies im Druchschnitt geringfügig mehr als zweimal, so daß etwa 10,0 Millionen Besuche zustande kamen. Der dritte Radius — 300 bis 500 km — wird von 18,8 Millionen Menschen bewohnt, von denen 4,5 Millionen die Expo besuchten. Selbst aus dieser Entfernung kamen sie fast zweimal, erhöhten also die Zahl der Besuche um weitere 8,8 Millionen. Zwischen 500 und 700 km wohnten 27,1 Millionen Menschen, von denen 4,2 Millionen die weite Fahrt nach Osaka antraten. Erstaunlicherweise betraten auch sie das Weltausstellungsgelände im Schnitt beinahe zweimal, führten ihr also 8,3 Millionen Besuche zu. Hinter dem 700-km-Radius wohnten noch 24,8 Millionen Menschen, von denen immerhin noch 2,7 Milionen auf dem Gelände registriert wurden. Wie schon nicht mehr anders zu erwarten, erschienen sie knapp zweimal, fügten der Zahl der Besuche also noch einmal 5,2 Millionen hinzu. Nimmt man alle Weltausstellungen (mit Ausnahme des Sonderfalls Tsukuba und der gegenwärtigen in Sevilla), haben alle Besucher im Schnitt 1,9mal das Gelände aufgesucht. Interessant ist, daß in Osaka etwas mehr als die Häflte aller Besuche, nämlich 64,6 Prozent, aus der ersten Zone (bis

100 km) anreisten. In Brisbane wurde ähnliches beobachtet (50 Prozent), während in Montreal nur 26,9 Prozent der Besuche aus der Stadtregion stammte.

Welche Zahlen oder Zahlenbeziehungen auch immer sich hieraus für die Expo 2000 folgern lassen, sie sind Anlaß zu besonderer Aufmerksamkeit. In Hannover wohnen weniger Menschen in unmittelbarer Nähe des Geländes, verglichen mit Osaka, aber erheblich mehr Menschen in weiteren Entfernungen. Vielleicht läßt sich die Lage am anschaulichsten in dieser Gegenüberstellung ausdrücken: einer Stadtregion von 1,2 Millionen Menschen (1991) steht ein potentielles Einzugsgebiet von 429 Millionen Menschen gegenüber, also beinahe das Vierhundertfache. Diesen Fall gab es, prozentual gesehen, bisher nur einmal, bei der kleinen Ausstellung 1985 in Tsukuba. In absoluten Zahlen gerechnet trat er niemals zuvor ein.

Hannover richtet sich auf die Besucher ein

Diese Situation ist zu aufregend, als daß die Veranstalter der Expo 2000 sie auf sich beruhen und die Dinge auf sich zulaufen lassen können. Schon seit 1988 befassen sie sich deshalb mit Überlegungen, wie viele Besucher oder Besuche die Stadt Hannover und ihre Region eigentlich mit Anstand bewältigen können. »Mit Anstand bewältigen« heißt in diesem Zusammenhang soviel wie: einigermaßen bequem befördern, falls nötig über Nacht unterbringen, medizinisch versorgten, die Sicherheit garantieren und alle Gäste bei guter Laune halten. Die Stadt Hannover ist in der Lage, hierauf nicht nur eine theoretische Antwort zu haben, sondern auf Erfahrungen zurückgreifen zu können. Auf dem Messegelände westlich des Kronsberges finden, wie erwähnt, seit Jahrzehnten einige der meistbesuchten Messen der Welt statt. Sowohl die Zahl der Aussteller wie die Zahl der Besucher übertrifft vergleichbare Messen an anderen Orten des Erdballs. Dort, wo die Expo 2000 stattfinden soll, versammeln sich zum Beispiel Jahr für Jahr an acht Tagen im März und an acht Tagen im April die Gäste der Elektronikmesse CeBIT und der Industriemesse. Die Stadt und die Region »verarbeiten« dabei täglich bis zu 180 000 Gäste, ohne daß das gewöhnliche kommunale Leben merklich beeinträchtigt würde. Es gibt Belästigungen und gewisse Verkehrsprobleme in der Rush-hour, aber beides nicht in so unerträglicher Weise, daß die Einheimischen darunter ernsthaft zu leiden hätten. Die Messebesucher gelangen relativ schnell zum Messegelände und wieder zurück zum Hauptbahnhof, zum Flughafen oder zu ihren heimatlichen Autobahnen. Sie finden ihr Quartier und fühlen sich auch in anderen Beziehungen in die Stadtgesellschaft integriert.

Würden diese Messen so lange dauern wie die Weltausstellung dauern soll, nämlich fünf Monate, würde dies eine Besucherzahl bis zu 20 Millionen Menschen bedeuten. Für eine solche Dimension ist also bereits der Beweis erbracht, daß sie in Hannover bewältigt werden kann, ohne daß es zum Durcheinander kommt. Mit andern Worten: 20 Millionen könnte die gesuchte Schlüsselzahl sein, die für die Weltausstellung verbindlich sein müßte, wenn an der Infrastruktur der Stadt und ihrer Region nichts weiter verbessert werden würde. Als sich die Bundesregierung im November 1988 um eine Weltausstellung in Hannover bewarb, wurde dann auch von 18 bis 20 Millionen Besuchen gesprochen, um die man sich bemühen wolle. Damit wird aber auch zugleich ein Konflikt deutlich: die potentiell möglichen Besuchermassen von etwa 100 Millionen vertragen sich nicht mit den tatsächlich beherrschbaren 20 Millionen. Der Konflikt kann weder dadurch gelöst werden, daß die Veranstalter der Expo 2000 durch entsprechende Vorkehrungen versuchen, die größere Zahl zum Zug kommen zu lassen. Dies ist bei realistischer Betrachtungsweise in Hannover nicht möglich. Sie sind aber auch daran gehindert, es einfach bei der kleineren Zahl zu belassen. Es gibt nämlich noch einen dritten Aspekt, der berücksichtigt sein will.

Die Staaten, die bei Weltausstellungen zu erscheinen pflegen, sind in der Vergangenheit mit Besucherzahlen auf dem »Site« und in ihren Pavillons verwöhnt worden, die weit über 20 Millionen liegen. Die Aussteller lassen sich überhaupt nur sehen, zweigen dafür eine beträchtliche Geldmenge aus dem Staatshaushalt ab und errichten in der fremden Stadt Bauwerke, um ihre ureigene Botschaft möglichst vielen Menschen nahe zu bringen. Jede Weltausstellung ist, so banal dies klingen mag, in erster Linie eine Ausstellung der Aussteller und erst in zweiter Linie eine Ausstellung des Veranstalters. Als im September 1989 eine Kommission des »Bureau International des Expositions« Hannover besuchte, um einen Eindruck von der Stadt und ihrer Leistungsfähigkeit zu gewinnen, erklärte der Präsident seinen verblüfften Gesprächspartnern, eine Weltausstellung unter 40 Millionen Besuchen sei für die großen Staaten nicht interessant genug. Damit war eine dritte Besucherzahl in der Welt, mit der sich die Veranstalter der Expo 2000 auseinanderzusetzen hatten. Annähernd 100 Millionen Besuche sind denkbar, etwa 18 bis 20 Millionen könnten sozusagen auch heute schon bewältigt werden und etwa 40 Millionen sind nach den Intentionen des Pariser Weltausstellungsbüros wünschenswert und damit sozusagen Weisung.

Fazit

Hieraus ergeben sich zwei Schlußfolgerungen: Die Leistungsfähigkeit der Stadt Hannover und ihrer Region ist zu verbessern, was den Verkehr, den Tourismus und sonstige Dienstleistungen angeht. Außerdem ist die Zahl der Besucher, die möglicherweise »ins Haus steht« drastisch zu senken. Hannover und das Umland müssen einerseits so »ertüchtigt« werden, daß nicht nur 20 Millionen, sondern 40 Millionen Expo-Gäste ihre selbstverständlichen Wünsche erfüllt bekommen. Mehr als sie dürfen aber andererseits das Weltausstellungsgelände nicht erreichen, soll die Veranstaltung nicht als unangenehm empfunden werden. Wer dennoch kommen möchte, muß sanft, aber bestimmt daran gehindert werden. Damit ist der Grat gekennzeichnet, auf dem die Akteure der hannoverschen Weltausstellung wandern müssen, um ihr Ziel zu erreichen. Die geheimnisvolle Schlüsselzahl, die angibt, welche Vorbereitungen bis zum Jahr 2000 gegtroffen werden müssen, liegt also bei ungefähr 40 Millionen Besuchen. Sie darf höher sein, wenn die um ihretwillen eingeleiteten Maßnahmen auch 45 bis 50 Millionen Besuche erlauben, aber sie sollte nicht geringer sein, weil einige Aussteller dann ihr Interesse verlieren könnten. Pro Tag bedeutet dies durchschnittlich 266 000 Menschen, mit Spitzenwerten weit darüber, weil zum Beispiel an Sonn- und Feiertagen besonders viele Besucher eintreffen werden. Das Münchener Oktoberfest wurde 1990 täglich von knapp 500 000 Menschen besucht.

Um sich darauf einzustellen, wird als erstes erforderlich sein, das regionale Schnellbahnnetz zu ergänzen. Die Veranstalter haben ausgerechnet, daß sie eine

S-Bahn-Linie oder etwas Vergleichbares zwischen dem Flughafen, dem Hauptbahnhof und dem Weltausstellungsgelände gut gebrauchen können, um die zusätzlichen Mengen an Menschen mit Schnellbahnen befördern zu können. Aber auch
eine neue unterirdische Stadtbahn zwischen der City und dem Kronsberg wäre nötig, um das Verkehrssoll zu erfüllen. Sollte nur eine Trasse möglich sein, müßten
Straßen hergerichtet werden, um dem Autoverkehr mehr Spielraum zu geben. Vorher könnte noch das Eisenbahnsystem der Deutschen Bundesbahn optimiert werden, indem der Messebahnhof weniger umständlich als heute angefahren und in
Laatzen, westlich der Messe, ein vorhandener Bahnsteig zu einer Expo-Haltestelle
und sogar zu einem richtigen Bahnhof ausgebaut wird. Auch die Stadtbahnlinie
B-Süd, die vor dem Nordeingang der Messe ihre Endschleife zieht, ließe sich um
das Messegelände herum zum Haupteingang der Weltausstellung verlängern. Andere Ideen sehen vor, die mit ihrem eigenen Pkw oder einem Bus zur Weltausstellung anreisenden Menschen auf großen Parkplätzen an den Autobahnen abzufangen und sie dort in öffentliche Charterbusse umsteigen zu lassen, die sie zum Gelände und wieder zurück fahren. Die Verkehrsplaner werden auch diesmal erfin-
dungsreich genug sein, um jedes ihrer Probleme auf eine möglichst elegante Art, die
sich zu dem noch mit der programmatischen Botschaft der Weltausstellung ver-
trägt, zu lösen. Wie im Transportwesen müssen auch in allen Bereichen der Dienstleistungen, bei Hotels, Privatquartieren, Restaurants und dem sozialen Service die
Kapazitäten um einiges erweitert werden.

Aber selbst wenn der Verkehr der Besucherzahl keine Grenzen setzen würde:
die Größe des Weltausstellungsgeländes ist ein weiterer Gesichtspunkt, der unbedingt beachtet werden muß. Es geht nicht nur darum, daß die Fläche der Dächer
ausreichen sollte, um fast allen Tagesbesuchern Schutz vor Regen und Sonne zu
bieten. Darüber hinaus muß jeder von ihnen ausreichend Platz und Luft um sich
herum vorfinden, um sich wohl zu fühlen. Es gab Weltausstellungen in Paris oder
London, die sahen für jeden Menschen auf dem Gelände oder in den Pavillons nur 3
bis 4 m² Raum vor. In Sevilla 1992 sind es 9,3 m², eine durchschnittliche Zahl, auf
den großen Messen Hannover-Industrie und Hannover-CeBIT sind es etwa 6,5 m².
Um ein solches Raumangebot zu halten, darf das zukünftige Weltausstellungsgelände von etwa 200 ha nicht mehr als 300 000 Menschen täglich aufnehmen. Auch
aus dieser Überlegung läßt sich wieder eine Zahl von zusammen 40 Millionen Gästen auf der hannoverschen Weltausstellung ableiten.

Die zweite Aktivität, von der die Rede war, die den Besucherstrom steuern und
seine Zahl auf etwa 40 Millionen herunterdrosseln soll, ist erheblich einfacher zu
erledigen. An dieser Stelle ist es wieder einmal richtig, sich an das Theater zu erinnern. Für die Commedia dell'arte werden, wie könnte es anders sein, nicht mehr
Theaterkarten ausgegeben werden, als Plätze vorhanden sind. Auf diese Weise hat
auch das kleine Tsukuba 1985 sein Massenproblem gelöst, und etwas anderes wird
auch der Commedia dell'Expo in Hannover nicht übrigbleiben.

Anmerkungen

[1]   Vgl. auch Siegfried Neumann, Statistik der Weltausstellungen, Walferdange (Luxemburg)
      1989
[2]   Dies würde der Länge Japans entsprechen oder die größte Entfernung zwischen den kana-
      dischen Weltausstellungsstädten und dem Süden der USA angeben.

DIE FINANZIERUNG

oder

Die Gewinner

und die Verlierer

10

Jede Komödie kostet Geld, und jede Komödie bringt Geld, auch die Commedia dell'Expo. Auf dem Theater ist es wieder einmal relativ einfach: das Publikum bezahlt die Veranstaltung, indem es Eintrittskarten ersteht. Sind dem Theater ein Restaurant oder ein Café angeschlossen, wird das Publikum auch hier sein Geld lassen. Dort, wo die Bühne aus den Finanzmitteln einer Stadt oder eines Staates subventioniert wird, wie in Deutschland üblich, tragen die Steuerzahler zu den Einnahmen bei. Das Geld, das sich aus diesen beiden Quellen in der Kasse sammelt, wandert zu jenen Personen, die das Theater ausmachen. Dazu gehören der Unternehmer, der das Gebäude stellt und über die Programme entscheidet, ebenso wie die Menschen, die er engagiert, um Stücke aufzuführen. Von den Einnahmen profitieren die Schauspieler wie ihr Regisseur, der Bühnenbildner und sein Assistent, die Musiker, die Kostümbildnerin und ihre Assistentin, der Dramaturg und die Regieassistentin, die Choreographin, die Hospitantin, der Inspizient, die Souffleuse, die Produktionsleiterin, der Kaufmännische und der Technische Direktor, die Beleuchter, die Maskenbildner, der Tontechniker, die Requisiteure, die Schlosser, die Tischler, die Maler, der Publikumsservice und die Öffentlichkeitsarbeiter. In dieser Reihenfolge nennt beispielsweise der Theaterzettel einer Aufführung von Bertolt Brechts »Dreigroschenoper« am 20. März 1991 im Wiener Volkstheater das Ensemble im weitesten Sinn, das von dieser Bühne lebt.

Sind die Einnahmen des Theaters zu gering, um seine Ausgaben zu decken, wird der Aufwand an Personen und Sachen nach und nach reduziert. Man zieht allmählich Dreipersonenstücke, »Warten auf Godot« von Beckett oder Shakespeares »Sommernachtstraum« vor, und das Orchester wird durch einen Kassettenrecorder ersetzt. Ist auch dieser Aufwand zu hoch, bleibt nur noch »Der Kontrabaß« von Süßkind: ein Mann und ein Instrument. Wie auch immer, so lange sich noch vermeiden läßt, das Theater ganz zu schließen, kann mit den jeweils vorhandenen Mitteln weitergespielt werden. Manchmal rettet ein vermögender Impresario oder privater Sponsor eine kritisch gewordene Situation noch für einige Zeit. Aber eine Rechnung, die irgendwann nicht mehr aufgeht, erlaubt keinen anderen Schluß, als mit dem Theaterspielen aufzuhören und die Bühne in einen Supermarkt oder ein Spielcasino zu verwandeln.

Dies ist leicht zu verstehen, und die Theorie und Praxis sind in diesem Fall so gut wie identisch. Von Weltausstellungen wird dagegen gern behauptet, für sie würden diese robusten und einleuchtenden Spielregeln nicht gelten. Die Commedia dell'Expo sei, was die Finanzen angehe, prinzipiell und hoffnungslos ruinös. Dennoch werde sie immer aufs neue veranstaltet, gegen alle Vernunft, und manchmal sogar im Abstand von ein oder zwei Jahren. Es kursieren Listen über Weltausstellungen, die zwischen den wirtschaftlich erfolgreichen und den wirtschaftlich erfolglosen Projekten unterscheiden. Danach umfaßt die zweite Sorte etwa 80 Prozent aller Weltausstellungen, und die wirklichen oder angeblichen positiven Ausnahmen lassen sich in drei Zeilen dieses Buches zitieren: London 1851, Dublin 1865, Paris 1867, London 1871, Glasgow 1888, San Francisco 1894, Glasgow 1901, Chicago 1933/34, Brüssel 1935, Seattle 1962, Osaka 1970 und Brisbane 1988.[1] In den Berichten über Weltausstellungen finden sich Äußerungen wie die des Generalkommissars von Vancouver, der 1987 schrieb: wer eine Weltausstellung veranstaltete, habe »to accept, that there would inevitably be a deficit«.[2] Von etlichen Weltausstellungen wurde behauptet, sie seien abgesagt worden, weil sie als ein finanzielles Abenteuer gegolten hätten. Damit sind vermutlich Moskau 1962, Los Angeles 1981, Barcelona 1982 und Paris 1989 gemeint, um einige Beispiele aus der letzten Zeit zu nennen.

Die Grundlagen der Wirtschaftlichkeitsberechnung

Sollten diese Behauptungen vom offensichtlichen wirtschaftlichen Wahnsinn einer Weltausstellung richtig sein, muß es überall masochistisch veranlagte Geldgeber geben. Immerhin sind nach unserer Zählung bereits neunundfünfzig Expositionen zustande gekommen, also begonnen und auch zu Ende geführt worden. In sämtlichen Wirtschaftssystemen, in denen Weltausstellungen stattgefunden haben, seien sie markt- oder planwirtschaftlich orientiert, werden letztlich irgendwelche Unternehmer oder Institutionen zur Kasse gebeten, wenn es darum geht, Verluste auszugleichen. Wer aber sollte so leichtfertig gewesen sein, sich auf ein anscheinend längst bewiesenes Desaster einzulassen, und wer sollte es sein, der dafür gebüßt hat, daß dieses Desaster dann auch eingetreten ist? Etwa der Staat und seine Regierung, die sich um die Weltausstellung beworben hat? Oder die Geschäftsführer der Weltausstellungsgesellschaften, die sie durchgeführt haben? Vielleicht die Vorstände der Banken, die für die Herrichtung des Weltausstellungsgeländes Kredite gewährt haben? Sollte zwischen 1853 und 1991 niemand aus dem behaupteten Fiasko der meisten Weltausstellungen gelernt haben? Warum zum Beispiel hat Kanada nach seiner Universalen Weltausstellung 1967 in Montreal und seiner kleinen Veranstaltung 1986 in Vancouver sich erneut und energisch für eine Universale Weltausstellung 2000 in Toronto beworben? Geschah dies aus Torheit, aus Großmannssucht oder aus versteckter Lust an finanziellen Zusammenbrüchen? Oder stimmen die düsteren Gerüchte nicht, die so gern verbreitet werden?

Wie wir es auch drehen und wenden: offensichtlich liegen die Verhältnisse bei Weltausstellungen eben doch komplizierter als beim Theater. Schon am 22. September 1886 fragte eine Zeitung in Barcelona in der Überschrift ihres Leitartikels: »Bedeutet die Ausstellung, kommerziell gesehen, eine Wohltat oder eine Plage?«[3] Um der Frage nach der Wirtschaftlichkeit oder Unwirtschaftlichkeit einer Weltausstellung gerecht zu werden, sind die vielfältigen Geldbewegungen, die sie auf der Einnahmeseite wie auf der Ausgabenseite auslösen, genauer zu analysieren.

Die Gesamtrechnung

Es gilt in der Tat, eine Art von nationaler Gesamtrechnung aufzumachen. Die entscheidende Frage ist nicht, ob der Kaufmann Henry Miller oder die Provinz British Columbia das in bar wieder hereinbekommen hat, was vom kanadischen Staat und anderen in das Projekt hineingezahlt worden ist. Viel aufschlußreicher ist, zu erfahren, ob die Gesamtheit der Bürgerinnen und Bürger eines gastgebenden Landes ihr Vermögen durch die Weltausstellung vermehrt haben oder vermehren werden oder nicht. Haben sie mehr hereingegeben, als sie herausbekommen, oder übersteigen die Erträge die Aufwendungen? Ist dies genauer bekannt, läßt sich feststellen, ob diejenigen, bei denen Weltausstellungen als ein finanzieller Flop gelten, nicht auf Detailrechnungen hereingefallen sind. Beschränken wir uns nämlich darauf, die Wirtschaftlichkeit des einen oder anderen Teilaspektes zu betrachten, haben die Pessimisten durchaus recht.

Ein Beispiel: Bei jeder Weltausstellung fällt als erstes ins Auge, schon weil es zeitlich früher in Angriff genommen wird als alles andere, was außerhalb des Geländes im übrigen Stadtgebiet gebaut wird. Es sind häufig Elemente der städtischen Infrastruktur, die neu geschaffen oder verbessert werden müssen. Da eine Weltausstellung Tag für Tag Hunderttausende von Menschen zusätzlich in die Stadt bringt, sind vor allem die Verkehrsanlagen zu überarbeiten, zu erweitern oder überhaupt erst zu errichten. Dies muß nicht unbedingt mit der preußischen Gründlichkeit geschehen, mit der Spanien für seine Expo 1992 in Sevilla ans Werk gegangen ist. Sie war bekanntlich Anlaß, den Hauptbahnhof zu verlegen, den Flughafen zu erweitern, neue Brücken über den Guadalquivir zu schlagen und Stadtautobahnen anzulegen und noch einiges mehr zu tun. Dieser bemerkenswerte Ausbau der städtischen Infrastruktur verschlang über zehn Milliarden DM.[4] Aber auch bei weitaus bescheideneren Verbesserungen am Verkehrsnetz einer Weltausstellungsstadt leuchtet sofort ein, daß diese mit finanziellen Ausgaben verbunden sind, denen keine entsprechenden Einnahmen gegenüberstehen können. Die Leute, die ihre Fahrzeuge über die neuen Straßen oder Brücken lenken, bezahlen dafür nichts. Mit den Fahrkarten, die erlauben, in eine neue Schnellbahn einzusteigen, läßt diese sich vermutlich niemals, auf jeden Fall aber nicht im Halbjahr einer Weltausstellung finanzieren. Mit einem Wort: in diesen Beispielen ist jede Weltausstellung in der Tat hoch defizitär. Würden solche Ausgaben nicht von einem Finanzierungssystem getragen, das mit der Weltausstellung nichts zu tun hat, wäre es wirtschaftlich nicht zu verantworten, sich auf ein solches Ereignis einzulassen.

Die wirtschaftlichen Aussichten der Expo 2000

Die wirtschaftliche Seite einer Weltausstellung ist also nur realistisch einzuschätzen, wenn alle volkswirtschaftlichen und betriebswirtschaftlichen Aspekte berücksichtigt werden, die ihr zugerechnet werden dürfen. Vielleicht ist dies eine Aufgabe, die am Anfang niemand so recht zu lösen vermag, weil sie hellseherische Aussagen über einen Zeitraum von zehn Jahren verlangt. Wir können uns ihr aber bis zu einem gewissen Grad annähern, wenn wir weniger nach Zahlen als nach finanziell relevanten Ereignissen fragen. Die Veranstalter der Expo 2000 stellten sich deshalb bereits in der Bewerbungsphase folgende zwei Fragen. Die erste lautete, welche Aufgaben die Beteiligten vermutlich zu erledigen haben werden, welcher Art auch immer. Die zweite Frage war, wofür Menschen bereit sein könnten, im Zusammenhang mit der Weltausstellung Geld auszugeben. Es ging also, vereinfacht ausgedrückt, um die Erkenntnis, ob aus der rechten Rocktasche der Bundesregierung, der Landesregierung, der hannoverschen Stadtverwaltung und privater Finanziers mehr Gelder entnommen werden müssen, für welchen Zweck auch immer, als in die linke Rocktasche hineingetan werden können, aus welcher Quelle auch immer.

Ein Teil dieser Arbeit mußte, jedenfalls in groben Zügen, bis zur Pariser Entscheidung vom 14. Juni 1990 geleistet sein. Bei negativem Ergebnis wäre es möglich gewesen, die Bewerbung bis zu diesem Tag zurückzuziehen, ohne das Gesicht zu verlieren. Außerdem verging schon damals kaum eine Woche, in der berufene und unberufene Mitglieder der Stadtgesellschaft nicht danach fragten, wer dieses »fragwürdige Spektakel« eigentlich bezahlen solle. Gibt es nicht einen unübersehbaren Nachholbedarf an Wohnungen, sozialen Einrichtungen oder Maßnahmen des Umweltschutzes in der Stadt, für die das »Weltausstellungsgeld« besser ausgegeben wäre? Solche klassischen Argumente, die vor allen Weltausstellungen vorgetragen werden, sind nur zu widerlegen, wenn plausibel vorgedacht werden kann, daß die Weltausstellung aus Geldern finanziert wird, die ausschließlich ihretwegen zu fließen beginnen, und daß sie tatsächlich ausreichen werden, um das Projekt sich letzten Endes finanziell selbst tragen zu lassen. Auch die Expo 2000 sollte zum Schluß keinen Pfennig an Steuern, die in Hannover, im Land Niedersachsen oder in der Bundesrepublik Deutschland aufgebracht werden, den gewohnten Zwecken entziehen.

Wie manche andere Aufgabe auf dem mühsamen Weg zur Veranstaltung im Jahr 2000 war auch diese abstrakte ökonomische Einschätzung des Projekts nur mit Einschränkungen zu verwirklichen. Sie verlangte, schon mit der Bewerbung um die Weltausstellung, zumindest ungefähr zu wissen, was über zehn Jahre später tatsächlich passieren wird. Welche planerischen Vorkehrungen werden wohl zu treffen, welche Baulichkeiten zu errichten sein, wieviele Besucher würden wahrscheinlich eintreffen? Bis zum Jahr 1999 können immer noch weitere Staaten hinzukommen, die einen Pavillon errichten wollen, so daß die Dimensionierung des Weltausstellungsgeländes lange ungewiß sein wird. Die Welt um 2000 würde mit Sicherheit in vielem anders sein als die Welt von 1990, politisch und ökonomisch. Wirtschaftliche Ereignisse resultieren auch aus dem Verhalten von Vertretungskörperschaften wie dem Bundestag, dem Landtag in Niedersachsen und der Ratsversammlung der Stadt Hannover. Zwischen 1988 und 2000 sind der Bundestag dreimal, der Landtag ebenfalls dreimal und der Rat der Stadt zweimal neu zu wählen. Ein Jahr vor der Weltausstellung in Sevilla und den Olympischen Spielen in Barcelona verloren die tonangebenden Sozialisten in den Rathäusern ihre Mehrheiten, im Gegensatz übrigens zu anderen spanischen Städten. Ob die künftigen Politiker in Deutschland wie die bisherigen denken und handeln werden, ob rechte sich in linke Mehrheiten verwandeln (wie im Mai 1990 im hannoverschen Landtag geschehen) oder umgekehrt, läßt sich nicht vorhersehen. Christdemokraten neigen dazu, eher privatwirtschaftlich, Sozialdemokraten, eher staatswirtschaftlich zu denken. Die Personen, die 1988 die Bewerbung getragen haben, werden, von wenigen Ausnahmen abgesehen, zu alt sein, um zur Jahrtausendwende noch berufstätig zu sein. Damit können ursprüngliche Intentionen wirtschaftlicher Art verloren gehen oder nicht durchgehalten werden, mögen sie noch so vernünftig gewesen sein. Das Stück bleibt sozusagen noch das alte, aber die meisten Schauspieler werden im Laufe der Vorbereitungszeit durch andere abgelöst werden. Schon auf dem Theater kann dies die erstaunlichsten Folgen für die Theaterkasse haben, und zwar nicht nur mit positiver Tendenz.

Die Rechnung wird aufgemacht

Die Veranstalter der Expo 2000 unterzogen also ihr finanzielles Risiko einer abstrakten Plausibilitätsprüfung. Sie begannen mit der Analyse der Aufgaben, und der daraus resultierenden Ausgaben. Wie bei jeder bisherigen Weltausstellung sind auch bei der Expo 2000 in Hannover zwei Arten von Ausgaben zu unterscheiden. Die eine bezieht sich auf Dinge, die geeignet sind, auf Dauer genutzt zu werden und die Weltausstellung zu überleben. Zu der anderen rechnen alle Dinge, die nur vorübergehend auftreten und sich mit der Weltausstellung erledigen. Vielleicht läßt sich auch sagen, daß die erste Art der Ausgaben vor allem mit oberirdischen und unterirdischen Bauten sowie Ausrüstungen im weitesten Sinn zu tun hat, die zweite dagegen in erster Linie mit Dienstleistungen und »fliegenden« Bauten. Das Mittagessen in einem Zeltrestaurant auf dem Weltausstellungsgelände hängt nur unter biologischen Gesichtspunkten mit den Pumpenschächten der Kanalisation unter dem Gelände zusammen. Es wäre unsinnig, die Werbung für die Expo 2000 in Edinburgh oder Rio de Janeiro aus dem Topf zu bezahlen, aus dem die Bundesbahn eine neue Trasse zwischen dem Hauptbahnhof und dem Weltausstellungsgelände finanziert. Auch der Auftritt eines New Yorker Straßentheaters am Kröpcke in Hannover steht in keinem ökonomischen Zusammenhang mit dem Anlegen einer »Wasserkunst« auf dem Weltausstellungsgelände, so sehr beides auch dem kulturellen Programm der Expo 2000 zugerechnet werden mag. Auf Dauer genutzte Baulichkeiten eignen sich dazu, längerfristig finanziert zu werden. Dienstleistungen, die stundenweise oder tageweise erbracht werden, müssen dagegen vom Nutznießer sofort bezahlt werden.

Die erste Ausgabenart, mit der auf Dauer angelegte Bauwerke und Ausrüstungen für die Expo 2000 finanziert werden sollen, bezieht sich sowohl auf das eigentliche Weltausstellungsgelände wie auf Standorte im übrigen Stadtgebiet Hannovers und seiner Region. Auch diese Unterscheidung ist wichtig, weil sie deutlich macht, was an Kosten in der Tat ausschließlich der Weltausstellung angelastet werden kann und was nicht. Schon immer gab es Städte, die beispielsweise in der City eine Metro bauten, weil sie auch nach einem äußeren Anlaß suchten, um ihre City zu erneuern. Die Weltausstellung in Sevilla 1992 wäre sicher noch eine gewisse Zeit mit dem alten Bahnhof zurecht gekommen. Psychologisch gesehen aber war es geschickt, die Exposition zum Anlaß zu nehmen, auch das alte Bahnhofsproblem zu lösen.

Der städtische Grundbesitz auf dem Kronsberg

Was konkret auf dem Weltausstellungsgelände am Kronsberg in Hannover zu tun ist, läßt sich prinzipiell von anderen Weltausstellungen erfahren. Nach den Spielregeln des »Bureau International des Expositions« sind die ausstellenden Staaten berechtigt, einen erschlossenen Platz für einen Pavillon kostenlos vorzufinden. Ziehen sie es vor, bereits vorhandene Gebäude anzumieten, sind diese Veranstalter anzubieten. In der einen oder anderen Weise müssen sich Gast und Gastgeber arrangieren. Wie auch immer, Hannover muß sich dazu entschließen, ein Weltausstellungsgelände für einige Jahre (1998 bis 2001) vorzuhalten. Wirtschaftlich relevant ist hieran als erstes, daß das Gelände sich im Eigentum des Veranstalters befinden muß. Dies bedeutet, daß es entweder bereits erworben ist oder noch erworben werden muß. Die hannoverschen Kommunalpolitiker waren seit einem Vierteljahrhundert so klug, den Bauern, die auf dem Kronsberg Landwirtschaft betrieben und darauf keinen Wert mehr legten, ihre Ackerflächen nach und nach abzukaufen. So brachte die Stadt bis 1992 Grundbesitz von etwa 100 Hektar in ihre Verfügungsgewalt, dessen Verkehrswert im Laufe der Jahre auf 100 Mill. DM oder mehr steigen mag. Nicht die genaue Zahl ist hier von Bedeutung, sondern die Tatsache, daß für die Weltausstellung Grund und Boden vorgehalten werden muß.

Einige Grundstücke, die für eine Weltausstellung benötigt werden, sind darin nicht eingeschlossen. Sie werden von städtischen Gesellschaften gehalten, aber auch von privaten Eigentümern, die nun ihre Stunde kommen sehen, um den Kaufpreis zu vervielfachen. Die Veranstalter der Expo 2000 werden sich mit ihnen arrangieren müssen, wobei sie den Kaufpreis teilweise beeinflussen können. Das deutsche Planungsrecht erlaubt zwar keine pauschale Einteilung zugunsten einer Weltausstellung, auf jeden Fall aber eine mehr oder weniger zwangsweise Neuverteilung (Umlegung) einer bestimmten Gruppe von Grundstücken. Öffentliche und private Grundstücke können so untereinander ausgetauscht werden, daß die Stadt Eigentümerin des von ihr benötigten Areals werden kann. Für den Fall, daß weitere Grundstücke zu kaufen sind, wollen wir in unserer ideellen Rechnung annehmen, daß noch einmal eine siebenstellige Zahl anzusetzen ist. Es ist also Grundbesitz für die Jahre 1991 bis 2001 vorzuhalten, der einen beträchtlichen Wert darstellt, aber den Veranstaltern der Weltausstellung und damit auch der Stadt erhalten bleibt.

Sofern Grundstücke nicht schon während der Aufstellung einen neuen Eigentümer finden, stehen sie nach Abschluß der Weltausstellung wieder zur Verfügung. Die eigentlichen Ausgaben für Zwecke der Weltausstellung bestehen also im Zinsverlust, der sich daraus errechnet, daß Grundstücke vorübergehend nicht veräußert und genutzt werden können. Dies ist sozusagen die erste, wenn auch relativ geringe Ausgabe, die für die Expo 2000 geleistet werden muß.

Soweit vorhandene Hallen des Messegeländes von Ausstellern benutzt werden, die keinen eigenen Pavillon errichten wollen, ist dafür eine Miete zu entrichten. Das Budget der Weltausstellung wird hierdurch also nicht belastet. Einige der Interessenten werden allerdings darauf bestehen, eben nicht in Messehallen, sondern in neu errichteten Hallen des Veranstalters auf dem Westhang des Kronsberges ihr Ausstellungsdomizil zu finden. Sie wollen in die Nähe der dominierenden Länder wie den USA oder Japan gerückt werden, um von deren Glanz und Anziehungskraft zu profitieren. Ein unbekannter Schauspieler kann an Popularität gewinnen, wenn er in einer Szene mit einem berühmten Schauspieler auftreten darf. Als der Exekutivausschuß des »Bureau International des Expositions« im September 1989 Hannover inspizierte, erinnerte er vorsorglich daran, daß eine Sortierung der reichen und der armen Länder durch die Art ihrer »Unterbringung« von den letzteren als kränkend empfunden werden könnte. Nicaragua oder Kenia gebührt soviel Ehre wie Großbritannien oder Kanada. Eine Hauptbühne für die Stars und eine Nebenbühne für die Statisten darf es bei der Commedia dell'Expo nicht geben. Die hannoverschen Veranstalter der Expo 2000 werden also entsprechende Baulichkeiten oder Messehallen geschickt in das Gelände integrieren müssen. Der finanzielle Aufwand für diese Bauten würde allerdings nur dann zu den typischen Kosten der Weltausstellung rechnen, wenn sie abschließend wieder abgebrochen würden. Wir können nicht ausschließen, daß es solche leichten Konstruktionen für nur etwa ein bis zwei Jahre geben wird. Da ihr Preis vermutlich höher liegen wird als die Miete, die sie in dieser kurzen Zeit von den ausstellenden Ländern erwirtschaften können, hätte der Veranstalter einen gewissen Betrag aus seiner Kasse aufzubringen. Bei der Expo '92 lautete er auf 128 Mill. DM. Dies wäre die zweite noch unbekannte Summe, die auf der Ausgabenseite der Expo 2000 zu vermerken ist.

Die Erschließung des Weltausstellungsgeländes

Aber bevor auf dem »Site« gebaut wird, muß er entsprechend erschlossen sein. Das Weltausstellungsgelände am Kronsberg bietet sich zur Zeit noch als ein langgestreckter Geländerücken dar. Kein Quadratmeter davon ist für die Veranstaltung ohne weiteres benutzbar, selbst jene Flächen nicht, die als Landschaft oder Grünanlage gestaltet werden sollen. Alles muß zweifach erschlossen werden, einmal, um die beschriebene eigentliche Nutzung als neuer hannoverscher Stadtteil und zum anderen, um die Realisierung der Expo 2000 zu ermöglichen. So muß das Gelände beispielsweise so perfekt und umfassend verkabelt werden, daß von Quadratmeter zu Quadratmeter jede Information elektronischer Art eingespeist oder abgezapft werden kann. Dieses zusätzliche System sollte über Satellit an die Außenwelt angeschlossen werden, um jedermann weltweit an der Weltausstellung teilhaben zu lassen, der danach verlangt. Wer das Gelände mit der Schnellbahn oder einem Bus erreicht hat, ist damit nicht aller Transportsorgen entledigt. Das Areal, das wie eine undurchschaubare, aber vielversprechende Insel vor ihm liegt, kann nur von geübten Langläufern zu Fuß durchwandert werden. Alle anderen müssen sich von einem inneren Verkehrssystem fahren lassen, das ein Busshuttle, eine Schienenbahn, Gondel, Schwebebahnen, rollende Bänder oder etwas Neues sein können. Schließlich ist um das Weltausstellungsgelände herum und durch es hindurch der verwundete Biotop »Kronsberg« wieder herzustellen, besser noch, in eine Landschaft höherer Qualität zu verwandeln. Das bedeutet, die bereits im Norden begonnene Aufforstung fortzusetzen, Grünanlagen mit Büschen und Blumen sowie Parks mit Rasenflächen zu schaffen, Wasserflächen in Form von Seen, Bächen und Wasserfällen anzulegen, soweit die natürlichen Ressourcen des Hügels dies erlauben.

Was die städtebauliche Erschließung eines Geländes von etwa 200 Hektar an gewöhnlichen Kosten für Straßenbau, Entwässerung, Grünflächen, Versorgungsanlagen für Elektrizität, Wasser und Gas, für Brücken, Wasserflächen und Aufforstungen kosten wird, ist einigermaßen bekannt. Die Stadt Hannover schätzt diesen Betrag auf etwas mehr als eine Milliarde DM (1992). Hier handelt es sich also um einen Ausgabeposten, der auch ohne Weltausstellung anfallen würde. Er legt die Grundlage für einen neuen Stadtteil am Kronsberg, dient also endgültig der Stadtentwicklung und nur vorübergehend der Expo 2000. Die Stadt ist nach geltendem Recht befugt, bis zu 90 Prozent der gewöhnlichen städtebaulichen Erschließungskosten von den späteren Straßenanliegern zurückzufordern. Für die Veranstalter der Expo 2000 ergibt sich daraus die Möglichkeit, die Finanzmittel, die sie an Stelle von Anliegern zur Finanzierung der Erschließung vorgeschossen haben, beim Verkauf des Weltausstellungsgeländes dem Grundstückspreis zuzuschlagen und damit zurückzuerhalten. Die gewöhnliche Erschließung belastet also das Budget der Weltausstellung prinzipiell nicht. Was darüber hinaus für die Herrichtung des erschlossenen Geländes für ausgesprochene Zwecke der Expo 2000 investiert werden muß, läßt sich bisher noch nicht abschätzen. Dies ist der dritte Ausgabeposten neben den Zinsaufwendungen für den Grundbesitz und den Aufwendungen für leichte Hallen, der in die Rechnung eingesetzt werden muß. Bei ihm handelt es sich um Geld, das sonst nicht ausgegeben würde. Ob spätere Grundstückserwerber diese speziellen Erschließungsmaßnahmen finanziell honorieren werden, wissen wir heute noch nicht.

Die Expo-Stadt und die neuen Verkehrsanlagen

Neben dem Weltausstellungsgelände soll die Expo-Stadt entstehen, mit etwa 2500 Wohnungen, wie sie für 1992 in Barcelona auch für das dortige Olympische Dorf realisiert worden sind. Die Expo-Stadt soll später zu einem Bestandteil des neuen Stadtteils am Westhang des Kronsberges werden. Insofern ist ein wesentlicher Teil ihrer Aufwendungen nicht der Weltausstellung anzulasten, sondern wiederum der normalen Stadtwicklung Hannovers. Da die Expo-Stadt aber, was ihre bauliche, technische, kulturelle und soziale Erscheinungsform angeht, dem Weltausstellungsmotto verpflichtet sein soll, wird manches in ihr verwirklicht werden, was gewöhnlich nicht vorkommt, weil es zu teuer ist. Nach den Annahmen der Stadt Hannover kostet diese Siedlung, legt man sämtliche urbanen Ausgaben auf die Wohnungen um, vermutlich 400 000 DM pro Wohnung (1991). Dies führt bei 2500 Wohnungen zu einer Aufwendung von einer weiteren Milliarde DM. Der Anteil, der davon auf die speziellen Anforderungen der Weltausstellung entfällt, läßt sich vielleicht mit einem Fünftel beziffern. Diese Mehrkosten bilden den vierten Betrag, der für die Expo 2000 aufgebracht werden muß.

Um das Weltausstellungsgelände an die City anzuschließen, aber auch, um alte Pläne zur Erweiterung des öffentlichen Nahverkehrs in der Stadt Hannover und in ihrer Region zu verwirklichen, werden der Bau einer Stadtbahnlinie D-Süd vom Hauptbahnhof zum Kronsberg und eine S-Bahn-Linie vom Flughafen über den Hauptbahnhof in die Nähe des Weltausstellungsgeländes erwogen. Die Aufwendungen für die Baumaßnahmen und den Fahrzeugpark werden vom Veranstalter der Expo 2000 auf annähernd 3 Milliarden DM geschätzt (1992). Sollte nur die eine oder die andere Bahn gebaut werden, verringert sich der Betrag entsprechend. Was immer auch passieren wird, es handelt sich um Verkehrsprojekte, die auch für die Weltausstellung nützlich sind, weil sie erlauben, ihr mehr Besucher zuzuführen als gegenwärtig möglich. Letzten Endes aber erfüllen sie den Zweck, den vorhandenen Verkehrsbedarf in Stadt und Region abzudecken und dafür zu sorgen, daß die Zahl der privaten Autos auf den Straßen nicht mehr steigt. Sie beziehen ihren endgültigen Sinn also nicht aus der Weltausstellung, sondern aus der gegenwärtigen Verkehrssituation der Stadt Hannover und ihrer Region und ihrem zukünftigen Bedarf. Die Expo 2000 ist der psychologische und aktuelle Anlaß, mehr öffentlichen Nahverkehr anzubieten, nicht aber ihr substantieller Grund. Deshalb dürfen auch diese Aufwendungen nicht in die Rechnung der Weltausstellung mit einbezogen werden.

Auch was innerhalb der Stadt Hannover oder in ihrer Region parallel zur Weltausstellung geschehen wird, geschieht nicht allein um der Weltausstellung willen, sondern um die Stadtentwicklung voranzubringen. Ökologische, technische, kulturelle, soziale und andere Projekte, die im einzelnen noch nicht bekannt sind, sollen die Qualität des urbanen Lebens erhöhen. Daß sie gerade zwischen 1992 und 2000 aufgegriffen werden, hat den Grund, daß sich im Windschatten einer Weltausstellung manches aus den Träumen in die Wirklichkeit holen läßt, was sonst nicht durchsetzbar wäre. Die Stadt möchte sich als vorbildlich »ausstellen« und schmükken, aber nicht in erster Linie, um die Besucher der Weltausstellung zu beeindrucken. Sie wird nur das Glück der Stunde nutzen, wie dies alle Städte getan haben, in denen eine Weltausstellung stattfand. »In den meisten Fällen«, schreibt Anthony Phillips, der Finanzmanager der Weltausstellung 1988 in Brisbane, »wurden jedoch, wenn möglich, vorhandene Pläne zur Stadtentwicklung aufgegriffen und in die Expo-Pläne integriert ... Die Kosten, die außerhalb des eigentlichen Ausstellungsgeländes entstanden, wurden von der Stelle bezahlt, die auch normalerweise für derartige Ausgaben zuständig ist«.[5]

Der deutsche Ausstellungsbeitrag

Schließlich wird es noch Baulichkeiten geben, in denen sich die Veranstalter der Expo 2000 auf dem Weltausstellungsgelände selbst darstellen werden. Die Bundesrepublik Deutschland pflegt auf sämtlichen Weltausstellungen vertreten zu sein, mit einem eigenen Pavillon wie jetzt in Sevilla 1992, oder mit anderen Ausstellungsobjekten in vorhandenen Gebäuden. Sie wird ihre erste eigene Weltausstellung sicher dazu benutzen, ihren Einsatz deutlich zu erhöhen und einen dauerhaften Beitrag zum Thema der Weltausstellung zu leisten. Auch dies ist nichts ungewöhnliches. Alle gastgebenden Staaten bemühen sich darum, einen beachtlichen Teil ihrer Weltausstellung aus eigener Kraft zu bestreiten. In Sevilla 1992 wird annähernd die Hälfte des Weltausstellungsgeländes durch spanische Beiträge der unterschiedlichsten Art in Anspruch genommen. Der Bund wird sich möglicherweise entschließen, einen dem Weltausstellungsthema verpflichteten »Themenpark« mit seinen Gebäuden am Kronsberg zurückzulassen. Auch die Deutschen Bundesländer überlegen zur Zeit, wie sie sich in die Expo 2000 einbringen können. Thüringen und Sachsen-Anhalt entwickelten die Idee, darzustellen, was sie bis 2000 getan haben werden, um ihre durch die kommunistische Herrschaft geschädigten Länder wieder aufzubauen. Alles in allem stehen also Aufwendungen bevor, die Projekte ermöglichen sollen, die teils auf Dauer, teils nur für fünf Monate existieren sollen. Nur die letzteren sind der Rechnung der Weltausstellung zuzuschlagen. Um welche Beträge es dabei insgesamt gehen wird, ob um etwa 1,5 Milliarden DM, wie man annehmen könnte, ist den Veranstaltern noch nicht bekannt. Es ist anzunehmen, daß der Bund und die Länder von vornherein dafür sorgen werden, daß ihre Investitionen überwiegend auf Dauer genutzt werden können. Ein gewisser Anteil dieser Aufwendungen wäre also der fünfte Betrag, der ausschließlich der Weltausstellung angelastet werden kann.

Damit ist jene Seite der Aufwendungen grob skizziert, die sich auf oberirdische und unterirdische Bauten und Ausrüstungen im weitesten Sinn bezieht. Sie ist zu ergänzen um die Aufwendungen, die von den Veranstaltern der Expo 2000 getätigt werden müssen, um das eigentliche »Spektakel« zwischen dem 1. Juni und dem 31. Oktober 2000 vorzubereiten und durchzuführen. Schließlich werden viele Leute im Auftrag des Bundes, des Landes Niedersachsen und der Stadt Hannover an der Realisierung der Weltausstellung arbeiten müssen. Ihre Aufgaben werden in anderen Kapiteln im einzelnen beschrieben. Dieser Apparat von professionellen Managern, die Theaterdirektion der Commedia dell'Expo sozusagen, wird nach Schätzungen der Veranstalter der Expo 2000 weniger als eine halbe Milliarde DM beanspruchen (1992). Um die von ihnen initiierten Bauarbeiten für Erschließungsmaßnahmen oder Hochbauten auf dem Weltausstellungsgelände vorzufinanzieren, bis zu dem Tag, an dem die ersten Einnahmen zu erwarten sind, sollte nach Auffassung der Veranstalter mit einer weiteren halben Milliarde DM gerechnet werden (1992). Dieser Betrag von zusammen einer Milliarde DM oder die schließlich an seine Stelle tretende endgültige Summe wäre, diesmal weitgehend uneingeschränkt, der sechste Posten, mit dem die Rechnung der Weltausstellung zu belasten wäre.

Die Einnahmen der Weltausstellung

Addiert man die bisher »über den Daumen« ermittelten Beträge, ergibt sich eine »verlorene« Summe, die grob geschätzt bei vier Milliarden DM liegen kann. Niemand vermag auch nur mit halber Sicherheit zu sagen, ob sie einigermaßen richtig oder ziemlich falsch ist. Sie ist aber schon heute eine Rechengröße, mit der sich weiter operieren läßt. Immerhin erlaubt sie, einen Vergleich mit den ebenfalls grob geschätzten Einnahmen zu ziehen. Den ersten Posten bilden die Eintrittskarten, die von den Besuchern der Weltausstellung gekauft werden müssen. In Sevilla werden 1992 für den Eintritt eines Erwachsenen zwischen 48 DM (Gruppenkarte) und 64 DM (Einzelkarte) verlangt werden, während Jugendliche 24 DM zu zahlen haben. Gehen wir einmal davon aus, daß von den vierzig Millionen Besuchern der Expo 2000 fünfzehn Millionen Besucher je 64 DM, ebenfalls fünfzehn Millionen Besucher je 48 DM und zehn Millionen Besucher je 24 DM zahlen würden, ergäbe dies bereits eine Einnahme von 1,92 Milliarden DM. Ziehen wir ins Kalkül, daß viele Besucher auf Grund heute noch unbekannter Vergünstigungen weniger zahlen werden, verringert sich der Betrag.

Eine weitere Einnahmeposition, die für Sevilla 1992 mit fast einer Milliarde DM angegeben wird, ist vor allem die Aquisition von Unternehmen, als Sponsoren, Zulieferer oder Partnerfirmen, nebenbei auch die Vergabe von Lizenzen an eine Expo-Fernsehgesellschaft, die ihrerseits die von ihr gedrehten Filme an TV-Anstalten in aller Welt weiterveräußert. Drittens werden Mieten und Pachten, die zwischen den Veranstaltern und Kaufleuten, Händlern und Gastronomen auf dem Weltausstellungsgelände abgeschlossen werden, einschließlich der dazugehörigen Konzessionen, eine weitere Einnnahmequelle darstellen. Die Prägung einer Münze brachte schon 1970 für die Olympischen Spiele in München 500 Millionen DM ein. Für die Expo 2000 werden Briefmarken gedruckt und gekauft, Lotterien veranstaltet werden, aus deren Erlös ebenfalls mit einer interessanten Summe gerechnet werden kann. Der noch unbekannte Betrag, der sich hieraus errechnet, und der von den Veranstaltern auf etwa 1,4 Milliarden DM geschätzt wird, kann ebenfalls zur Deckung der eigentlichen Aufwendungen für die Weltausstellung eingesetzt werden. Nach der Weltausstellung lassen sich, so die Annahmen, Grundstücke und Gebäude an Interessenten veräußern, die Sevilla eine halbe Milliarde DM eingebracht haben, Hannover vermutlich noch einiges mehr. Die kleine Expo-Stadt kann zwischen 1998 und 2000 wie ein Hotel an die auf dem Weltausstellungsgelände arbeitenden Menschen vermietet werden, was zu einer Einnahme von 0,4 Milliarden DM führen kann.

Einkommens- und Vermögenszuwachs für alle, die mitmachen

Aber auch dies ist noch nicht das allerletzte Wort über die Möglichkeiten, durch eine Weltausstellung nicht nur Geld auszugeben, sondern auch Geld einzunehmen. Um neben den direkten auch die indirekten ökonomischen Effekte zu analysieren, haben die Veranstalter der Expo 2000 zunächst die Universität Hannover 1990 und 1991 die Norddeutsche Landesbank mit einer entsprechenden Untersuchung beauftragt.[6] Die Gutachter stellten fest, daß die Investitionen im Bauwesen, bei den technischen Ausrüstungen und im Tourismus zu einem Vermögenszuwachs bei jenen führen, die damit zu tun bekommen. Dazu gehören nicht nur die nationalen Bauunternehmen oder die internationalen Elektrokonzerne. Die Familie, die über fünf Monate einen Raum ihrer Wohnung an Besucher der Weltausstellung vermietet, kann sich anschließend vom Erlös beispielsweise einen gebrauchten Kleinwagen kaufen, die Kioskbesitzer an der Ecke, das Eiscafé in der City, der Taxifahrer in der Region, die Grafikdesignerin im Plakatbüro und hundert andere Berufe werden davon profitieren, daß Investitionen für die »Expo« Werte schöpfen und zu Vermögen werden.

Die Gutachter haben auch versucht, diese Erwartungen zu quantifizieren. Da sie nicht wissen konnten, wie hoch die Investitionen für die Weltausstellung wirklich sein werden, haben sie mit einer realistischen Fiktion gearbeitet. Sie berechneten den Fall, daß für Bauten, für Ausrüstungen und im Tourismus jeweils eine Milliarde DM ausgegeben werden. Diese Aufwendungen führen bei den Bauinvestitionen zu 871 Millionen DM, bei den Ausrüstungsinvestitionen zu 680 Millionen DM und im Tourismus zu 799 Millionen DM inländischer Wertschöpfung.
Bei höheren Investitionen, wie zu erwarten, werden die daraus resultierenden Vermögen entsprechend höher ausfallen. Auch die Veranstalter der Expo 2000, der Bund, das Land Niedersachsen und die Stadt Hannover, werden an diesen Einnahmen partizipieren. Bei je einer Milliarde DM an Investitionen sind an Einkommensteuer bei Bauten 103 Millionen DM, bei den Ausrüstungen 82 Millionen DM und im Tourismus 84 Millionen DM an die Steuerkassen abzuführen. Bei der Umsatzsteuer lauten die entsprechenden Zahlen 87 Millionen DM, 68 Millionen DM und 80 Millionen DM. Dies ergibt eine Gesamtsumme von 504 Millionen DM, die überwiegend dem Bund und dem Land Niedersachsen, zu einem geringen Prozentsatz der Stadt Hannover zugute kommt. Auch hier gilt, daß die Steuereinnahmen mit der Investitionssumme steigen werden.
Wagt man den Sprung in absolute Zahlen, indem von einem Investitionsvolumen von 9,5 Milliarden DM ausgegangen wird, ist mit Steuereinnahmen in Höhe von mindestens 4,7 Milliarden DM zu rechnen. Der Bund darf 2,2, die Länder dürfen 1,7 und die Gemeinden 0,7 Milliarden DM erwarten. Ein letzter positiver ökonomischer Effekt der Weltausstellung besteht darin, daß für einige Jahre und, in geringem Umfang, auch auf Dauer, neue Arbeitsplätze in der Stadt Hannover und ihrer Region entstehen. Die Gutachter der Universität Hannover stellten fest, jede Milliarde DM für Bauinvestitionen bedeute 12 548 neue Arbeitsplätze, jede Milliarde für Ausrüstungsinvestitionen 9482 und jede Milliarde an touristischer Nachfrage 16 260 neue Arbeitsplätze. Kämen 25 Millionen Besucher zur Expo 2000, würde allein dies, zusammengezogen auf ein Jahr, bis zu 100 000 neue Arbeitsplätze zur Folge haben. Bei vierzig Millionen Besuchern würde sich diese Zahl noch einmal etwas erhöhen. Eine andere Untersuchung gelangt zu dem Ergebnis, daß Hannover im Jahr 2000 ohne Weltausstellung über 360 000 Arbeitsplätze verfügen würde, mit Weltausstellung aber über 466 423 Arbeitsplätze. Im Jahr 2010 würden die entsprechenden Zahlen 350 000 und 397 087 lauten.[7]

Diese theoretischen Werte werden zumindest in ihrer Tendenz bestätigt durch die Erfahrungen und Gutachten anderer Weltausstellungen.[8] In Sevilla, wo neben den gewaltigen baulichen Veränderungen in der Stadt auf dem Weltausstellungsgelände zur Erschließung bis 1992 weitere fast zwei Milliarden DM und für den Bau der Pavillons durch die Staaten etwa 1,7 Milliarden DM ausgegeben wurden, wurden seit 1986 zweihunderttausend neue Arbeitsplätze registriert. Hannovers Konkurrent Toronto errechnete, daß mit einer Weltausstellung am Ontariosee zwischen 145 000 und 190 000 neue Arbeitsplätze geschaffen werden würden.[9] In Gutachten für die abgesagte Weltausstellung 1995 in Wien/Budapest werden etwa 13 000 unselbständige Beschäftigte pro einer Milliarde DM Investition berechnet.[10] Aus Hannover ist bekannt, daß die jährlichen Messen zu Aufträgen in dieser Stadt in Höhe von 800 Millionen DM (1990) und zu 5000 Arbeitsplätzen führen.[11]

Alle diese ökonomischen Erkenntnisse über die möglichen Aufwendungen und die möglichen Einnahmen bestätigen die Veranstalter der Expo 2000 darin, nicht leichtfertig gewesen zu sein, als sie 1988 das Risiko dieses Projektes auf sich nahmen. Den quantitativen wirtschaftlichen Fragen wären noch die qualitativen hinzuzurechnen, die allerdings noch schwieriger zu definieren sind, weil sie zunächst eher psychologischer oder immaterieller Art sind. So wird beispielsweise das Thema »Mensch, Natur, Technik« den in der ökologischen Branche arbeitenden Unternehmen einen starken Aufschwung vermitteln. Die oben wiedergegebene Auffassung, Weltausstellungen seien von Natur aus defizitär, wird durch eine Plausibilitätsprüfung der wirtschaftlichen Vorgänge, also nicht ohne weiteres, bestätigt. Würden alle bisherigen Weltausstellungen in ähnlicher Weise und genauer analysiert werden, würde sich vermutlich herausstellen, daß es zwar immer wieder Verlierer gegeben hat, aber auch Gewinner. Viele Theater auf der Welt endeten im Bankrott, aber viele überleben oder werden neu gegründet. Wenn der Theaterdirektor zu wirtschaften versteht, hat es gute Chancen, sich an seiner Profession lange zu erfreuen.

Anmerkungen

[1] »Die Presse«, Wien, 3. November 1989

[2] General-Report Expo 1986, Ottawa 1987, S. 133 (Document 1)

[3] Eduardo Mendoza, S. 48

[4] vgl. Bericht der Niedersächsischen Staatskanzlei über eine Reise nach Sevilla vom 17. Juni 1991

[5] Brief an die Stadt Hannover vom 25. Februar 1991

[6] Ludwig Schätzl, Rolf Sternberg, Jens Kramer, Ökonomische Effekte der geplanten Weltausstellung 2000 in Hannover, Hannover 1990 und Studie der Norddeutschen Landesbank über Ökonomische Effekte der Expo 2000, Hannover 1991

[7] Gutachten des Eduard-Pestel-Instituts für Systemforschung und der Arbeitsgemeinschaft Umweltplanung, Hannoversche Allgemeine Zeitung vom 6. Januar 1992

[8] vgl. Egon Smeral, Ökonomische Effekte der Weltausstellung Wien/Budapest 1995, Wien 1989

[9] Par Martyn Kendrick, »NO FAIR«, in: »en route« 12/90, S. 78

[10] Weltausstellung Wien 1995, Herausgeber: Helfried Bauer, Michael Wagner, S. 101 ff., Regensburg 1988

[11] Hannoversche Allgemeine Zeitung vom 24. November 1990

DER ZEITFAKTOR
oder
Die Verwundbarkeit
des Projekts

11

Weltausstellungen haben einen Anfang und ein Ende, doch manche sterben bereits, bevor sie begonnen haben. Gerade aus der zweiten Hälfte des 20. Jahrhunderts sind berühmte Abbrüche überliefert. Mailand mußte seine Vorbereitungen für 1941 abbrechen, weil der Ausbruch des Zweiten Weltkrieges eine Exposition unmöglich machte. Moskau gab seine für 1967 geplante Weltausstellung fünf Jahre vorher auf, offensichtlich, weil das Geld fehlte. Dies war die Chance für die Stadt Montreal, die auch zugriff. Chicago beabsichtigte, 1992 parallel zu Sevilla eine Weltausstellung zu veranstalten. Schließlich war Columbus fünfhundert Jahre vorher nicht nur in Spanien losgefahren, sondern auch in Nordamerika angekommen. Doch Chicago war anscheinend zu träge, bereitete sich nicht genügend vor, bis das »Bureau International des Expositions« der Stadt die Berechtigung wieder entzog. Paris nahm sich vor, das zweite Jahrhundert der französischen Revolution so zu feiern wie schon das erste Jahrhundert: mit einer Weltausstellung. Präsident Mitterand ließ Bauten entwerfen und ausführen, die Bestandteil dieses Ereignisses sein sollten, wie die Glaspyramide im Louvre von Pei oder den bogenartigen Büroturm von Spreckelsen. Doch sein Gegenspieler Chirac, Bürgermeister von Paris, war für das Projekt nicht zu gewinnen.

Für manche Städte wie Venedig wurde eine Bewerbung eingereicht und im allerletzten Augenblick wieder zurückgezogen, weil sich herausstellte, daß sie keine Freunde fand. Manche flüchteten in ein anderes Projekt, um vergessen zu machen, daß ihre Weltausstellungspläne sich zerschlagen hatten. Ein Beispiel hierfür wird möglicherweise Toronto sein, das Hannover bei der Abstimmung um die Expo 2000 unterlag und seitdem mit einer »Panamericana« oder einer Expo 1998 liebäugelt. Zuletzt verzichtete Wien 1991, unter dem Eindruck einer unglücklich verlaufenen Volksbefragung, auf seine Expo 1995. Dies bedeutet allerdings nicht, daß auch das städtebauliche Projekt zwischen UNO-City und Donau, das sich hinter der Ausstellung verbirgt, aufgegeben wird. Es war längst aus den Händen der Expo-Veranstalter in die von Banken aus Tokio und Wien übergegangen. Nicht jeder »Sterbefall« ist also wirklich einer. Auch die Expo 2000 in Hannover ist nicht ein für allemal davor gefeit, vor ihrer Eröffnung bereits den letzten Atemzug zu tun.

Eine Weltausstellung von »unten nach oben«

Diese nicht zustande gekommenen Weltausstellungen haben von Anfang an unter einem Konstruktionsfehler gelitten, der eine Zeitlang verborgen blieb. Als er zutage trat, waren die Veranstalter nicht mehr in der Lage, ihn zu beheben. Wohl jede Weltausstellung leidet an einem speziellen Mangel, wobei es meistens möglich ist, ihn im Laufe der Planungen zu beheben. Wie gesagt, auch die Expo 2000 in Hannover macht von dieser Regel keine Ausnahme. Der besondere hannoversche Konstruktionsfehler wurde schon mit der Bewerbung um die Weltausstellung im November 1988 gelegt, war aber auch vom selben Tag an bekannt. Er besteht in folgender Kuriosität: Weltausstellungen werden gewöhnlich »von oben nach unten« initiiert und verwirklicht. Fast alle Weltausstellungen wurden zunächst von den Regierungen des gastgebenden Landes erdacht und eingeleitet. Häufig steht ein Gesetz am Anfang, wie beispielsweise das »Real Concreto« Nr. 487/1985 vom 10. April 1985 für die Weltausstellung 1992 in Sevilla, das der König unterschrieb. In Vancouver 1986 wurde die Stadtverwaltung erst zwei Jahre vor seiner Eröffnung mit dem Projekt ernsthaft konfrontiert. Wie üblich hatte der kanadische Staat 1981 eine Managementgesellschaft gegründet, die sich der Sache »von Staats wegen« annahm. Dieses Verfahren, Weltausstellungen vom Staat über die Provinz in Richtung auf die Stadt hin zu realisieren, liegt nahe. Eine Bewerbung kann, wegen des völkerrechtlichen Charakters von Weltausstellungen, nur von einer Regierung abgegeben werden. Auch der Generalkommissar, der die völkerrechtlichen Verpflichtungen des gastgebenden Staates gegenüber den ausstellenden Staaten wahrzunehmen hat, wird von der Regierung ausgewählt. Schließlich verfügt der Staat über das größte Portemonnaie, wenn es darum geht, dem Projekt finanziell auf die Beine zu helfen, es also in gewissen Teilen zumindest vorzufinanzieren.

In Hannover entwickelte sich die Weltausstellung in der Zeit ab November 1988 bis heute dagegen »von unten nach oben«, von der lokalen zur nationalen Ebene. Im 4. Kapitel ist geschildert worden, wie die Idee der Expo 2000 im Aufsichtsrat der Deutschen Messe AG geboren und durch die Instanzen, mit viel List und ein wenig Tücke, nach oben getragen wurde. Eine Folge hiervon ist, daß die Bundesregierung ihre Führungsrolle, die ihr an sich bei einer deutschen Weltausstellung zufällt, nicht so recht wahrzunehmen brauchte. Die Politiker und Beamten gewöhnten sich, psychologisch gesehen, sehr schnell daran, daß sie vorgelegt bekamen, was sie hätten mit erarbeiten oder in Auftrag geben sollen. Da es sowohl eine gesetzliche wie eine politisch-moralische Autorität allenfalls von oben nach unten gibt, aber selten von unten nach oben, erwuchs aus der hannoverschen Situation ein gewisses Risiko. Es bestand in der Möglichkeit, daß die Bundesrepublik Deutschland nicht wirklich aufgreift, was im Bundesland Niedersachsen und in Hannover, also von der Landesregierung und der Stadtverwaltung, erdacht und angestoßen worden ist.

In der Tat wurden Idee und Konzept, das Material für die Begründung der Bewerbung gegenüber den dreiundvierzig entscheidenden Staaten, in den Büros der Landesregierung, der Stadtverwaltung und der Deutschen Messe AG ersonnen und formuliert. Das gleiche gilt für die Strategie, mit der versucht wurde, international Freunde für das Projekt zu finden. Auch nach der positiven Entscheidung der Generalversammlung des »Bureau International des Expositions« in Paris wartete die Bundesregierung ab, als habe sie mit der Sache nicht so viel zu tun. Damit lag die Last der weiteren Durchsetzung des Projekts erneut beim Veranstalter in der niedersächsischen Provinz. Dessen rechtliche, politische und finanzielle Möglichkeiten sind jedoch ziemlich schwach, vergleicht man sie mit den entsprechenden Möglichkeiten der Bundesregierung. Der unglückliche »Kopfstand« verschärfte sich noch dadurch, daß in Hannover eine rot-grüne Koalition die Regierung stellt, in Bonn dagegen eine schwarz-gelbe Koalition.

Doch dieser Konstruktionsfehler läßt sich nachträglich beheben, in dem Augenblick nämlich, in dem der erste Vertrag von den »Konsorten« Bundesregierung, Landesregierung und Stadtverwaltung unterschrieben wird. Wenn das Gemeinschaftswerk 1992 seine vertragliche Grundlage gefunden haben wird, ist zugleich bekannt, welche Rolle fortan von der Regierung in Bonn einerseits und von den Partnern in Hannover andererseits erwartet wird. Niemand muß also befürchten, daß die Expo 2000 an dieser Eigenart noch ernsthaft verwundbar wäre.

Gefährlicher ist schon eine andere spezielle Schwäche, mit der das hannoversche Projekt geschlagen ist. Sie ist von völlig anderer Art als jene Mängel, die andere

Weltausstellungen aufweisen. Für die Expo 1995, die zugleich in Wien und Budapest stattfinden sollte, legte sogar die Weltgeschichte eine geistige Tretmine. Als die Twin-City-Expo erdacht wurde, ging es darum, den Eisernen Vorhang zwischen Westeuropa und Osteuropa zumindest für die sechs Monate der Weltausstellung durchlässig zu machen. Wie in der alten österreichisch-ungarischen Monarchie sollten die Menschen, entlang der Donau, frei zwischen Wien und Budapest pendeln dürfen. Deshalb wählten die Veranstalter das Motto »Brücken in die Zukunft«. Ende 1989 fiel in Berlin die Mauer, Deutschland durfte sich wiedervereinigen und der Kalte Krieg zwischen den Kapitalisten und den Kommunisten wurde feierlich begraben. Der Weltausstellung in Wien und Budapest kam damit der sinnstiftende Gedanke abhanden, und niemand wußte mehr so recht, was nun eigentlich »ausgestellt« werden sollte.

Die Expo 2000 ist an einer anderen Stelle verwundbar: am Einfluß der Zeit. Dies weiß niemand besser als ihre Gegner, die gern zeitfressende Hürden aufbauen, um die »Macher« zum Stolpern zu bringen. An sich sollten wir meinen, die zehn Jahre zwischen der Entscheidung der Staaten am 14. Juni 1990 in Paris und der Eröffnung der Weltausstellung am 1. Juni 2000 reichten aus, um das Projekt vorzubereiten. Schließlich sind auch andere Staaten und Städte zurechtgekommen, ohne daß sie einen längeren Vorlauf hatten. Im Fall der Universalen Weltausstellung 1967 in Montreal standen sogar nur fünf Jahre zur Verfügung.

Dennoch entsprach das Ergebnis, vielleicht mit Ausnahme der chaotischen Verkehrsverhältnisse, den Erwartungen der Besucher. Zwar gab es auch Ausstellungen wie die häufiger zitierte Ausstellung 1873 in Wien, die es nicht ganz schafften, in allen Beziehungen in der Eröffnungsstunde fertig zu sein. Doch in keinem Fall mußten die Veranstalter befürchten, einen größeren Zeitbedarf zu haben, als ihnen tatsächlich zur Verfügung stand.

Der »kritische Weg« der Realisierung

Bei der Expo 2000 ist dies etwas anderes. Aus zwei Gründen kann sich der Zeitfaktor dort zu einem Risiko entwickeln, dem wir besondere Aufmerksamkeit zu widmen haben. Der erste Grund hat mit der benötigten »Infrastruktur« zu tun, die bis zum Jahr 2000 zu planen, zu finanzieren und zu bauen ist. Insofern geht es dem hannoverschen Projekt nicht viel anders als vorangegangenen Weltausstellungen. Der zweite Grund dagegen ist rechtlicher Art, und in ihm unterscheidet sich das hannoversche Vorhaben von wohl allen anderen Ausstellungen. Es ist ein schwerwiegender Unterschied, ob eine Weltausstellung in einer Republik vorbereitet wird, die jedem Bürger das Recht einräumt, Akte staatlichen Handelns von besonderen Gerichten überprüfen zu lassen, oder ob sie in einem Land stattfindet, in dem die Administration sich nicht in jeder Beziehung rechtfertigen muß.

Als die Veranstalter der Expo 2000 Ende 1990 die ersten Terminpläne erarbeiteten, zeigte sich rasch, mit welchen Arbeitsphasen sich der sogenannte »kritische Weg« verbindet. Er führt bekanntlich über jenes Tun oder Unterlassen, von dessen exakter zeitlicher Bewältigung das gesamte Projekt abhängt. Zerlegen wir die Weltausstellung in ihre über tausend einzelnen Arbeitsvorgänge, dann gilt für die überwiegende Zahl, daß es relativ gleichgültig ist, ob sie etwas früher oder etwas später erledigt werden. Geht es zum Beispiel darum, in der Nähe des Weltausstellungsgeländes neue Parkplätze anzulegen, dann kann man dies fünf Jahre oder ein Jahr vor der Ausstellung tun. Die weltweite Werbung für die Expo 2000 muß nicht 1991, sie kann auch 1993 eingeleitet werden, ohne daß dies dem Ganzen schadet. Ob sich z. B. Saudi-Arabien oder ein anderer Staat 1994 oder 1997 als Aussteller mit dem Wunsch nach einem eigenen Pavillon meldet, ist ebenfalls nicht entscheidend. Anders ist die Lage bereits zu beurteilen, wenn es darum geht, Bäume und Sträucher anzupflanzen, die im Jahr 2000 eine bestimmte Größe erreicht haben sollen. Auch die selbstbewußten und viel beschäftigten Sinfonieorchester aus New York, Wien oder Berlin sind es gewohnt, viele Jahre vor ihrem Konzert verpflichtet zu werden. Erst recht muß der Plan, in der Nähe des Weltausstellungsgeländes eine Expo-Stadt zu errichten, ziemlich schnell in die Tat umgesetzt werden, um bis 1998 fertig zu sein. Dann nämlich erscheinen die ersten Monteure für die Hochbauten auf dem »Site«. Interessierte Bürgerinnen und Bürger an der Erarbeitung solcher Pläne zu beteiligen, ist einerseits nur sinnvoll, wenn frühzeitig damit begonnen wird. Sind die ersten Bebauungspläne fertiggestellt und die Bagger zum Modellieren des Kronsberges bestellt, braucht man niemanden mehr zu fragen, wie er die Sache planen würde. Schon diese Beispiele zeigen, wie die Vorbereitung einer Weltausstellung einem Tanz auf dem Seil der Zeit ähnelt.

Die zeitlichen Fixpunkte der Expo 2000

Schließlich gibt es eine Kategorie von Ereignissen, die sich überhaupt nicht mehr hin- und herschieben lassen. Die zeitlichen Eckpunkte der Expo 2000 liegen fest, gezählt sind es genau sechs Stück.

Wir sollten sie von hinten nach vorn auflisten, weil der letzte Termin, die Eröffnung der Veranstaltung, morgens um 9 Uhr am 1. Juni 2000, der unverrückbarste Termin von allen ist. Heutzutage ist es nicht mehr möglich, und erst recht nicht zur Jahrtausendwende, wie im vorigen Jahrhundert in Barcelona geschehen, die Weltausstellung kurzerhand (von 1887 auf 1888) und danach beinahe noch ein weiteres Mal zu verschieben.

Dem Eröffnungstermin geht als fünfter fester Termin jener voran, zu dem die ausstellenden Staaten ein erschlossenes Weltausstellungsgelände vorfinden müssen, um dort mit ihren eigenen Planungen und Bauvorhaben beginnen zu können. Dieses Datum ist, nach den ungeschriebenen Spielregeln des Weltausstellungsbüros, der 1. Januar 1998.

Etwa drei Jahre davor, spätestens im Dezember 1995, trifft die Generalversammlung des B. I. E. eine Entscheidung darüber, ob die hannoversche Ausstellung »registriert« werden kann. Vorher wird eine internationale Kommission in Hannover überprüfen, ob die Weltausstellung sorgfältig und zeitgerecht vorbereitet worden ist, interessante Aktivitäten aufweist und juristisch wie finanziell überzeugend ist. Dies ist der vierte Termin und zugleich der letzte, der keine besonderen Ängste hervorruft.

Mit dem dritten Termin verbindet sich ein gewisses Problem. Als darüber nachgedacht wurde, ob das in Hannover vorhandene Verkehrssystem ausreicht, um mindestens vierzig Millionen Besuche des Geländes zu ermöglichen, lautete die Antwort, daß dies nicht der Fall sei. Ohne eine oder zwei neue Schnellbahntrassen und andere Verbesserungen lassen sich in den fünf Monaten nur etwa zwanzig Mil-

Terminplanung (vorläufig) — **Weltausstellung EXPO 2000**

	1991	1992	1993	199…
Weltausstellungskonzeption				
Vorbereitung	▉	▉		
Abstimmung mit B.I.E., Paris			▉	▉
Umsetzung				
Weltausstellungs-Gelände				
Standort-Entscheidung	▉			
Geländeplanung	▉	▉		
Planverfahren	▉	▉	▉	▉
Baumaßnahmen				▉
Verkehrssysteme				
Vorbereitung	▉			
Planverfahren	▉	▉	▉	▉
Baumaßnahmen				▉
Weltausstellungs-Gesellschaft				
Vorbereitung		▉		
Vertragsverhandlungen		▉		
Aufbau der Organisation		▉		
"Weltausstellungs-Siedlung"				
Konzeptfindung	▉	▉	▉	
Planverfahren			▉	▉
Baumaßnahmen				
Stadt als Exponat				
Konzeptfindung	▉	▉	▉	
Planverfahren			▉	▉
Ausführung				
Stadt als Festraum				
Konzeptfindung	▉	▉	▉	▉
Planung				
Ausführung				

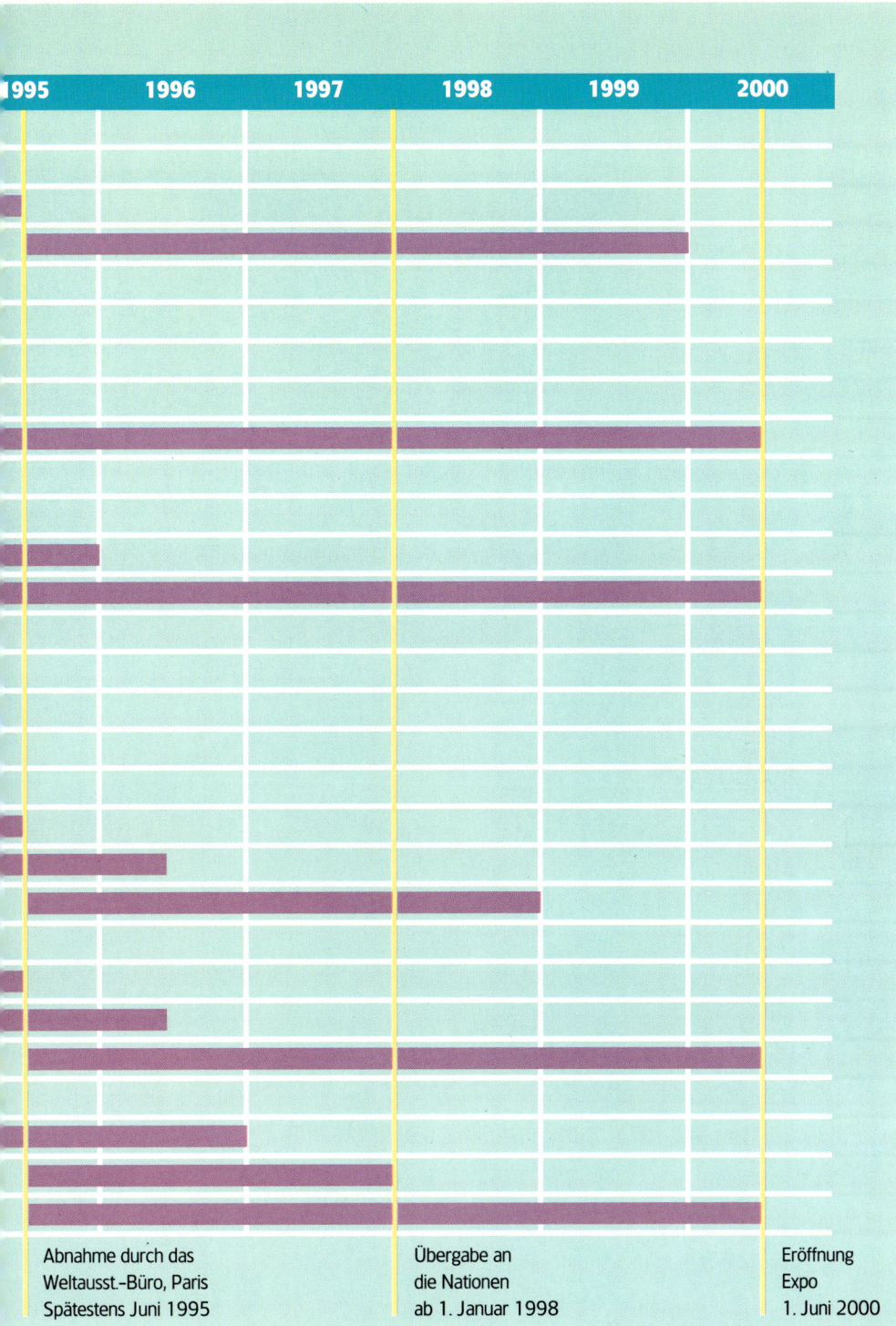

1995	1996	1997	1998	1999	2000

Abnahme durch das
Weltausst.–Büro, Paris
Spätestens Juni 1995

Übergabe an
die Nationen
ab 1. Januar 1998

Eröffnung
Expo
1. Juni 2000

163

lionen Fahrgäste zum Kronsberg bewegen. Die Veranstalter der Expo 2000 schlossen daraus, es müsse umgehend realisiert werden, was ohnehin für die weitere Zukunft der hannoverschen Stadtentwicklung auf dem Programm stand: mit dem ersten Abschnitt für ein regionales S-Bahn-System loszulegen und die Stadtbahnlinie D-Süd (unterirdisch und oberirdisch) vom Hauptbahnhof zum Kronsberg zu verlängern. Beide Systeme würden zusätzlich zehntausende von Besuchern täglich transportieren können, und auch nach der Expo 2000, also auf Dauer gebraucht werden. Darüber hinaus liegt in einer solchen Aufwertung des öffentlichen Personennahverkehrs eines der stadtpolitischen Motive, einer Weltausstellung positiv gegenüberzustehen. Die langfristig ohnehin erforderlichen Bahnsysteme sind also ein elementarer Teil der Weltausstellung, auf die niemand ohne weiteres verzichten kann.

Die Bundesbahndirektion Hannover und das städtische U-Bahn-Bauamt wurden aufgefordert, Pläne vorzulegen. Beide erklärten im Januar 1991, dies sei nur sinnvoll, wenn bereits über neun Jahre vorher, im März 1991, definitiv über die Finanzierung der Projekte entschieden werde. Es sei die Zeitspanne, die sie benötigten, um die Trassen zu planen und zu bauen. Die Stadtbahnlinie D-Süd würde in der Tat normalerweise zwanzig Jahre in Anspruch nehmen, würde mit der üblichen Geschwindigkeit gearbeitet. Das Arbeitstempo müßte also ohnehin verdoppelt werden, um die Strecke rechtzeitig eröffnen zu können. Mit dieser Erkenntnis stand der dritte unverrückbare Termin (März 1991) fest. Über Nacht bewilligte das nur bedingt zuständige Land Niedersachsen die Planungsmittel für beide Institutionen, um die vorbereitenden Arbeiten, wie die Überprüfung der Umweltverträglichkeit der Projekte, zu ermöglichen. Die Bundesregierung, der die Hauptlast der Finanzierung und die Planungsfreigabe für die Bundesbahn obliegt, war dieser Eile nicht gewachsen.

Hieraus folgte dann der zweite Ecktermin der Weltausstellung, nämlich unverzüglich zwischen der Bundesregierung, der Landesregierung und der Stadtverwaltung über das Vertragswerk zur Weltausstellung zu verhandeln. Dieser Termin war sozusagen von Anfang an fällig, weil jeder Arbeitstag den Veranstaltern Entscheidungen abverlangt, die voraussetzen, daß die Weltausstellung inhaltlich definiert und ihre Finanzierung gesichert ist.

Es bleibt schließlich noch der erste Ecktermin zu erwähnen, der festlegt, wann mit den Vorbereitungen für die Weltausstellung zu beginnen ist. Er konnte nicht anders als einen Tag nach der Entscheidung des »Bureau International des Expositions« über den Zuschlag an Hannover liegen, also am 15. Juni 1990. An diesem Tag fiel sozusagen der Startschuß.

Inzwischen sind der erste, der zweite und der dritte Termin des Zeitplans verstrichen. Glücklicherweise läßt sich feststellen, daß die Ereignisse entweder stattgefunden haben oder doch eingeleitet worden sind, die für diese Tage festzusetzen waren. Wäre dem nicht so, müßten wir davon ausgehen, daß die Expo 2000 partiell gefährdet ist. Bis hierhin sind die Schwierigkeiten, die der Weltausstellung aus den engen Zeitplänen erwachsen, gewissermaßen alltäglich und kaum der Rede wert. Die Manager aller Weltausstellungen klagen über den Wettlauf mit der Zeit, dem sie vom ersten Tag an ausgesetzt waren. Ihre Situation erinnert an die Zeit der Proben im Theater, in denen Regisseure und vor allem Schauspieler von einer Ohnmacht in die nächste fallen. Der Premierentermin ist längst festgesetzt, aber der Hauptdar-steller des »Diener zweier Herren« von Goldoni und sein Regisseur streiten drei kostbare Wochen darüber, ob der Diener in der Kleidung des 18. oder des 20. Jahr-hunderts auftreten soll, ob er zu Pferde reitet oder das Auto nimmt, aus dem Geld-sack oder mit Euroschecks bezahlt. Die Commedia dell'arte ist kurzatmiger als die Commedia dell'Expo, weil sie nur von Herbstsaison zu Frühjahrssaison und umge-kehrt denkt. Doch in dieser kurzen Zeit steht auch sie unter jenem Druck, der eine Weltausstellung bis zu zehn Jahre verfolgen kann.

Konflikte mit Bürgern

Das eigentliche Zeitproblem der Expo 2000 besteht in einer ganz anderen Tatsa-che. Mehr als die erwähnten Schwierigkeiten fürchten ihre Veranstalter, daß sie eine Weltausstellung in einem Staat vorbereiten, der zu recht stolz darauf ist, sich Rechtsstaat nennen zu dürfen. Auch andere Staaten, in denen zuletzt Weltausstel-lungen stattgefunden haben, bezeichnen sich als Rechtsstaat. Doch in keinem von ihnen, weder in Kanada, Japan oder in Spanien, sind die Einwohner in der glückli-chen Lage, jeden Verwaltungsakt der staatlichen oder kommunalen Obrigkeit von einem Gericht überprüfen zu lassen. Wer immer in Deutschland den Eindruck hat, eine Aktivität der öffentlichen Hand beschneide seine gesetzlichen Rechte, darf das Verwaltungsgericht anrufen. In aller gebotenen Ruhe wird es überprüfen, ob die Behauptung des Klägers zutrifft, und sein Urteil fällen. Die Entscheidung kann von jenen, die unterlegen sind, noch bis zu zwei weiteren Instanzen zur Überprüfung vorgelegt werden und damit bis zu zehn Jahre dauern. Zweifellos wird dafür ge-sorgt, daß das geschriebene Recht siegt, und sei es an dem Tag, an dem eigentlich eine Weltausstellung eröffnet werden sollte. Spielt das Schicksal ganz besonders übel, halten die Veranstalter der Expo 2000 irgendwann ein Urteil in Händen, das ihnen nachträglich bestätigt, daß sie mit ihrer Auffassung im Recht waren und die einstweilen abgebrochene Weltausstellung hätten doch durchführen können. Doch nun ist es zu spät.

Die Weltausstellung in Hannover kann die wirklichen oder vermeintlichen Rechte hannoverscher Stadtbewohner in vielerlei Beziehungen tangieren. Bereits die Pläne, die nötig sind, um das Weltausstellungsgelände in sich mit Kanalisation, Straßen und Wegen, mit Versorgungsleistungen für Strom oder mit Grünanlagen zu erschließen, bieten jedem anliegenden Grundstückseigentümer eine Chance des rechtlich relevanten Protestes.

Bebauungspläne

Ehe die Bebauungspläne vom Rat der Stadt Hannover beschlossen werden, sind sie den betroffenen Einwohnern vorzulegen. Werden sie dann beschlossen, kann jedermann sie vor Gericht bringen, der meint, durch sie attackiert zu werden. Es genügt zu behaupten, die anspruchsvollen Anforderungen an einem solchen Be-bauungsplan seien nicht berücksichtigt oder ungenügend abgewogen worden. Das Baugesetzbuch zählt eine lange Reihe von Gesichtspunkten auf, denen Genüge ge-tan werden muß. Es sind mehr, als in manchem Fall zufriedenstellend bedient wer-den können, schon deshalb, weil sie sich in einigen Beziehungen widersprechen.

Ist der Lärmschutz ausreichend, den der Bebauungsplan vorsieht, um einen Anlieger vor den Geräuschen einer Durchgangsstraße zum Weltausstellungsgelände zu schützen? Ist es überhaupt zulässig, Flächen für die Erholung der in der Nähe lebenden Menschen für das Weltausstellungsgelände zu opfern? Welches Rechtsgut ist höher einzuschätzen, das der Autofahrer auf einen Parkplatz in der Nähe des Weltausstellungsgeländes oder das des Naturschützers auf Erhaltung eines Tümpels, in dem sich eine Gelbbauchunke sonnt? Wird dieses Tier die Weltausstellung kippen?

Planfeststellungsverfahren

Für den Bau von Schnellbahnen sind nach dem Bundesbahn- und dem Personenbeförderungsgesetz Planfeststellungsverfahren durchzuführen, in denen die betroffenen Grundeigentümer gehört werden müssen. Ihre Anregungen und Bedenken sind ernst zu nehmen, soweit sie sich auf ein geschütztes Recht stützen können. Dies gilt etwa dann, wenn fünfzig Zentimeter einer Trasse über ein privates Grundstück geleitet werden oder mit Lärmemissionen zu rechnen ist. Der Protest des Eigentümers wird dazu führen, daß sich das Verfahren in die Länge zieht. Im Zeitplan des Expo-Projekts mag gefordert werden, daß die Gleise längst verlegt sein müssen. Tatsächlich verhandeln die Bundesbahn oder die Stadt Hannover noch immer mit dem Eigentümer, um ihn zu bewegen, damit einverstanden zu sein, daß die Bahn neben seinem Grundstück, über ihm oder unter ihm fahren darf. Gutachter werden eingeschaltet, Gegengutachter bestellt. Sollte der Anlieger schließlich gegen seinen Willen durch den Planfeststellungsbeschluß der staatlichen Behörde gezwungen werden, den Bau der Schnellbahn hinzunehmen, bleibt ihm unbenommen, seinen Widerstand vor den Gerichten fortzusetzen. Nun beginnt der zeitfressende Kampf aufs neue.

Gegen alle diese Verfahren und Streitereien ist nichts einzuwenden, weil sie die gewöhnliche Realität in einem Rechtsstaat darstellen. Doch für die Veranstalter der Weltausstellung gilt, daß sie selbst dann, wenn sie sich rechtlich letztlich durchgesetzt haben, mit ihrem Projekt gescheitert sein können. Alle Auseinandersetzungen kosten Zeit, und vielleicht in dem einen oder anderen unglücklichen Fall mehr Zeit, als vorhanden ist. Kein Richter braucht schneller zu arbeiten, nur weil es in dem Prozeß, den er zu entscheiden hat, einmal nicht um die Auslegung einer Friedhofssatzung, sondern um die Existenz einer Weltausstellung geht. Der römische Spruch »Judex non calculat« bezieht sich, sofern er überhaupt jemals richtig war, nicht nur auf das Geld, sondern auch auf die Zeit. Schon in der Bewerbungsphase ließen die Veranstalter der Expo 2000 deshalb untersuchen, ob es nicht doch einzurichten sei, Prozesse zu beschleunigen, weil sie die Zeitachse einer Weltausstellung ungünstig beeinflussen können. Die Antwort ist, daß dies nicht möglich ist, es sei denn, der Justizminister des Landes Niedersachsen tritt seinen Richtern jenseits aller Legalität und unter dem Tisch vor das Schienbein. Im Mai 1991 beschloß die Bundesregierung einen Gesetzentwurf, mit dem der Bau von Eisenbahntrassen zwischen Westdeutschland und Ostdeutschland dadurch beschleunigt wird, daß die Rechtsmittel von Betroffenen beschnitten werden. Unabhängig von der Frage, ob eine solche Absicht legitim ist: die Expo 2000 kommt in diesem Gesetzentwurf nicht vor.

Der Pavillon Ungarns auf der Expo '92 in Sevilla (Holzkirche).

Im Gegensatz zu einer japanischen, kanadischen oder spanischen Weltausstellung muß eine deutsche damit rechnen, durch aufgebrachte Bürgerinnen und Bürger mit Hilfe der Justiz indirekt zu Fall gebracht zu werden. Sind die Kläger im Recht, können die Veranstalter der Expo 2000 die Situation retten, indem sie rasch nachgeben und ihre Pläne korrigieren. Sind sie im Unrecht, ist dies keine Garantie dafür, daß die Weltausstellung keinen Schaden nimmt. Schon der Prozeß, der erforderlich ist, um die Unbegründetheit der Klage festzustellen, kann so zeitraubend sein, daß die Vorbereitungen auf die Weltausstellung paralysiert werden. Vielleicht wäre auch ein zeitgenössischer Michael Kohlhaas in diesem Fall in der Lage, zu erkennen, daß sein individuelles Interesse dem kollektiven Interesse unterlegen ist. Doch ob ein solcher moralischer Appell etwas nutzen wird, ist fraglich. Dann bleibt den Veranstaltern der Expo 2000 nur ein unmoralischer Appell, ausgedrückt durch eine überhöhte Abfindung, die Kohlhaas gezahlt wird. Hilft selbst dies nichts, droht der Weltausstellung trotz ihrer Unschuld vielleicht ein verfrühter Tod, diesmal unter dem Fallbeil individuellen Rechtsschutzes.

DIE STADT-
GESELLSCHAFT
oder
Die sozialen Folgen
der Weltausstellung

Eine Weltausstellung ist bereits in der Phase ihrer Vorbereitung einem Theaterstück in einer bestimmten Beziehung weit überlegen: in ihren heftigen Auswirkungen auf die Gemüter der Menschen der Stadt, in der sie stattfinden wird. Dies ist nicht etwa deshalb so, weil die ehrwürdige Commedia dell'arte völlig heruntergekommen ist und nicht mehr recht ernstgenommen wird, so daß schon aus diesem Grund jede dahergelaufene Commedia dell'Expo das menschliche Interesse stärker zu binden vermag. Der Effekt liegt in den besonderen Möglichkeiten, die vor allem Politikern, Geschäftsleuten, Revolutionären, Theologen, Wissenschaftlern und zahlreichen anderen Menschen durch eine Weltausstellung geboten wird. Ein solches Ereignis kann eine Stadt im Extremfall schädigen, ihr aber auch, und dies ist erheblich wahrscheinlicher, zu einem kulturellen und wirtschaftlichen Aufschwung verhelfen. Ob, ausnahmsweise das eine oder, wie üblich, das andere eintritt oder beides nicht, darin liegt die über ein Jahrzehnt anhaltende Spannung. Von ihr wiederum leben manche, die es geschickt verstehen, ihre eigenen Ziele mit Hilfe dieser außerordentlichen Situation umzusetzen. Und alle anderen verspüren das unzähmbare Bedürfnis, darüber immer aufs neue zu diskutieren. Ein Projekt, für das eigentlich alle Kräfte gebündelt werden müßten, trifft auf eine pluralistische Gesellschaft, in der jedermann eine andere Himmelsrichtung bevorzugt. Anstatt dem Projekt zuzuarbeiten, wird es nach allen Seiten auseinandergezerrt, bis es zuweilen gar nicht mehr sichtbar ist. Die Commedia dell'arte würde dies nicht überleben — ob die Commedia dell'Expo in Hannover es überlebt, wird sich bis zum Jahr 2000 herausstellen.

Wir erinnern uns noch an Zeiten, in denen das Theater und die Öffentlichkeit einer Stadt sich in vielerlei Beziehung durchdrungen haben. In der Geschichte des Musiktheaters ist von Opern die Rede, deren Libretto und Musik soziale Bewegungen ausgelöst haben. »Il barbiere de Siviglia« von Rossini zum Beispiel, nach dem Text von Beaumarchais, rief bei der Premiere am 20. Februar 1816 in Rom einen der bemerkenswertesten Skandale der Musikgeschichte hervor. Die aufreizende Geschichte und die revolutionäre Musik erregten Anstoß beim damaligen Publikum und teilten es in zwei Lager, die ihre Auseinandersetzungen in der Stadt und im ganzen Land fortsetzten. Oder wir erinnern uns daran, daß die politisch Mächtigen vieler Epochen auf den Bühnen nur solche Stücke spielen ließen, die ihnen genehm waren, und solche zensierten oder verboten, vor denen sie sich politisch fürchteten. Die Staatsbürger ereiferten sich daran, gingen auch einmal auf die Barrikaden oder in die Katakomben. Über das Theater vermochten sich selbst Menschen zu profilieren, so oder so, die mit dem Theater unmittelbar nichts zu tun hatten. In Diktaturen gilt das Theater selbst heute noch gelegentlich als eine politische Waffe. Inzwischen eignen sich allerdings die elektronischen Medien, das Radio und das Fernsehen, erheblich besser dafür, auf die Politik oder die Religion einzuwirken. In Mitteleuropa, in Deutschland und in Hannover gibt das Theater als Schaubühne der gesellschaftlichen Gruppen und ihrer Auseinandersetzungen jedenfalls nicht mehr viel her.

Die Expo 2000 im Spannungsfeld vielfältiger Interessen

In Hannover hat man dafür die Weltausstellung entdeckt, vor allem ihre hervorragende Eignung, private und soziale Interessen gegen die der jeweils anderen durchzusetzen. Dieses Spiel im Spiel, diese kleine in der großen Commedia dell'Expo dauert so lange, wie es Tage zwischen dem 14. Juni 1990 und dem 1. Juni 2000 gibt. Zehn Jahre lang war und ist die Weltausstellung der spektakulärste Stoff der Kommunalpolitik, und darüber hinaus ein zentrales Thema der niedersächsischen Landespolitik. Wer es wagt, mit dem Stichwort »Weltausstellung« die Stadtbühne zu betreten, wird sofort in heftige Diskussionen und Auseinandersetzungen verwickelt. Die unterschiedlichen Gruppen der Stadtgesellschaft liegen sozusagen auf der Lauer, um nicht zu versäumen, die Expo 2000 zum Vehikel ihrer jeweiligen Interessen werden zu lassen.

Noch war kein Jahr seit der Entscheidung des »Bureau International des Expositions« vergangen, als bereits der tausendste lokale Zeitungsartikel über die wirtschaftlichen, sozialen, ökologischen, kulturellen, religiösen und anderen Folgen der Weltausstellung vorlag. Studieren wir diese Nachrichten, läßt sich auf den ersten Blick wahrnehmen, daß in dieser sonst so unauffälligen Stadt Hannover leicht anarchische Zustände eingetreten sein müssen. Was bis dahin, in einer wie auch immer gearteten norddeutschen Ordnung, in sich ruhte, bricht auf und ergießt sich in ungeordneter Weise über die Stadtbewohner. Auf den zweiten Blick ist zu erkennen, worauf diese neuen gesellschaftlichen »Movements« zurückzuführen sind: darauf nämlich, daß es viele Menschen gibt, die mit einem solchen Großprojekt unbedingt oder bedingt einverstanden sind, und wenige, die es um jeden Preis verhindern oder radikal verändern wollen. Es wäre falsch, zu sagen, daß die Stadtgesellschaft deshalb in zwei Teile zerfällt. Aber plötzlich melden sich Minderheiten zu Wort und machen mit dem Eifer, der ihnen zu eigen ist, der Mehrheit das Leben schwer.

Die Sozialverträglichkeit der Expo 2000

Aber auch diejenigen, die einer Weltausstellung wohlwollend gegenüberstehen, gelangen zu neuen Einsichten. Schon im ersten Jahr der Vorbereitungen zeichnete sich ab, daß manche Vertreter der hannoverschen Stadtgesellschaft in sozialer Hinsicht leicht aufsteigen, andere dagegen leicht absteigen werden. Die Weltausstellung wird wie ein Sieb sein, durch das einige Gruppen der Stadtgesellschaft neu geschüttelt werden. Am Schluß mögen dann lokale Macht, individueller Einfluß und Wohlstand ein wenig anders verteilt sein als vorher. Es wird in manchen Beziehungen andere Sieger und Verlierer geben als bisher, unter den Politikern ebenso wie unter den Kirchenleuten, unter den Gewerkschaftlern genauso wie unter den Inhabern oder Managern wirtschaftlicher Unternehmen und Betriebe, unter den Mitarbeitern in der Stadtverwaltung oder in den Ministerien nicht weniger als unter den Führern extremistischer Organisationen. Manchem wird die Weltausstellung im Herzen eine lebhafte Hoffnung sein, anderen eine gewisse Sorge. Alle aber wirbelt sie spürbar durcheinander, wie bei jedem Ereignis, das die Routine einer Stadt zu durchbrechen vermag.

Welche Bewohner der Stadt Hannover ihrer Region sich mit der Expo 2000 identifizieren, wird erst dann genau bekannt sein, wenn sich alle zu Wort gemeldet haben, denen das Projekt nicht gefällt. Auch auf diesem Feld zeigen sich nämlich die Neinsager schneller und auffälliger als die Jasager. Jede Diskussion um die Weltausstellung wird eröffnet von den radikalen jugendlichen Gruppen die in ihr eine Gelegenheit sehen, um ihre Ideen von einer Veränderung der Gesellschaft zur Sprache zu bringen. Ihre »Sprache« reicht von der Verteilung von Flugblättern über das Verhindern von informativen Veranstaltungen bis zu physischer Gewalt gegen Sachen und Menschen. Auch die Expo 2000 wird von kleinen politischen Kadern attackert, die teils im Untergrund, teils in der Öffentlichkeit wirken und ihren besonderen Tagträumen nachhängen. Rathausfenster werden »entglast«, Sitzungen des Stadtparlaments mit Gewalt gesprengt, das Weltausstellungsbüro in Paris überfallen und demoliert, strategisch wichtige Straßenkreuzungen in der Rush-hour blockiert, Baustellen der Metro zerstört oder die Wohnung eines leitenden Projektplaners unbewohnbar gemacht.

Andere junge Menschen, Studenten, Lehrlinge, Arbeitslose, Berufsanfänger, Sozialhelfer oder Vikare sind besorgt wegen der sozialen und ökologischen Auswirkungen des Projekts. Sie nehmen an, daß die Weltausstellung schon zehn oder acht Jahre vor ihrer Öffnung negative Effekte entwickelt, die es ohne die Ausstellung nicht geben würde. Sie definieren jede Exposition als einen häßlichen Störenfried des sozialen Daseins und der natürlichen Umwelt, den man mit robusten Mitteln verhindern muß. Sie halten Großprojekte nicht für sozial- und umweltverträglich, wie sie es nennen. Stadtteilgruppen lehnen selbst ein Bauprojekt mit Sozialwohnungen und Räumen für selbstorganisierte Kulturarbeit ab, sofern es aus Mitteln der Weltausstellung finanziert wird.[1] Auch dies demonstriert die Ernsthaftigkeit der Überzeugung, sich Weltausstellungen schlechthin versagen zu müssen.

Die Preise für Wohnung und Lebenshaltung

Die Gegner fürchten zum Beispiel, daß Wohnungen oder der Lebensunterhalt nicht mehr bezahlt werden können, weil im Jahr 2000 über vierzig Millionen Besucher in fünf Monaten in Hannover einige Preise steigen lassen werden. Neigen Vermieter und Verkäufer nicht dazu, schon als Spekulation auf eine höhere Nachfrage in einigen Jahren ihre Mieten und Verkaufspreise frühzeitig anzuheben, ohne Rücksicht auf die Marktsituation? Diese Furcht nimmt nicht mehr wahr, daß kein Besucher einer Weltausstellung in Hannover eine Wohnung mieten oder sich in den Läden der hannoverschen Stadtteile versorgen wird. Nur jene Gruppe von Diplomaten, Ingenieuren und Handwerkern, von denen das Projekt aufgebaut werden soll, wird sich für Monate oder Jahre in der Stadt aufhalten. In Sevilla wird ihre Zahl für die Jahre der Vorbereitung mit 5000 angegeben, während der »heißen Phase« 1992 mit über 10 000 Menschen, weit weniger übrigens, als auf einer der großen hannoverschen Messen beschäftigt sind (etwa 60 000 bis 80 000 Menschen). Das richtige faktische und psychologische Rezept hiergegen lautet in Sevilla, zwischen 1987 und 1996 etwa 80 000 neue Wohnungen zu errichten. Hannover wird mit der Expo-Stadt und anderen kleinen Siedlungsteilen ähnlich verfahren. Die Stadtverwaltung in Sevilla konnte auch ein Jahr vor Eröffnung der dortigen Weltausstellung nicht bestätigen, daß die Exposition der eigentliche Anlaß für eine Steigerung der Lebenshaltungskosten oder der Bodenpreise ist.[2] Soweit beides zwischen 1983 und 1991 teurer geworden ist, äußert sich darin die in jeder Marktwirtschaft zu beobachtende Inflation und ein bemerkenswertes Bevölkerungswachstum in Sevilla, das die Nachfrage nach Wohnungen und Gütern des täglichen Bedarfs erhöht hat. Dieses Beispiel lehrt, wie wichtig es auch für die Beurteilung der Expo 2000 ist, das

Spezielle und das Allgemeine auseinanderzuhalten, also der Weltausstellung keine Entwicklungen zugute zu halten oder anzulasten, die auch ohne sie in Hannover stattgefunden hätten.

Was die Umweltbelastungen angeht, sind die Opponenten natürlich im Recht. Eine Weltausstellung verursacht Lärm, vermehrt den Staub in der Luft, den Abfall in den Straßen und die Abwässer in den Kanälen. Allerdings würden die Besucher Schmutz und Abfälle auch produzieren, wenn sie zu Hause bleiben würden. Die Summe der menschlichen Ausscheidungen und Belastungen der Umwelt ist, global gesehen, grundsätzlich die gleiche. Wie auch immer, diese unangenehme Kehrseite der Medaille »Weltausstellung« läßt sich durchaus beherrschen, wenn sie rechtzeitig ernstgenommen wird. Dies ist nicht nur eine Forderung humaner Daseinsvorsorge, sondern auch ein zentraler Programmpunkt des Themas der Expo 2000. Eine Weltausstellung, die den Menschen und die Natur, in die er eingebunden ist, mit den unangemessenen Seiten des Technischen versöhnen will, muß selbstverständlich bei sich selbst anfangen.

Der Widerstand gegen das Projekt

Die Opposition gegen die Expo 2000 äußert sich in noch anderen Spielarten. Als die Universität Hannover im Dezember 1990 eine Vorlesungsreihe über verschiedene Aspekte der Expo 2000 ansetzte, wurde schon der erste Vortrag über »Die Rechtsgrundlagen der Weltausstellungen« abrupt beendet. Die Studenten eroberten das Podium, vertrieben die Referenten und ließen das Auditorium darüber abstimmen, ob es informiert und aufgeklärt werden wollte. Eine Mehrheit von zwei Dritteln wollte weder informiert noch aufgeklärt werden, von wem auch immer, brach diese und damit alle folgenden Veranstaltungen ab und sorgte dafür, daß auch das Drittel der Interessierten aus dem Saal gedrängt wurde. Insofern waren die Gegner erfolgreich, wenn auch nicht in jener sozialen Richtung, die sie eigentlich anstrebten.

Andere Methoden der Verhinderung bestehen darin, die Vorbereitungen der Weltausstellung mit Auflagen zu belasten, die schlechthin nicht zu realisieren sind. Die Partei der Grünen forderte zum Beispiel, jede Bürgerin und jeder Bürger sollte permanent in jeder Arbeitsphase gehört werden, Akteneinsicht erhalten und mit Finanzmitteln ausgestattet werden, die ihm erlauben, Gegengutachten einzuholen. Eine andere Taktik läuft darauf hinaus, Beschlüsse des Rates der Stadt Hannover hinauszuschieben, indem immer wieder Hearings von Stadtbewohnern, Standortvarianten von oppositionellen Planern oder Werkstätten über die Sozial- und Umweltverträglichkeit von Weltausstellungen für jedermann eingeschoben werden. Oder die Aufsichtsbehörde forderte Ende 1991 aus heiterem Himmel, das Weltausstellungsgelände zum Wasserschutzgebiet zu erklären. Eine Weltausstellung mobilisiert sozusagen noch die verschlafenste Stadt, und zwar schon zehn Jahre vor dem eigentlichen Ereignis.

Manche Professoren haben sich, auch unter dem Eindruck einiger militanter Studenten der hannoverschen Universitäten, in eine dritte Gruppe der Stadtgesellschaft eingereiht, die der Weltausstellung mehr oder weniger kritisch gegenübersteht. Sie gehören zu jener Gruppe von Intellektuellen, die, wie Siegmund Freud schon der Wiener Ausstellung 1873, so der Expo 2000 »eigentlich« nichts abgewinnen können. Ihre Motive sind wieder andere, und die Art und Weise, wie sie die

Öffentlichkeit ihre Abneigung fühlen lassen, bedient sich diffiziler Praktiken. Sie formulieren sich in Zeitungsartikeln oder in Beiträgen zu Broschüren, sie verkünden ihre Botschaft von der Kanzel oder vom Lehrstuhl der Universität, durch die Lautsprecher der Radios oder von den Bildschirmen der Fernsehgeräte. Hier begegnen sich Lehrer und Journalisten, Künstler und Beamte, Pastoren und Wissenschaftler. Auch ihre Einwände sind sozialer und ökologischer, aber auch ästhetischer Art. Manchen von ihnen zwingt seine berufliche Tätigkeit, die Weltausstellung am Rande mit vorzubereiten, obwohl er sie im Innersten abscheulich findet. Dieser Konflikt wird ihn vielleicht veranlassen, am Dienstag wieder rückgängig zu machen, was er am Montag pro Expo 2000 vorangebracht hat. Vielleicht täuscht er aber auch nur eine Produktivität vor, die er gar nicht erbringt, und er hält sich für einen über alles erhabenen Partisanen. Die Prestigewünsche erlauben dem einen oder anderen ohnehin keine andere Haltung als die, eine Weltausstellung, an der er nicht maßgebend mitarbeiten darf, für eine überflüssige Erfindung zu halten. Anderen Kopfarbeitern wiederum sind Weltausstellungen deshalb suspekt, weil Millionen Menschen von ihnen angezogen werden. Wie kann etwas gut sein, was möglicherweise dem Geschmack der Massen entspricht, ohne daß es sich diesmal um Mozart, Charlie Chaplin oder die Beatles handelt? Volle Stadtbahnzüge, das schweißtreibende Gedränge an den Eintrittskassen und die besonders langen Schlangen etwa vor dem amerikanischen Pavillon sind gewiß unästhetisch. Nun sind Ekel- und Schönheitsempfindungen unter den Menschen unterschiedlich verteilt, und was den einen abstößt, mag viele andere anziehen oder ihnen zumindest gleichgültig sein.

Wie lange die Gegner und Verächter der Weltausstellung ihre ablehnende Haltung äußern oder praktizieren, ist offen. Studenten, die 1990 zwischen zwanzig und fünfundzwanzig Jahren alt waren, gehören 2000 zu den Dreißig- bis Fünfunddreißigjährigen. Sie haben aller Wahrscheinlichkeit nach eine Familie, und ihre Frau oder ihr Mann und die Kinder werden darauf bestehen, einen fröhlichen Ausflug zum Weltausstellungsgelände zu unternehmen. Aber es ist nicht ausgeschlossen, daß neue Opponenten nachwachsen und das alte Spiel sich wiederholt: Flugblätter, Stinkbomben, Körperverletzungen, Erpressungen und Attentate. Vielleicht enden aber auch immer mehr Protestaktionen wie jene 1991 in der Halle des Rathauses völlig friedlich, als die Demonstrantinnen und die Polizisten, die sich anfangs gewaltbereit gegenüberstanden, zum Schluß gemeinsam tanzten. Die Commedia dell'Expo eignet sich in der Tat nicht dazu, zum Dämon gemacht zu werden, den man mit allen Mitteln bekämpfen muß — was nicht heißt, nichts als einen Engel in ihr zu sehen.

Die erklärten Anhänger

Auf der anderen Seite der Linie, die unsichtbar durch die Stadtgesellschaft in Hannover verläuft, stehen die Befürworter der Expo 2000. Sie treten weniger deutlich in Erscheinung als die Gegner, weil es nicht üblich ist, Buttersäure zu verspritzen, um seine Vorfreude auszudrücken. Aber auch, um nicht mehr als nötig auf sich aufmerksam zu machen oder sich der Wut der »kämpfenden« Gegner zu entziehen, verzichten manche darauf, sich öffentlich zur Weltausstellung zu bekennen. Da offener und attraktiver Widerstand von den Journalisten gern wiedergegeben wird, verschwiegene Zustimmung aber nicht, entsteht leicht der Eindruck, als habe die Weltausstellung in Hannover kaum Anhänger. Verschiedene Meinungsumfragen der Veranstalter (und der Gegner) in 1990 und 1991 zeigen allerdings, daß die Hälfte der Befragten und mehr mit dem Projekt einverstanden ist, wobei die Akzeptanz wächst, je weiter entfernt vom Weltausstellungsgelände gefragt wurde. Im katholischen Hildesheim, das seit über tausend Jahren auf den Besuch des Papstes wartet und in der Weltausstellung eine Chance sieht, den Wunsch erfüllt zu bekommen, erreicht die Begeisterung mit 70 Prozent Befürwortern ihren Höhepunkt. Etwa jeder fünfte lehnt die Weltausstellung ab, und der Rest hat sich noch zu keiner abschließenden Meinung entschlossen. Der Norddeutsche Rundfunk forderte seine Zuschauer im Juni 1991 auf, im Rahmen einer TED-Umfrage eine Pro- oder eine Contranummer anzuwählen. Von 6700 Anrufern wählten 66,5 Prozent die Zustimmung und 33,5 Prozent die Ablehnung der Expo 2000. Andererseits zeigten sich im März 1992 nur noch 45 Prozent der Befragten von der Expo 2000 angetan, und 41 Prozent lehnten sie ab.[3] Dies geschah vor dem Hintergrund einer plötzlich von den Sozialdemokraten und Grünen im Rat der Stadt angekündigten Volksbefragung zur Weltausstellung.

Innerhalb der schweigenden Mehrheit der Befürworter finden sich kleine Gruppen, die ein handfestes Interesse an die Expo 2000 bindet. Es sind vor allem jene Frauen und Männer, die eine führende Rolle in der hannoverschen Stadtgesellschaft innehaben. Die Kaufleute zum Beispiel machen sich Hoffnungen auf ein größeres Geschäft, wenn mit den vierzig oder mehr Millionen Menschen auch deren Geld in die Stadt hineingetragen wird. Die Stadt Hannover bietet Fremden relativ wenig Anlässe, aus den vorbeifahrenden Zügen auszusteigen oder das Auto von der Autobahn in die City zu lenken. Wer in dieser Stadt vom Tourismus lebt, wird nicht eben verwöhnt. Eine Weltausstellung wird deshalb von jenen Branchen, die von ihr zu profitieren vermögen, weil sie die richtigen Produkte oder Dienstleistungen an der richtigen Stelle anbieten, als einmaliges »Geschenk« geschätzt. Sie bekennen sich also zur Veranstaltung, wie immer sie ausfallen wird. Da die Kaufleute, im Gegensatz zu manchen Nichtkaufleuten der Weltausstellung, durchaus ein ehrenwertes Motiv darin sehen, mit der Expo 2000 für sich und ihre Arbeitnehmer Geld zu verdienen, sind ihnen die »philosophischen« Aspekte des Ganzen relativ gleichgültig.

Wie die Kaufleute denken die Banker, die Unternehmen sowie die Gewerkschaftler. Allerdings gibt es Unterschiede in der Zustimmung der letzteren: Die Industriegewerkschaft »Bau-Steine-Erden« etwa kann sich leichter mit dem Projekt identifizieren, weil es Bauaufträge zuhauf verspricht und eine überwältigende Nachfrage nach Bauarbeitern und damit eine Steigerung der Löhne auslösen wird. Um die Vorbereitungen daran nicht scheitern zu lassen, wurde übrigens für die Expo 1992 in Sevilla das Streikrecht vorübergehend ausgesetzt. Für die in der Gewerkschaft »Öffentliche Dienste, Transport und Verkehr« organisierten Müllwerker, Angestellten in den staatlichen und kommunalen Büros und »Kutscher« der Stadtbahnen und Busse bedeutet eine Weltausstellung demgegenüber nichts als zusätzliche Mühen, die selten zu mehr Lohn führen. Da sich die Gewerkschaften aber auch für die Arbeitslosen in der Region Hannover verantwortlich fühlen, entdeckten sie in der Expo 2000, alles in allem, mehr Vorzüge als Nachteile.

Sie ließen die Zeitungen davon wissen und beteiligten sich damit an einer Aus-

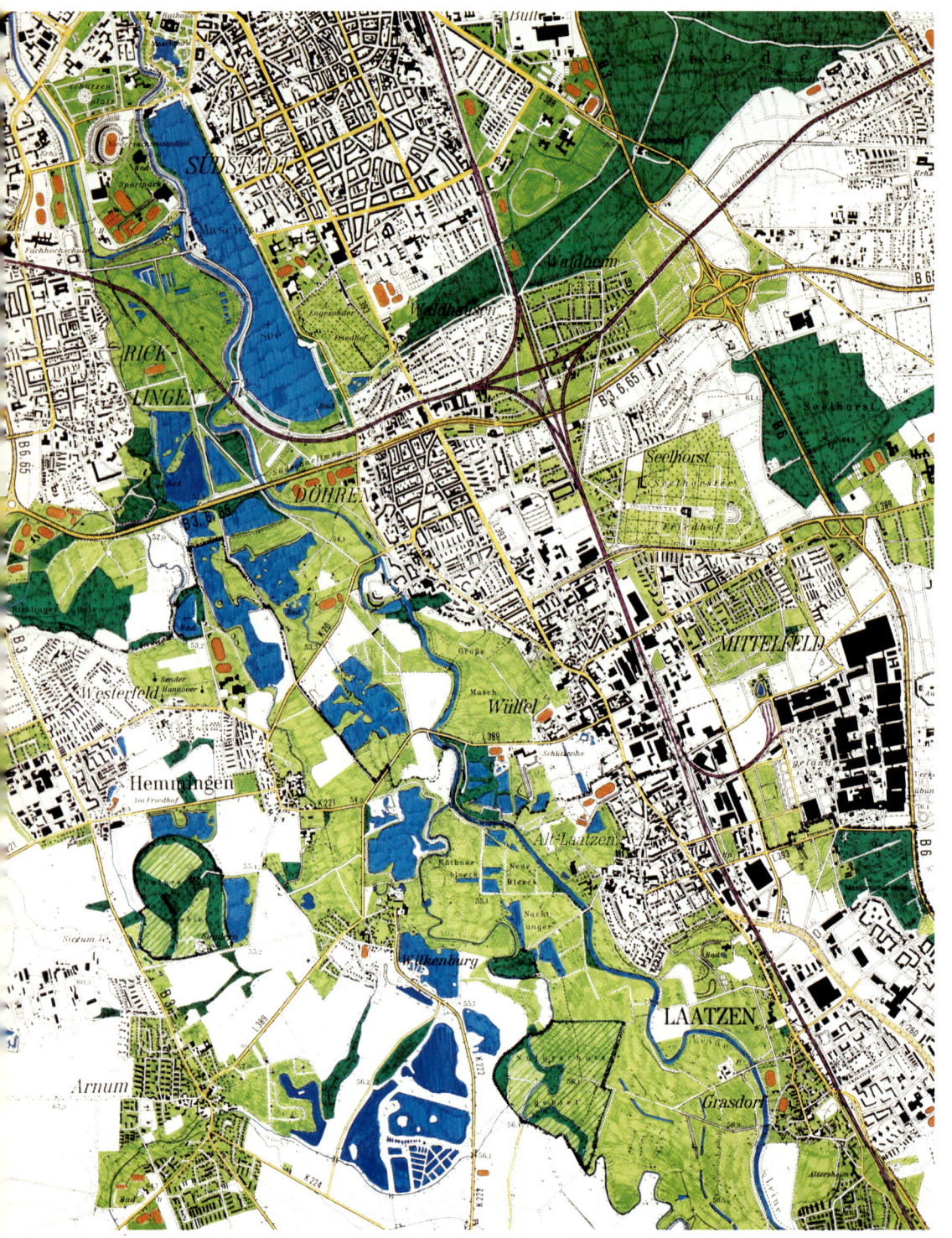

Die Leineaue heute

**Anlage eines neuen Sees in der südlichen Leineaue — eine der
durch die Expo 2000 ausgelösten Ideen zur Weiterentwicklung der Region.**

einandersetzung um das Ereignis, die sich gern der Presse bedient. In der Anfangs-
phase der Weltausstellung wurde es üblich, daß auf eine Zeitungsnotiz über eine
gesellschaftliche Gruppe, die in dem Projekt nichts als Teufelswerk sieht, eine
Gruppe zu Wort kam, der das Projekt als eine göttliche Fügung erscheint und umgekehrt. So verwandelte sich der Streit der Menschen in einen Streit der Ideologen,
und sein Ausgang wird wohl bis zur Jahrtausendwende offen bleiben. Erst nach der
Weltausstellung werden wir wissen, wer recht behalten hat. Dies ist eine Erfahrung,
die alle Weltausstellungsstädte seit 1851 hinter sich bringen mußten.

Die Anziehungskraft der Expo 2000

Die hannoversche Stadtgesellschaft wurde zusätzlich noch durch Aktivitäten
beeinflußt, die von außen in sie hineingetragen wurden. So machten sich ehemalige Kulturdezernenten aus München, Frankfurt und anderen Städten auf, um Ideen
für ein kulturelles Konzept der Expo 2000 zu liefern. Plötzlich gab es nicht mehr nur
innerstädtische Konkurrenz, sondern Konkurrenz von überall her. Zukunftsfor-
scher, Politiker, Museumsdirektoren, Weltausstellungsbeauftragte von Unternehmen, EDV-Künstler, Filmregisseure oder ehemalige Berufsrevolutionäre brachen
nach Hannover auf und boten ihre Dienste an. Sie entwickelten ihre Vorstellungen,
so in Referaten, die die Evangelische Akademie Loccum oder der Norddeutsche
Rundfunk in Auftrag gaben, oder lieferten ihre Papiere unaufgefordert bei den Veranstaltern der Expo 2000 ab.[4] Was die städtischen Verwaltungen und die Administration des Landes, sofern sie nicht direkt für die Weltausstellung eingesetzt waren, an Eifer vermissen ließen, brachten die Freiwilligen oder Mitarbeiter auf Zuruf
im Übermaß mit. Aber auch die Veranstalter der Expo 2000 erteilten schließlich
Gutachteraufträge zu Detailfragen, die sämtliche Elemente des Projekts abdecken.
Sie ließen Gutachten zum »Themenpark« auf dem Weltausstellungsgelände, zur
Darstellungsform des deutschen Beitrags, zur ökologischen Bilanz der Expo 2000,
zu ihren ökonomischen Folgen, zur Expo-Stadt, zur Nachnutzung von Pavillons
durch Unternehmen oder zu kulturellen Highlights ausarbeiten.

Schließlich wurde ein »International Advisory Board« gegründet, in dem unter
Leitung des Präsidenten des Club of Rome, Ricardo Diéz-Hochleitner, Vertreter vor
allem aus südlichen Erdteilen die Veranstalter der Expo 2000 in Fragen der Ent-
wicklungsländer beraten werden.

In Toronto arbeiteten die zunächst abgeschlagenen Manager einer dortigen
Weltausstellung in ihrer Stadt weiter daran, neben Hannover oder sogar an Stelle
von Hannover zum Zug zu kommen. Im Dezember 1990 baten sie bei der Generalversammlung des »Bureau International des Expositions« darum, Gespräche mit
den Deutschen über eine gemeinsame Weltausstellung führen zu dürfen. Ihr Antrag
wurde nur zur Kenntnis genommen, wie der Präsident der Versammlung es aus-
drückte, da es nach seiner Meinung nichts mehr zu entscheiden gab. Im Juni 1991
beantragte Kanada daraufhin, neben Portugal für Lissabon, eine eigene Weltausstellung (der »kleinen« Art) für 1998. Ein Hintergedanke war wohl, auch deshalb im
Spiel zu bleiben, um einspringen zu können, falls die Vorbereitungen in Hannover
scheitern sollten. Es genügte, die hannoverschen Tageszeitungen zu studieren, um
sich berechtigte Hoffnungen machen zu können. Die Gegner des hannoverschen
Projektes begrüßten die Bemühungen Torontos, wie zwei Jahre vorher die Gegner

einer Weltausstellung in Venedig Freude über die Bemühungen Hannovers zeigten. Diese merkwürdigen Versuche, der niedersächsischen Landeshauptstadt die »Beute« wieder streitig zu machen, belasteten die Arbeit der Planer, die das Projekt realisieren sollten. Alle wußten davon, daß Hannover in Paris seit der Auflösung der Deutschen Demokratischen Republik keine Mehrheit mehr besitzt.

Die Politik des Rates

Die geplante Weltausstellung wirkte also schon außerordentlich früh auf das Dasein der Menschen in Hannover ein. Sie reagierten je nach Einstellung und Temperament hierauf, und ihre Reaktionen wirken wieder auf die vorbereitenden Arbeiten ein, beflügeln oder behindern sie. Der Rat der Stadt beschloß im April 1991, ein großes »Expo-Forum« einzurichten und die Vertreter aller interessierten und betroffenen Gruppen, von den Befürwortern bis zu den Gegnern, vom Vorstandsmitglied von VW und Bankern über den Mieterverein bis zu den Gewerkschaftlern und den Stadtsuperintendent, von ausgesprochenen Technokraten bis zu den organisierten Frauen und den Umweltschützern, daran teilhaben zu lassen. Dieses Forum befaßt sich seit Sommer 1991 in neun Arbeitsgruppen mit den verschiedenen Gesichtspunkten der Weltausstellung, so mit dem Städtebau, dem Verkehr, der Expo-Stadt, kulturellen Vorstellungen und der Stadtentwicklung, der sozialen Seite und der kommunalen Ökologie, um eigene Ideen und Vorschläge zu präsentieren. Dies ist der Versuch des Oberbürgermeisters und der Veranstalter der Expo 2000, die auseinanderstrebenden Menschen an einen imaginären Punkt zurückzuholen und zusammenzuführen, an dem sie der Weltausstellung gemeinsam etwas geben können, und doch jeder nach seiner Fasson. Wenn es richtig ist, daß eine Stadt die Mühen einer Weltausstellung auf sich nimmt, um die Qualität des urbanen Lebens dauerhaft zu steigern, dann sollten die Interessierten unter ihren Bürgerinnen und Bürgern auch zu den Vorbereitungen einen persönlichen Beitrag leisten dürfen.

Die Anhänger oder Verächter der Expo 2000 in Hannover markieren die erste Bruchlinie, die in die Stadtgesellschaft hineingetragen worden ist. Ein zweiter Schnitt, der täglich die Gemüter beunruhigt, zieht sich durch die Nomenklatura der Stadtpolitiker und ihrer Parteien. Als am 14. Juni 1990 in Paris positiv für Hannover entschieden wurde, bildeten die Sozialdemokraten und die Grünen im Rat der Stadt noch eine Fraktionsgemeinschaft. Sie besaßen damit eine knappe Mehrheit gegenüber den Christdemokraten, den Freidemokraten und zwei versprengten Ratsherren einer Wählergemeinschaft, die sich »Wir für Hannover« nennt. Innerhalb der sozialdemokratischen Fraktion war eine Mehrheit davon überzeugt, in den Grünen den richtigen ideologischen Partner gefunden zu haben. Man goutierte eine gemeinsame ökologisch bestimmte Stadtentwicklung, die den anderen Fraktionen ein wenig weltfremd erschien. In dieser Weise, das heißt als rot-grüne Koalition, war auch die Niedersächsische Landesregierung gebildet worden.

Nach der Pariser Entscheidung am 14. Juni 1990 fühlten sich die Grünen allerdings veranlaßt zu erklären, daß sie die Weltausstellung, die nun wider Erwarten auf Hannover gefallen war, ablehnten. Sie wollten sich für die Kommunalwahl im Oktober 1991 mit ihrer Ablehnung der Expo 2000 besonders auffällig in Szene setzen, um sich von den Sozialdemokraten abzuheben. Da diese und ihr Oberbürgermeister am Projekt festhielten, zerfiel das unruhige Bündnis nach etlichen Zuckungen.

Auf der politischen Bühne traten damit klare Verhältnisse ein, doch ein Teil der Sozialdemokraten setzte sein gemeinsames Spiel mit den Grünen hinter den Kulissen fort. Als Parteien forderten beide zur Kommunalwahl 1991, in Hannover nach dem Wiener Vorbild einen Volksentscheid abzuhalten, um den Bürgerinnen und Bürgern der Stadt Gelegenheit zu geben, über die Weltausstellung zu befinden. Vielleicht auch mit dem Gedanken, die Arbeit an der Ausstellung damit praktisch zum Erliegen zu bringen, verlegten sie schließlich das geforderte Abstimmungsdatum auf 1992. Zur Verblüffung aller schlossen sich 1991 auch die Fraktion der Christdemokraten im niedersächsischen Landtag dieser Forderung an, offenbar in der Absicht, die Sozialdemokraten in Verlegenheit zu bringen. Wer nämlich bei einer Kommunalwahl oder Landtagswahl noch auf einem zweiten Zettel ein »JA« oder »NEIN« zur Expo 2000 ankreuzen soll, wird leicht dazu neigen, sein »NEIN« durch ein zusätzliches Kreuz bei den Grünen und sein »JA« durch ein zusätzliches Kreuz bei den Schwarzen abzusichern. Eine Weltausstellung kann also, entsprechende Geschicklichkeit vorausgesetzt, dazu benutzt werden, dem politischen Gegner das Wasser abzugraben. In Wien gelang es der dortigen FPÖ im Mai 1991, die den Bürgerinnen und Bürgern vorgelegte Fragen nach einem JA oder NEIN zur Weltausstellung 1995 dermaßen mit Fragen nach weiterem Ausländerzuzug, nach effektiver Bekämpfung der Kriminalität oder der Erhaltung von beliebten Spazierwegen auf der Donau-Insel zu vermengen, daß die Befragten am Schluß mit ihrem mehrheitlichen NEIN alles mögliche meinten, vielleicht zum Teil auch noch die Weltausstellung.

Die »Volksbefragung« zur Expo 2000

Das »Volk« einer Weltausstellung sind nicht nur die Bewohner der gastgebenden Stadt, sondern auch die der Region im weitesten Sinn. »Volk« sind auch die ausstellenden Staaten und Unternehmen, deren Veranstaltung die Weltausstellung darstellt, und die vielen Millionen Besucher von überallher. Deshalb lehnte selbst das »Expo-Forum«, das zentrale Gremium der Bürgerbeteiligung, im Februar 1992 eine Bürgerbefragung ab. Dennoch beschloß der Rat der Stadt Hannover mit 33 zu 31 Stimmen am 19. März 1992, die erwachsenen Deutschen und Ausländer in Hannover Anfang Juni 1992 folgendes zu fragen: »In der Öffentlichkeit wird über Vor- und Nachteile einer Weltausstellung in Hannover gestritten. So bestehen Erwartungen wie mehr Arbeitsplätze, höhere Einkommen, neue Nahverkehrslinien und mehr Wohnungsbau. Dem stehen Befürchtungen wie steigende Mieten, zusätzliche Umweltbelastungen, steigende Lebenshaltungskosten und zu große finanzielle Belastungen für die Stadt gegenüber. Wir fragen Sie, sind Sie dafür, daß im Jahr 2000 in Hannover eine Weltausstellung stattfinden wird? Ja / Nein.« Eine Sozialdemokratin brachte den Mut auf, sich dieser Selbstentmachtung des Rates entgegenzustellen und sich zumindest der Stimme zu enthalten. Die entscheidende Stimme gewannen die Roten und die Grünen von einem Ratsherrn, der wegen rechtsradikaler Äußerungen aus seiner Partei (ÖDP) ausgeschlossen worden war.

Ohne Rücksicht darauf, daß das niedersächsische Recht so etwas nicht vorsieht, wurde also ausgerechnet am Fall der Expo 2000 nach der punktuellen Einführung der direkten Demokratie verlangt. Im Grunde setzte sich damit zwischen den Parteien, aber auch innerhalb einer Partei, nämlich der sozialdemokratischen, der Streit der Stadtgesellschaft um das Projekt fort. Sämtliche politischen Gremien, innerhalb der Parteien sowie innerhalb der Institutionen, litten ab Ende 1991 unter dieser verwirrenden Situation. Jede Abstimmung in einem Ausschuß oder einer Kommission konnte pro oder contra ausfallen, es gab keine durchgängige Sicherheit für das eine oder das andere mehr. Die Commedia dell'Expo allerdings bewies ihre erstaunliche Lebenskraft auch in dieser Situation. Die Veranstalter behielten die Nerven, die nötig waren, um die tägliche Hürde beiseite zu räumen oder zu überspringen. Doch es ist nicht einfach, den Glauben der Menschen an eine Theateraufführung aufrechtzuerhalten, von der sie erfahren, daß sich die Schauspieler mit dem technischen Personal in den Haaren liegen, der Regisseur über Nacht seine Verträge fristlos kündigt, der Dramaturg ständig die Texte austauscht und die Premiere auch noch aus anderen Gründen permanent gefährdet ist.

Anmerkungen

[1] Neue Presse Hannover vom 12. Juni 1991
[2] Vgl. Bericht der Niedersächsischen Staatskanzlei über eine Reise nach Sevilla vom 17. Juni 1991
[3] Studie der INVISO Kommunikations- und Marketingforschung Hannover vom 12. März 1992. Vgl. auch Repräsentativerhebungen der Landeshauptstadt Hannover (Referat für Stadtentwicklung) vom 20. November 1990
[4] Vgl. Loccumer Protokolle 66/90 und »Kulturlandschaft Stadt 2000«, Hearing des Norddeutschen Rundfunks Hannover zur Weltausstellung Hannover 2000 vom 17. Februar 1991

DIE WELTAUSSTELLUNGS-GESELLSCHAFT

oder

Die Organisation
zwischen den Beteiligten

13

Zwischen dem Theater und der Weltausstellung läßt sich in diesem Kapitel wieder eine klare Parallele ziehen. Wir bewegen uns also auf gesichertem Boden. Am Anfang der Commedia dell'arte steht das Theaterstück oder der zu spielende Text, den ein Autor, mit sich allein am Schreibtisch, verfaßt hat. An ihrem Ende steht die Aufführung auf einer Bühne, durch einen oder mehrere Schauspieler und vor einem Publikum. Zwischen beidem, der schöpferischen Leistung des einsamen Schreibers und der nachschaffenden Leistung der Gruppe der Theaterleute in der Öffentlichkeit, bedarf es eines Dritten, um beides zusammenzuführen und zusammenzuhalten. Dieses Dritte stellt die Theaterorganisation dar, die das Stück aufgreift und es dem Publikum zu Gehör und zu Gesicht bringt. Was dies bedeutet, ist uns gut bekannt: ein Betrieb in Form beispielsweise einer juristischen Gesellschaft, die einen Direktor, Dramaturgen, Regisseure, Schauspielerinnen und Schauspieler, Bühnenbildner, Pförtner und Chauffeure beschäftigt. Oben haben wir einem Theaterprospekt der Volksbühne in Wien entnehmen können, welche Funktionen wahrzunehmen sind, bis wir uns in einen Theatersessel sinken lassen und über irgendeine Komödie lachen können.

Eigentümer einer solchen Theatergesellschaft ist häufig der Staat oder eine Stadt, manchmal auch ein privates Unternehmen oder ein Verein. Es mag vorkommen, daß die Schauspielerinnen nebenbei die Kartenverkäuferinnen sind oder daß der Autor zugleich den Regisseur abgibt. Mancher Theaterdirektor sitzt während der Aufführung hinter dem Scheinwerfer, und vielleicht ist seine Assistentin nicht nur im Leben, sondern auch auf der Bühne mit der jugendlichen Liebhaberin identisch. Schließlich gibt es große und kleine Bühnen, und nicht jede kann großzügig mit den Ressourcen umgehen. Dies ändert aber nichts daran, daß es immer die gleichen Funktionen sind, die erfüllt werden müssen, damit ein Theaterstück realisiert werden kann.

Bei einer Weltausstellung ist es nicht anders. Auch die Commedia dell'Expo entspringt dem Kopf eines einzelnen Menschen, und sei es nur, daß er drei Minuten früher auf die entscheidende Idee gekommen ist als seine Gesprächspartner. Im ersten Kapitel ist dargestellt worden, wer die »Verfasser«, genauer, die Ideen- und Stichwortgeber der Expo 2000 in Hannover waren. Damit ihr »Werk« dem internationalen Publikum des Jahres 2000 vorgeführt werden kann, ist es von einem bestimmten Zeitpunkt an einer Organisation zu übergeben, die sich seiner nachdrücklich und zielstrebig annimmt. Eine solche Organisation ist von Weltausstellung zu Weltausstellung wieder neu zu entwerfen, einzurichten und zum Laufen zu bringen. Es gibt zwar einige Leute, die einen Beruf daraus gemacht haben, Weltausstellungen durchzuführen. Ein australischer Finanzfachmann beriet nacheinander die Weltausstellungen in Brisbane, Sevilla, Wien und Budapest und überreichte seine Visitenkarte auch rechtzeitig in Hannover. Schon im 19. Jahrhundert wanderten einige Experten von einer Ausstellung zur anderen und boten ihre Dienste als »Commissioner«, »Consulting officer« oder »Sole manager« an.[1] Doch letztlich bleibt den Veranstaltern einer Weltausstellung nichts anderes übrig, als sich eine auf ihre besonderen Ziele zugeschnittene und nach ihren politischen Umständen ausgerichtete Weltausstellungsgesellschaft aufzubauen. So sind auch die Veranstalter der Expo 2000 dabei, sich ihre spezielle Expertengruppe zusammenzustellen. Um sie mit »full power of management« auszustatten, muß sie rechtlich und praktisch von Staat und Stadt losgelöst sein.

Obwohl an der Expo 2000 hundert oder gar hundertundfünfzig Aussteller aus allen Gegenden des Erdballs beteiligt sein werden, ist die Weltausstellungsgesellschaft selbst eine Angelegenheit von wenigen Trägern. Im Theater ist es zwar üblich, alle Mitwirkenden zu Mitarbeitern der Direktion werden zu lassen. Bei Weltausstellungen aber scheiden zunächst einmal alle Staaten, internationalen Institutionen oder Unternehmen aus, die zwar später als Aussteller in Erscheinung treten werden, aber nicht mit dem gastgebenden Land identisch sind. Sofern sie sich an der Weltausstellung beteiligen, werden sie dies zu gegebener Zeit durch den Bau eigener Pavillons, durch eine Präsentation in vorhandenen Gebäuden oder auf noch intelligentere Weise tun. Die Staaten, die UNO, die UNESCO, die Weltgesundheitsbehörde, die Europäische Gemeinschaft, der Vatikan, die Elektronikkonzerne, die Autoindustrie, die Universitäten und alle anderen werden abwarten, was in der gastgebenden Stadt zustande kommt. Nicht ihre Sache ist es, den ersten Schritt zu tun, sondern die ihres künftigen Gesprächspartners: der Weltausstellungsgesellschaft.

Das gastgebende Land und die gastgebende Stadt, denen die Staaten des Pariser »Bureau International des Expositions« erlaubt haben, eine Weltausstellung zu veranstalten, werden also für fünf bis acht Jahre mit ihren organisatorischen Problemen allein gelassen. Sie sehen sich einer Aufgabe gegenüber, die sie einerseits möglichst schnell erledigen müssen. Andererseits werden sie aber erst Jahre später erfahren, ob es sich wirklich gelohnt hat, eine kostspielige Organisation in die Welt gesetzt zu haben und sie arbeiten zu lassen. Auch dieser Konflikt verlangt von den Veranstaltern, wie schon nach der Bewerbung und mit Beginn der Planungsphase, starke Nerven. Die Vertreter der Bundesrepublik Deutschland, des Landes Niedersachsen und der Stadt Hannover müssen also eine neue Rechtsperson schaffen, die zwar in ihrem Eigentum steht, aber nicht mit ihnen identisch ist.

Vorbilder für die Organisation von Großprojekten

Wie in jeder komplizierten Lage versuchten die Veranstalter der Expo 2000 auch jetzt wieder, von anderen zu lernen. Vorbilder gibt es nicht nur in den realisierten Weltausstellungen anderer Staaten, sondern auch in einem vergleichbaren Großereignis in Deutschland, den Olympischen Spielen 1972 in München. Auch damals sah sich ein Triumvirat aus Bund, Land Bayern und Stadt München der Aufgabe gegenüber, ein Weltereignis zu organisieren. Es löste sie mit Hilfe zweier Gesellschaften, die sich um den Bau und die operative Phase der Spiele kümmerten. Aber auch der Blick auf die vorangegangenen Weltausstellungen bestätigte, daß sie nur mit Hilfe einer Gesellschaft ermöglicht worden waren. Fast immer war es die gastgebende Regierung, die als erste initiativ wurde, häufig auf der Grundlage eines staatlichen Gesetzes. Die Weltausstellung 1992 in Sevilla, die auch in organisatorischer Hinsicht beispielgebend ist, bedient sich einer »Sociedad Estatal para la Exposición Universal de 1992 S. A.«, die auf das »Real Decreto 697/82« von 1982 zurückgeht. Sie ist eine rein staatliche Gesellschaft, ohne Vertreter der Provinz Andalusien (Junta de Andalucia) oder der Stadt Sevilla einzubinden. Die Gesellschaft umfaßt drei Organe: eine Generalversammlung, einen Direktionsrat mit dem Generalkommissar an der Spitze und einen Verwaltungsrat. Die Generalversammlung entscheidet auf Vorschlag des Generalkommissars, wer in den Verwaltungsrat (6 bis 16 Mitglieder) und damit in das eigentliche Management der Gesellschaft ein-rückt. Um ein anderes Beispiel zu erwähnen: Für die Weltausstellung in Vancouver 1986 beschloß Kanada 1981 das »Expo '86 Corporation Act«, aus dem eine »Expo '86 Corporation« hervorging, in der vierzehn Direktoren aus der Kanadischen Regie-rung, der Provinz British Columbia und der City of Vancouver die Regie übernah-men.

Das Weltausstellungsbüro in Paris ist in seinen Statuten, nach denen die end-gültige »Registrierung« der Weltausstellung fünf Jahre vor der Eröffnung verlangt werden kann, auf diese Gewohnheit, sich gesellschaftsrechtlich zu organisieren, eingegangen. Es fragt dort unter anderem nach den Gesetzen, die der gastgebende Staat erlassen hat, um die Ausstellung organisatorisch zu ermöglichen. Manche Staaten regeln neben der Organisation auch die Einfuhrbestimmungen von Expo-naten, die diplomatischen Vertretungen und andere praktische Fragen für die Zeit der Exposition in solchen Gesetzen.

Von den Olympischen Spielen in München ließ sich für die Weltausstellung in Hannover lernen, welche Gründe es gibt, die Arbeit am Projekt nicht von Beamten und Angestellten staatlicher und städtischer Behörden, sondern von einer privat-rechtlich agierenden Gesellschaft realisieren zu lassen. Auch die Vorbereitungen zur Olympiade standen unter erheblichem Zeit- und Finanzierungsdruck. Dies machte es von vornherein unmöglich, nach Gesetzen, Verordnungen und Satzun-gen zu arbeiten, die wenig Gestaltungsfreiheit belassen und denen Behörden und ihre Administratoren unterworfen sind. Außerdem erschien es zweckmäßig, die Zahl der Menschen, die an Entscheidungen zu beteiligen ist, möglichst klein zu halten. Dies verlangte, die zahllosen Ausschüsse, Kommissionen, Beiräte und son-stigen Gremien eines Bundeslandes oder einer Stadt außer acht zu lassen. Die Ver-anstalter der Münchner Olympiade legten sich deshalb in der »Olympia-Baugesell-schaft« und dem »Organisationskomitee für die Spiele der XX. Olympiade Mün-chen 1972« zwei neue Rechtspersonen zu, denen das Management der Spiele über-tragen wurde. Sie befreiten sich damit von bürokratischen Zwängen: Bauvorhaben brauchten zum Beispiel nicht mehr starr ausgeschrieben, sondern konnten frei aus-gehandelt werden. Damit war zumindest ein erheblicher Gewinn an Zeit gesichert. Aufträge, die Dienstleistungen oder Konzessionen betrafen, konnten nach markt-wirtschaftlichen Usancen vergeben werden. An die Stelle des Öffentlichen Rechts trat das Privatrecht, und die Gesellschaften lieferten den Zugang dazu. Sie waren auch leichter in der Lage, Kredite aufzunehmen. Sie übernahmen die entscheiden-den Aktivitäten, um das Projekt voranzubringen, und die Stadtverwaltung be-schränkte sich auf die ihr verbliebenen kommunalpolitischen Aufgaben.

Der Verlust an politischer Gestaltungsfreiheit

Was aus einer Reihe von Motiven bei Weltausstellungen wie bei Olympischen Spielen praktiziert wurde, leuchtete auch den Veranstaltern der Expo 2000 ein. Sie benötigen eine Managementgesellschaft, die sich um die besonders zeitraubenden, die finanziell aufwendigen und die global orientierten Elemente der Weltausstel-lung zu kümmern hatte. An ihr müßte beteiligt sein, wer Verantwortung für das Projekt trägt. Dies ist in erster Linie die Bundesrepublik Deutschland, die sich im November 1988 um die Ausrichtung der Expo 2000 beworben und im Juni 1990 den

Zuschlag erhalten hat. Ihr obliegen die diplomatischen Funktionen, die mit einem solchen Ereignis verbunden sind, darunter die Berufung eines Generalkommissars. Zweitens ist das Land Niedersachsen in der Pflicht, weil es seit Juni 1990 die Funktionen eines Veranstalters übernommen hat und der Ort des Geschehens die Hauptstadt Niedersachsens ist. Die Stadt Hannover schließlich stellt das Gemeindegebiet, in dem die Expo 2000 stattfinden wird, zur Verfügung. Ihr allein steht auch die Planungshoheit zu, mit der bestimmt wird, was zur Weltausstellung gebaut werden darf. Im Gegensatz zum Bund und zum Land, die sich im großen und ganzen darauf beschränken, Finanzmittel zur Verfügung zu stellen, tut die Stadt Hannover nicht nur dies, sondern bringt sich mit ihrer gesamten Stadtfläche von 204 Quadratkilometern und über funhunderttausend Einwohnern in das Projekt ein. Zwischen diesen drei Gebietskörperschaften ist zweckmäßigerweise eine vierte Organisation zu schaffen, die aus juristischen Gründen die Form einer Gesellschaft nach dem GmbH-Gesetz bekommen wird.

Aber bevor es soweit ist, bewegen sich die Gespräche der Politiker um die Frage, was an Stoff aus den Zuständigkeiten des Bundes, des Landes und der Stadt ausgesondert und der Weltausstellungsgesellschaft überlassen werden soll. Was überhaupt wird zu regeln und zu bewältigen sein? Wie immer diese Frage beantwortet wird: was der Gesellschaft an Verfügungsmacht zuwächst, geht den drei Körperschaften verloren. Manche Kommunalpolitiker der Stadt Hannover denken seit langem darüber nach, ob sie den Geschäftsführern einer privaten Gesellschaft wertvolle Teile der kommunalpolitischen Entscheidungsmasse überlassen sollten. Schließlich ist eine Weltausstellung, gemessen an der Stadt Hannover und ihrer Region, ein Ereignis, das die gesamte Kommunalpolitik dominiert. Allein die über tausend Berichte der Medien im ersten Jahr nach der Entscheidung des Weltausstellungsbüros vom 14. Juni 1990 richteten das politische Interesse in der Stadt auf das Projekt »Expo«. Über Nacht hat sich vieles in der Stadt nach den speziellen Bedürfnissen der Weltausstellung zu orientieren. Niemand beabsichtigte zum Beispiel bis 1990, den westlichen Kronsberg schon so rasch und im großen Stil mit Wohnungen und Arbeitsstätten zu bebauen. Zwar war ein Gewerbegebiet ausgewiesen worden, und die ersten Firmen hatten ihre Betriebe errichtet. Doch die eigentliche Siedlungsentwicklung in der Stadt — und erst recht in der Region Hannover — sollte an anderer Stelle plaziert werden, in den städtischen Baulücken etwa oder entlang der vorhandenen Entwicklungsachsen im Landkreis Hannover. Plötzlich waren diese jahrzehntelang diskutiert und mühsam erarbeiteten Absichten, in Raumordnungs-, Flächennutzungs- und Bebauungsplänen niedergelegt, nicht mehr so wichtig. Noch ehe irgendwo ein Bagger seine Schaufel in das Erdreich des Kronsberges gerammt hatte, war die Weltausstellung in den Köpfen der Politiker bereits in vollem Gang. Wie sollte man sich vor der Stadtgesellschaft profilieren können, wenn nicht dadurch, daß man zum wichtigsten Entscheidungsträger der Expo 2000 wurde?

Ein anderes Beispiel: Die Erkenntnis, daß im Jahr 2000 über vierzig Millionen Menschen nicht zum Kronsberg oder zur Messe gefahren werden können, wenn nicht das öffentliche Schnellbahnnetz ausgebaut wird, ließ die noch unbebauten Flächen längs solcher Trassen und erst recht das Zielgebiet auf dem Kronsberg plötzlich zum Zentrum künftiger Stadtentwicklung werden. Die Weltausstellung kann eine S-Bahn-Strecke vom Flughafen nach Laatzen und eine neue Stadtbahnstrecke gut gebrauchen, und die S-Bahn wie die Stadtbahn verlangen nach Menschen, die auch nach der Weltausstellung mit ihnen fahren werden. So ist es nur logisch, daß Wohnungen und Arbeitsplätze, wie vor Jahrzehnten schon einmal beabsichtigt, im Einzugsgebiet dieser neuen Bahnen errichtet werden und nirgends sonst. Ein solcher Zwang drückt auch der städtischen Sozialpolitik, Kulturpolitik oder Schulpolitik eine neue Richtung auf. Liebgewordene Projekte müssen fallengelassen, neue entworfen werden. Die Erfordernisse der Weltausstellung reißen die alten Denkgebäude der Stadtpolitiker ein und verlangen von ihnen, umzudenken und neue Konzepte für die Stadtpolitik zu entwickeln.

Über diese neuen Sachzwänge hinaus wird ihnen außerdem noch abverlangt, einer privatrechtlichen Gesellschaft die besonders attraktiven lokalen Aufgaben zu überlassen. Die Gesellschaft soll vorschlagen dürfen, wie das Weltausstellungsgelände erschlossen oder architektonisch geordnet, wie die Expo-Stadt angelegt und wo die Stationen der Schnellbahnen angelegt werden. Damit wird die Gesellschaft das Gesicht des zukünftigen Stadtteils wesentlich mitgestalten, wenn auch der Rat der Stadt Hannover das letzte Wort in allen Planungen hat, die sich als Raumplanung niederschlagen. Die Projektplanung dagegen wird weitgehend von der Gesellschaft bestimmt werden und sich dem Einfluß der Politiker entziehen. Damit tritt eine kuriose Situation ein: vor dem Wahlvolk, das ein Kommunalpolitiker nicht aus dem Auge verlieren darf, können sich nur diejenigen vorteilhaft profilieren, die sich keiner Wahl zu stellen haben. Diejenigen, die sich einer Wahl zu stellen haben, verlieren etliche Chancen der Selbstdarstellung. Obwohl dies so ist, wird die Furcht davor, als Politiker nicht die beste aller möglichen Figuren zu machen, überlagert von der Furcht, mit der Weltausstellung nicht rechtzeitig zum 1. Juni 2000 fertig zu werden, wenn man auf eine ungebundene privatrechtliche Gesellschaft verzichten würde. Deshalb werden die Veranstalter der Expo 2000 letztlich Kompetenzen, die für eine erfolgreiche Vorbereitung des Ereignisses erforderlich sind, an die Gesellschaft abtreten müssen.

Die Aufgaben der Weltausstellungsgesellschaft

Die Veranstalter sammelten schon 1990 Aufgaben, die zu erledigen sein werden, und sortierten sie in jene, die von der Weltausstellungsgesellschaft übernommen werden sollen, und in jene, die von der Stadt, aber auch vom Land Niedersachsen und von der Bundesregierung, wahrzunehmen sind. Das Ergebnis war, daß die Gesellschaft in erster Linie die innere Erschließung des Weltausstellungsgeländes nach den raumplanerischen Vorgaben der Stadt zu realisieren und zu finanzieren hat. Sie wird die Aufträge zum Kanalbau, zum Straßenbau, zur Anlage von Grün- und Wasserflächen, zur Energieversorgung und für ein inneres Transportsystem erteilen und bezahlen. Sie wird aber auch dafür sorgen, daß über und neben dieser klassischen Sorte von Erschließungsmaßnahmen eine weitere Sorte von Maßnahmen berücksichtigt wird, die speziell für Weltausstellungen unvermeidlich ist. Dazu gehört zum Beispiel die elektronische Verkabelung des gesamten Geländes, so daß alle Pavillons und andere vorübergehende oder auf Dauer angelegte Bauten an ein gemeinsames Informations- und Kommunikationssystem angeschlossen sind. Dazu rechnet weiter ein inneres Transportsystem, das den Besuchern hilft, die bemerkenswerten Entfernungen auf dem »Site« hinter sich zu bringen. Sevilla hat sich für die Expo 1992 gleich zu drei solcher Bahnen entschlossen, die auf Magneten schweben, an Seilen hängen oder wie Wiener Fiaker von Pferden gezogen werden, von den Elektrobooten und kleinen Dampfern auf den Wasserflächen und Kanälen einmal abgesehen. Aber es gibt auch noch andere Aufgaben, die auf dem Weltausstellungsgelände zu lösen sind. Das Motto »Mensch, Natur, Technik« verlangt zum Beispiel danach, den Weltausstellungsmüll ökologisch zweckmäßiger zu vermeiden oder zu beseitigen, als dies gewöhnlich der Fall ist, oder Anlagen vorzusehen, die gebrauchtes Wasser immer wieder erneuern, um den Bedarf zu senken. Manche dieser zusätzlichen Erschließungsmaßnahmen mögen dem künftigen Stadtteil am Kronsberg zugute kommen, wenn die Aussteller der Expo 2000 Hannover längst wieder verlassen haben.

Sache der Weltausstellungsgesellschaft ist es auch, der Deutschen Messe AG dabei zu helfen, jenen Teil ihrer Hallen und sonstigen Einrichtungen, die für die Expo 2000 in Anspruch genommen werden sollen, entsprechend herzurichten. Es wird Neu- und Umbauten geben, bauliche Veränderungen und Ergänzungen, um den Weltausstellungsstandard zu erreichen. Auch das Messegelände muß an das expointerne Verkehrssystem angeschlossen werden, damit es ebenso bequem zu erreichen ist wie irgendein Pavillon am Kronsberg. Es ist das zu tun, was auch ein Theater unternehmen würde, wenn seine Bühne vorübergehend für ein besonders aufwendiges Theaterstück in das Nachbargebäude hinein erweitert werden müßte. Man würde die Umbauten nebenan so geschickt anlegen, daß sie dann, wenn der Anlaß für sie entfallen ist, doch einen Vorteil auf Dauer hinterlassen. Auch die Expo-Stadt wird von der Weltausstellungsgesellschaft zunächst vorgeplant werden müssen, weil sie ein Element der Expo 2000 ist. Schon um ausstellende Staaten dafür zu gewinnen, sich an der Expo-Stadt mit irgendeinem originellen Beitrag zu beteiligen, ist es richtig, dem dafür maßgebenden Gesprächspartner die Federführung zu übertragen. Wiederum liegt die räumliche Planung in Form eines Bebauungsplanes bei der Stadt, die Projektplanung bei der Gesellschaft. Es ist deren Aufgabe, sich um ein geistreiches, sozial und technisch überzeugendes Konzept für die Expo-Stadt, ihre Wohnungen und öffentlichen Einrichtungen, ihr Straßensystem und ihr Erscheinungsbild, ihre zivilisatorische Ausrüstung und ihre Architektur zu kümmern.

Public Relations für die Expo 2000

Neben diesen erdgebundenen Arbeiten vor Ort wird sich die Weltausstellungsgesellschaft weltweit dafür einsetzen müssen, die Expo 2000 ins Gespräch zu bringen. Außerhalb Hannovers gilt es zunächst einmal zwei Kategorien von Menschen zu begeistern: einerseits die zuständigen Minister und Beamten in den einhundertundsiebzig Staaten, andererseits die Chefs öffentlicher wie privater Unternehmen und Konzerne, die auf der Weltausstellung vertreten sein möchten. Anfang 1991 schrieb der Verfasser an den Prince of Wales und erinnerte ihn daran, in einem Buch über Architektur und Städtebau bekannt zu haben, er trete gern in die Fußstapfen seines Ur-Ur-Urgroßvaters Prince Albert. Dieser initiierte bekanntlich die erste Weltausstellung 1851 in London und steuerte unter anderem den Entwurf eines Arbeiterwohnhauses bei, das heute noch bewohnt wird. Die Antwort aus London lautet, man könne sich vorstellen, zur Expo-Stadt oder zu einem anderen Element der Expo 2000 einen Beitrag zu leisten. Der Prince of Wales repräsentiert sozusagen eine dritte Kategorie von Menschen, auf die eine Weltausstellung angewiesen ist: Mäzene und Sponsoren, die zu einem speziellen Aspekt der Weltausstellung ein liebevolles Verhältnis haben und über Möglichkeiten verfügen, diesem Aspekt zur Geltung zu verhelfen. Ein anderes Beispiel ist Michael Gorbatschow, der ehemalige Staatspräsident der Sowjetunion. Er erklärte sich bereit, mit der Gorbatschow-Foundation einen Beitrag zur hannoverschen Weltausstellung zu leisten. An dieser Stelle der Organisation kommt auch die Deutsche Messe AG wieder ins Spiel, die bekanntlich Vertretungen in über sechzig Ländern unterhält. Die »Botschaft« aus Hannover muß in alle Welt getragen werden, um alle zu erreichen, für die und mit denen die Weltausstellung veranstaltet werden soll. Das Theater hat es wieder einmal einfacher, indem es seine Plakate an die Litfaßsäulen der Stadt schlagen läßt, in der es zu Hause ist.

Auf dem Weltausstellungsgelände und für die dort stattfindenden Aktivitäten wird die Gesellschaft Rechte vergeben, Konzessionen für Restaurants und Cafés, Lizenzen für Fernsehaufnahmen, die anschließend den interessierten TV-Anstalten angeboten werden. Die Gesellschaft wird den Besuch der Ausstellung steuern, indem sie ebenso viele Eintrittskarten verkauft, wie das hannoversche Verkehrssystem und seine »Zubringer« im Jahr 2000 Menschen befördern kann. Schließlich wird sie sich überlegen, auf welche Weise die Menschen auf dem Gelände mit kulturellen Veranstaltungen unterhalten und angeregt werden können. Die vorangegangenen Veranstaltungen in Osaka, Vancouver oder Sevilla montierten mehrere Theater auf dem »Site«, in denen Komödien, Orchesterkonzerte oder Opern gespielt wurden und Ballettcompanien tanzten. Es gibt dazu eine lange Tradition von Aufträgen an Komponisten: Schon zur Pariser Weltausstellung 1867 ließ beispielsweise Napoleon III. einen Wettbewerb für eine Kantate (Soli, Chor und Orchester) ausschreiben. Saint-Saens gewann, aber aufgeführt wurde eine »Hymne« von Rossini, angeblich aus technischen Gründen. In Kongreßsälen werden sich, eingeladen von der Expo-Gesellschaft, Wissenschaftler, Philosophen, Bischöfe und andere treffen, um über »Mensch, Natur und Technik« zu diskutieren.

Weitere Träger der Weltausstellung

Alles in allem wird die Weltausstellungsgesellschaft eine »Stadt in der Stadt« auf die Bühne heben. Sie wird fünf Monate existieren und täglich von einigen hunderttausend Menschen belebt werden. Dieses merkwürdige Gemeinwesen auf Zeit wird von einigen Geschäftsführern relativ autoritär regiert werden. Ihren Finanzbedarf wird sie aus ihren Einnahmen decken, und am 1. November 2000 wird sie ihre sämtlichen Einwohner wieder verloren haben. Die Weltausstellungsgesellschaft wird dann ihre administrativen Kompetenzen über Teile des Kronsberges und der Messe an die Stadtverwaltung und die Messegesellschaft zurückgeben. Damit erobern sich die hannoverschen Kommunalpolitiker ihren Kronsberg zurück. In der Zwischenzeit werden sie ihm verordnet haben, auf Dauer einen neuen Stadtteil auf seinem Rücken zu tragen.

Zwischen dem 1. Juni und 31. Oktober 2000 wird sich die Weltausstellung auch in anderen Bezirken der Stadt Hannover ausbreiten. Was dort geschieht, fällt allerdings nicht mehr in die Zuständigkeit der Weltausstellungsgesellschaft. Das organisatorische Konzept der Expo 2000 sieht vor, für die kleinen Projekte in der Stadt von Fall zu Fall einen Träger zu suchen. Die Deutsche Bundesbahn und die Hannoverschen Verkehrsbetriebe werden sich darum bemühen, die Transportprobleme zu lösen. Das Geschäft der Stadtverwaltung wird es sein, passende Projekte aufzugreifen, die auf städtischen Grundstücken errichtet werden und gemeinhin kommunale Aufgaben darstellen. Dies mag das Expo-Palais in den Herrenhäuser Gärten sein, die Durchdringung eines Stadtteils mit Elementen der Natur wie Bachläufen, begrünten Hinterhöfen, Grasflächen statt Asphalt und Beton oder die Eroberung weiterer Stadtflächen für den Fußgänger. Vielleicht werden sich private Unternehmen finden, die es ökonomisch reizen kann, die eine oder die andere Idee selbst zu verwirklichen. Es geht nicht nur um die ökologischen Aspekte des Stadtlebens, für die um internationale Aufmerksamkeit geworben werden soll. Auch soziale, kulturelle oder technische Meisterleistungen könnten dem Motto der Weltausstellung gerecht werden und sollten deshalb in Hannover verwirklicht werden. Vielleicht gibt es unter den vielen Besuchern der Weltausstellung einige, die ein spezielles Interesse oder die Leidenschaft für ein ausgefallenes Thema veranlaßt, einen Abstecher vom Weltausstellungsgelände zu einem Exponat irgendwo im Stadtgebiet Hannovers oder seiner Umgebung zu unternehmen.

Die Expo 2000 ist ein Gemeinschaftswerk von Bund, Land Niedersachsen und Stadt Hannover. Daraus folgt, daß nicht derjenige das Projekt auch finanzieren muß, der es gerade verwirklicht. Umgekehrt muß derjenige, der ein Projekt bezahlt, es nicht unbedingt auch realisieren. Mit aufsteigender Hierarchie nimmt die Pflicht zum Planen und Durchführen ab, während die Pflicht zum Finanzieren zunimmt. Dies ist ein Ausfluß unseres Staatsaufbaues: in den Gemeinden wird das Geld verdient, im Bund wird es ausgegeben und in den Bundesländern verteilt. Die Stadt Hannover wird sich also um vielleicht vierzig Prozent aller mit der Weltausstellung verbundenen Arbeiten kümmern müssen, aber vermutlich nur wenige Prozent davon mitfinanzieren. Die Bundesregierung braucht möglicherweise nur fünf Prozent der anfallenden Tätigkeiten zu übernehmen, dafür aber zum Beispiel sechzig Prozent der vorläufig oder endgültig benötigten Finanzmittel für die benötigten Anlagen des öffentlichen Nahverkehrs. In der Weltausstellungsgesellschaft werden alle Faktoren zusammenkommen, die Tätigkeiten ebenso wie die Gelder, um sie zu bezahlen.

Wir dürfen davon ausgehen, daß die Organisation der Weltausstellung für alle, die an ihr nicht persönlich beteiligt sind, der langweiligste und uninteressanteste Teil des Projekts ist. Dies hat die Commedia dell'Expo mit der Commedia dell'arte gemein. Dennoch wird niemand bestreiten, daß es ohne Kassiererin an der Theaterkasse und ohne den Bühnenarbeiter, der die Maschinerie zum Heben und Senken des Vorhangs oder der Kulissen bedient, kein Theater geben würde.

Anmerkungen

[1] Evelyn Kroker, Die Weltausstellungen im 19. Jahrhundert, Göttingen 1975, S. 158/159

hältnisse der Individuen global zu betrachten. Eine um ein Grad verschobene Sicht der Dinge würde sich einbürgern, die es vielleicht erleichtert, die uns im nächsten Jahrhundert bevorstehenden Lebenssituationen besser zu meistern. Es geht nicht um den untauglichen Versuch, die Welt schlechthin zu verbessern. Es geht darum, sie in ihren jeweiligen historischen Erscheinungsformen in Würde und Freiheit zu überleben.

Eine dritte Eigenart der Expo 2000 wird sein, daß die ausstellenden Staaten, internationalen Organisationen und Unternehmen ein reicheres Instrumentarium vorgefunden haben, sich und ihre Auffassungen zum Thema darzustellen, als dies sonst oder bisher der Fall war. Sie sind auf eine bunte Palette von Möglichkeiten gestoßen, sich und ihre Ideen einzubringen, unter denen sie auswählen können. Die konservativeren unter ihnen werden erneut einen Pavillon bauen, um durch ihn und in ihm ihre spezielle Botschaft zu übermitteln. Im Pavillon finden Ausstellungen und Veranstaltungen statt. Ihre Ausstellungen bedienen sich, wie eh und jeh, des gesprochenen Wortes, Filmvorführungen, Schautafeln, der Präsentation von Produkten und natürlich der Architektur. In ihren Veranstaltungen treten Instrumentalisten und Sänger, Maler, Bildhauer, Schauspieler und Zirkusartisten auf, um das Publikum anzuziehen. Die Staaten, denen ein eigener Pavillon zu teuer ist, haben sich mit anderen zusammengetan und gemeinschaftliche Bauten errichtet. In ihnen vollzieht sich das, was auch in den Pavillons geschieht, nur auf eine konzentriertere Weise.

Neue Formen der Selbstdarstellung

Darüber hinaus bietet Hannover etwas, was den Ausstellern einen gewissen Mut zu Neuerungen abverlangt. Erstmals haben sie auch außerhalb eines regierungsamtlichen Pavillons verwirklicht, was sie den Besuchern zu sagen haben. Die Expo 2000 bietet ihnen auf und neben dem Weltausstellungsgelände die Chance, das, was andere Aussteller sozusagen nur propagieren, in die Tat umzusetzen. Ein Staat, der meint, man solle die politische Macht mehr als bisher mit den Staatsbürgern teilen, hat sein Projekt bereits bei sich zu Haus von interessierten Laien mitentwickeln lassen. Wie sollen sich die Niederlande nach Ansicht der Holländer zum Thema »Mensch, Natur, Technik« darstellen? Das Ergebnis dieser Basisarbeit ist in Hannover installiert worden, für fünf Monate oder für immer. Worin das Ergebnis dieser Bürgerbeteiligung auch besteht, es findet in Hannover seinen Platz. Dort werden die Besucher gebeten, das Ergebnis unter die Lupe zu nehmen und kritisch zu kommentieren. Andere Staaten verzichten sowohl auf eine Ausstellung als auch auf Veranstaltungen größeren Stils und übernehmen dafür ein konstruktives Element in der Expo-Stadt. Es ist sozialer wie architektonischer Art, stellt Soft- oder Hardware dar. Wem es wichtig erscheint, die Weltreligionen nicht gegeneinander aufzubringen, sondern sie miteinander zu versöhnen, hat einen kleinen Kuppelbau errichtet, in dem an jedem Wochentag eine andere Religion ihren Dienst anbietet. An Stelle eines Schaukastens in einem Pavillon, aus dem in Neontechnik der Satz »Lebt miteinander in Frieden!« leuchtet, wird die Aufforderung praktikabel gemacht, zumindest auf einer Weltausstellung in Hannover.

Wieder andere Staaten bemühen sich darum, in der Expo-Stadt eine multikulturelle Gesellschaft auf Dauer einziehen zu lassen. Als Abbild der globalen Völkergemeinschaft ist jeweils ein kleiner Bezirk mit wenigen Wohnungen für Menschen reserviert, die aus Europa, Asien, Nordamerika, Südamerika, Australien nach Hannover gezogen sind, um hier zu leben und zu arbeiten. China sorgt dafür, daß der asiatische Teil seine Charakteristika erhält, Frankreich vertritt und finanziert die europäischen, Kenia die afrikanischen, Argentinien die südamerikanischen, Kanada die nordamerikanischen Gesichtspunkte. Wieder andere Länder nutzen die Chance, ein eigenes Gebäude für einen intelligenten Zweck zu errichten, mit einer Energieversorgung aus Erdwärme, autonomer Abfalltransformation und anderen neuen Techniken, die den Menschen dienen.

Die Vision von der Expo 2000 enthält als viertes Element die Idee, jeden der hundertdreiundfünfzig Tage von einem anderen Land gestalten zu lassen. Täglich ist ein anderer Staat berechtigt, auf der Weltausstellung das Regiment zu übernehmen, das Thema des Tages zu bestimmen, einen einleitenden Vortrag einer entsprechenden nationalen Veranstaltung zu halten und festzulegen, was und von wem anschließend worüber diskutiert werden soll. Bei dieser Gelegenheit stellt jeder seine Eigenarten dar und nennt die Gründe, die ihn veranlassen, zum Motto »Mensch, Natur, Technik« eben diese Antworten zu geben und nicht jene. Damit ist auf die Bühne der Weltausstellung ein Podium gerückt, das alle Mitspieler zu Wort kommen läßt, ohne Rücksicht darauf, wie vielen anderen dieses Wort gefällt. Auch die politisch und wirtschaftlich schwächsten Staaten erhalten damit die Gelegenheit, mit ihrer dünnen Stimme ein globales Publikum zu erreichen. Es herrscht Redefreiheit und Narrenfreiheit, wie in der Commedia dell'arte, die auch hier nicht vergessen werden soll. Den internationalen Zuhörern und Zuschauern werden auch verborgene oder unbekannte Dinge vorgetragen und vorgespielt werden, die ihren geistigen Horizont zu erweitern vermögen.

Eine neue Rolle für die Naturwissenschaften

Das fünfte Ereignis, an das man sich nach der Weltausstellung erinnern wird, besteht in der verblüffenden Entwicklung, die das Thema »Mensch, Natur, Technik« zwischen 1990 und 2000 genommen hat. Als entschieden wurde, in Hannover eine Weltausstellung abzuhalten, meinten viele, die Ökologie werde im Mittelpunkt der Expo 2000 stehen. Was der Mensch mit Hilfe der Technik der Natur angetan hatte, mußte wieder geheilt werden. Von der Weltausstellung wurde erwartet, daß sie einige notwendige Therapien aufzeigen werde. Vor allem ging man davon aus, die »Technik« werde sich zurücknehmen und auf wenige Einsätze beschränken, die unbestritten als konstruktiv gelten. Als die Weltausstellung dann eröffnet wurde, beherrschte ein anderes Thema die Köpfe der Menschen: das schockierende Wachstum ihrer Artgenossen. Die wuchernde Fruchtbarkeit der Menschen ließ immer weitere Milliarden den Erdball bevölkern, und für die Zeitgenossen des Jahres 2000 ist dies die vorherrschende Perspektive. Ganze Völker wandern über die Kontinente auf der Suche nach einem dauerhaften Platz, auf dem sie sich niederlassen können. Die Geschichte des jüdischen Volkes scheint ein Paradigma zu sein für die Geschichte immer weiterer Völker. Allein die Geburt von zahllosen Menschen Tag für Tag macht alle Hoffnungen zunichte, die überkommene Natur zu erhalten oder sogar in einen Zustand beispielsweise des 19. Jahrhunderts zurückzuversetzen. Damit spielt der Umweltschutz eine immer geringere Rolle, die »Technik« eine immer größere Rolle. Da selbst ein im alten Sinn intakter Erdball nicht zufriedenstellend ausgestattet ist, um acht oder zehn Milliarden Menschen zu ernähren, zu kleiden, mit einem Dach über dem Kopf zu versehen, richteten sich alle Hoffnungen auf die Erfindungskraft des Menschen und seine Fertigkeit, die Erde nach den neuen Bedürfnissen umzubauen. Auf der Weltausstellung werden hunderte von Vorschlägen entwickelt und vorgeführt, die zeigen sollen, wie eine Kugel, die vielleicht für fünf Milliarden Menschen konstruiert sein mochte, in eine Kugel für zehn Milliarden Menschen verwandelt werden kann: eben mit Hilfe der Naturwissenschaften.

Der Beitrag der Bundesrepublik Deutschland geht auf diese neue Sicht der Dinge ein und eröffnet auf der Weltausstellung ein Museum, das sich retrospektiv und prospektiv mit der Umgestaltung des Erdballs befaßt. Wie sah unser Planet vor fünfhundert, vor dreihundert, vor zweihundert, vor hundert Jahren und wie sieht er heute aus? Wie wird er in hundert Jahren aussehen müssen, damit die Existenz der jeweils geborenen Menschen gesichert werden kann? Dies ist nur ein Beispiel für die Erfahrung, daß eine Weltausstellung in der langen Zeit ihrer Vorbereitung ihren Stoff teilweise stark verändert.

Visionen für Hannover

Die sechste Antwort auf die Frage, was von der Expo 2000 bleiben wird, lautet: die gastgebende Stadt hat punktuell ihr Gesicht verändert. Vom Weltausstellungsgelände im Südosten der Stadt bis zu den Herrenhäuser Gärten im Nordwesten hinterläßt die Weltausstellung eine Fülle von städtebaulichen Veränderungen. Nachdem auf dem »Site« alles fortgeräumt worden ist, was nach dem 31. Oktober 2000 nicht mehr benötigt wird, sind private und öffentliche Bauherren dabei, aus den vorhandenen Strukturen der Erschließung einen Stadtteil wachsen zu lassen. Er schließt an die Expo-Stadt an, aus der die letzten Beschäftigten ausgezogen sind, um hannoverschen Bürgerinnen und Bürgern unterschiedlicher Nationalität Platz zu machen. Sie sind stolz darauf, in ein Quartier einzuziehen, dessen soziale, gestalterische und technische Qualitäten zur Zeit weltweit ein Vorbild sind. Die Stadt hat dafür gesorgt, daß auch solche Mieter in die Häuser einziehen können, die an sich zu wenig Einkommen beziehen, um die Miete bezahlen zu können. Staaten, die einen Beitrag zu der Expo-Stadt geleistet haben, werden ihn als Paten auch weiterhin betreuen. Steigen die Bewohner der Expo-Stadt in die Schnellbahn, die sie zur City befördert, fahren sie durch mehrere Stadtviertel, in denen die Weltausstellung interessante Aktivitäten ausgelöst hat. Teilweise ist die vor Jahrzehnten verdrängte Welt der Pflanzen, Tiere und Gewässer zurückgekehrt, in einer phantasiereichen Fülle von städtebaulichen Eingriffen. Viele Straßen sind für den gehenden Menschen zurückgewonnen worden, ohne die wirtschaftliche und verkehrstechnische Funktionalität der Stadt leiden zu lassen. Sie können Fahrzeuge beobachten, die weniger laut, schmutzig und raumfressend als das alte Auto sind. Neue Wohnviertel kleineren Zuschnitts sind an allen möglichen Ecken und Enden der Stadt entstanden, gekennzeichnet durch Begriffe wie »Arabisches Viertel«, »Afrikanisches Viertel«, »Südamerikanisches Viertel« oder »Russisches Viertel«. Die Stadt hat diesen wie ihren fünfundzwanzig deutschen Vierteln eine gewisse Autonomie in den kleinen kommunalen Angelegenheiten zugestanden.

Gelangen die Bewohner der Expo-Stadt zu den Herrenhäuser Gärten, werden sie feststellen, daß sie im Sinne ihrer Begründer weiterentwickelt worden sind. Zentraler Punkt ist das Expo-Palais geworden, das als erstes architektonisches Meisterwerk des neuen Jahrtausends gilt. Unten enthält es ein Café, in der Belle Etage die Möglichkeit, die Barockgärten aus der richtigen Höhe zu betrachten, und darüber einen Saal für Konzerte verschiedener musikalischer Richtungen. Das Expo-Palais huldigt der Vergangenheit und der Zukunft, und es ist ein Produkt der Expo 2000 wie vieles andere auch, was Hannover bereichert hat.

Und die siebte Version? Haben wir nicht noch etwas vergessen? Richtig, das »Logo« der Expo 2000, ihr Zeichen, an dem sie weltweit erkannt und verstanden wird. Da sich alle einhundertundsiebzig Staaten des Erdballs an der Weltausstellung beteiligen, sind an ihrem Eingang ebensoviele Fahnen aufgezogen worden. Die Weltausstellung stellt aber zugleich den historischen Augenblick dar, an dem »alle Welt« sich für fünf Monate auf einer Stelle des Erdballs versammelt, um das Schicksal der Menschheit in Bildern und Worten darzustellen und zu diskutieren. Die Erde ist ein Himmelskörper unter unzähligen Sternen und Planeten, und niemand weiß, ob sie nicht auch ein belebter Himmelskörper unter manchen anderen belebten Sternen und Planeten ist. Um sich für diesen Fall als Vorgriff für die Zukunft gegenüber anderen Galaxien auszuweisen, wird die Expo 2000 ihr eine einhunderteinundsiebzigste Fahne schenken.[2] Diese Fahne der Erde ist zugleich das »Logo« der Expo 2000 und damit ein weiteres Symbol, an das wir uns nach dem Jahrtausendfest erinnern werden.

Anmerkungen

[1] Eduardo Mendoza, S. 148
[2] Vorschlag von Wladislaw Serwatowski, Warschau, in einem Brief vom 17. Juli 1991 an den Verfasser

DIE SICHTBAREN FOLGEN DER EXPO 2000

oder

Erste Skizzen zur städtebaulichen Veränderung Hannovers

15

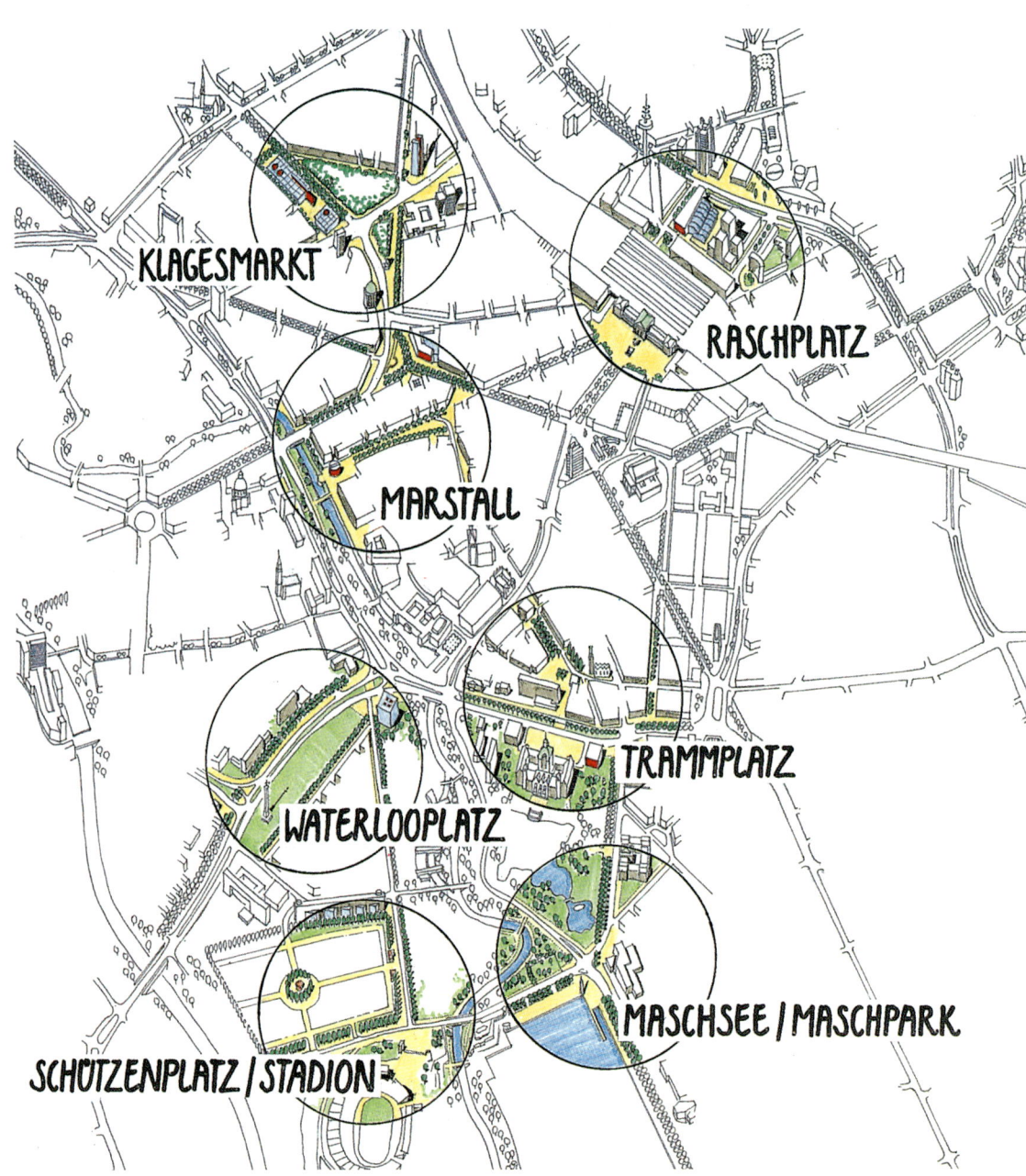

KLAGESMARKT

RASCHPLATZ

MARSTALL

TRAMMPLATZ

WATERLOOPLATZ

MASCHSEE / MASCHPARK

SCHÜTZENPLATZ / STADION

PROJEKTE IN DER INNENSTADT. Das Konzept der Expo 2000 sieht vor, auch außerhalb des Weltausstellungsgeländes in der hannoverschen Innenstadt Exponate und Ereignisse zu planen. Sie gehören zu den Themenbereichen »Stadt als Exponat« und »Stadt als Festraum«. Die wichtigsten Standorte, die hierfür in Frage kommen, sind dargestellt.

UMBAU ZUR
FUSSGÄNGERSTRASSE

MARKT

SPIELPLATZ

TEMPORÄRE BAUWERKE

UMBAU DES KREISELS

AUFHEBUNG
DER STRASSE
'GOSERIEDE'

0   50   100

KLAGESMARKT. Zur besseren Verbindung der Innenstadt mit dem Klagesmarkt und den nördlichen Stadtteilen sollen einige Veränderungen vorgenommen werden. Der Klagesmarkt soll zu einem multifunktionalen Veranstaltungsbereich mit temporären Bauwerken für Veranstaltungen oder Ausstellungen während der Weltausstellung umgestaltet werden. Der Nikolaifriedhof soll restauriert, der Otto-Brenner-Kreisel umgebaut und ein neuer Spielplatz am Postkamp eingerichtet werden. Alles in allem wird den Fußgängern und den Radfahrern Vorrang eingeräumt werden vor den Autofahrern.

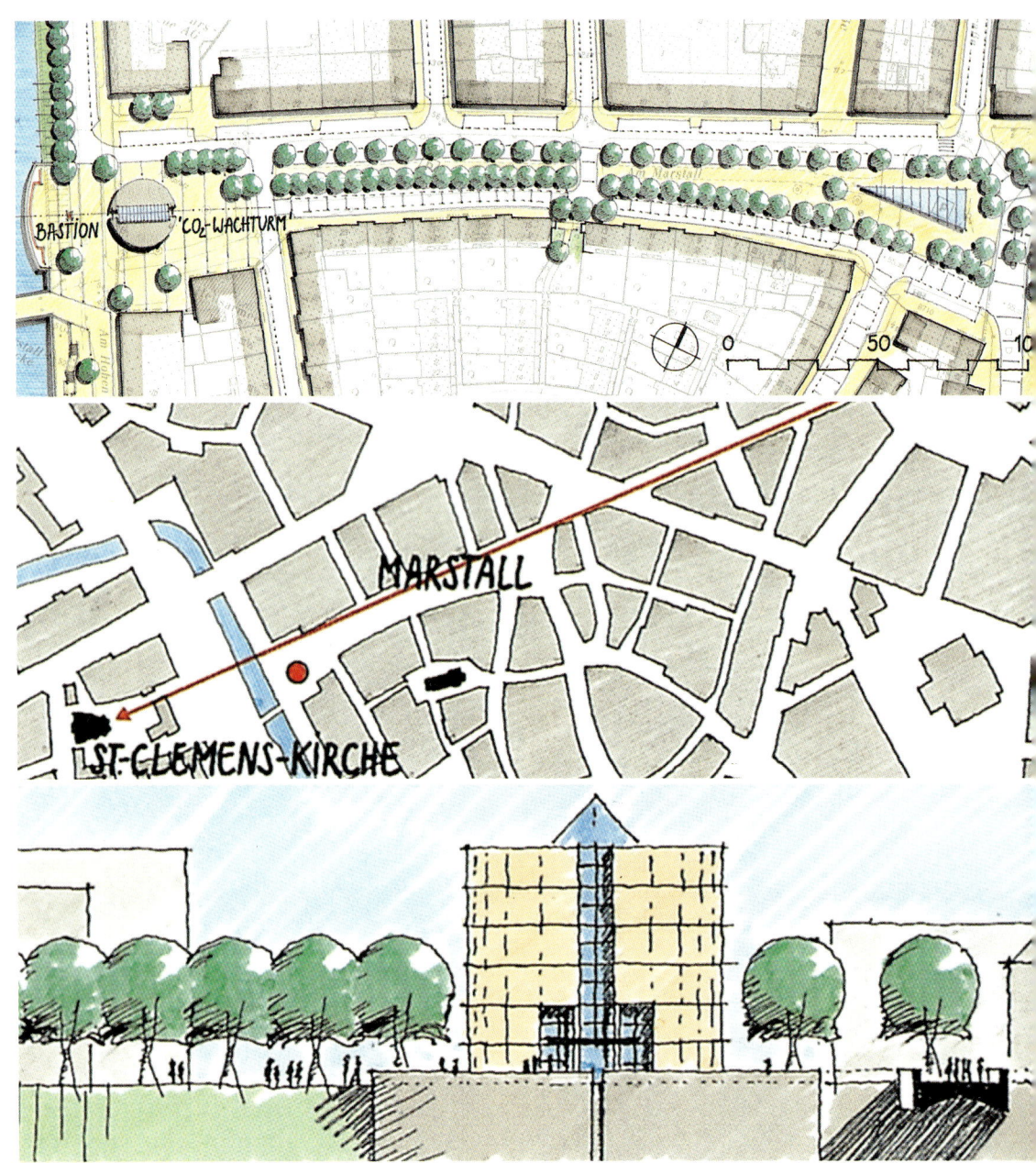

MARSTALL. Zwischen dem Marstall und der Leine wird eine neue
Wegeachse vorgeschlagen. Sie endet im Westen in einem Platz, auf dem ein CO_2-Wachturm steht.
Er ist als Ausstellungs- und Bürogebäude gedacht, um das
Expo-Thema »CO_2-Reduzierung in der Stadt« zu visualisieren.

204

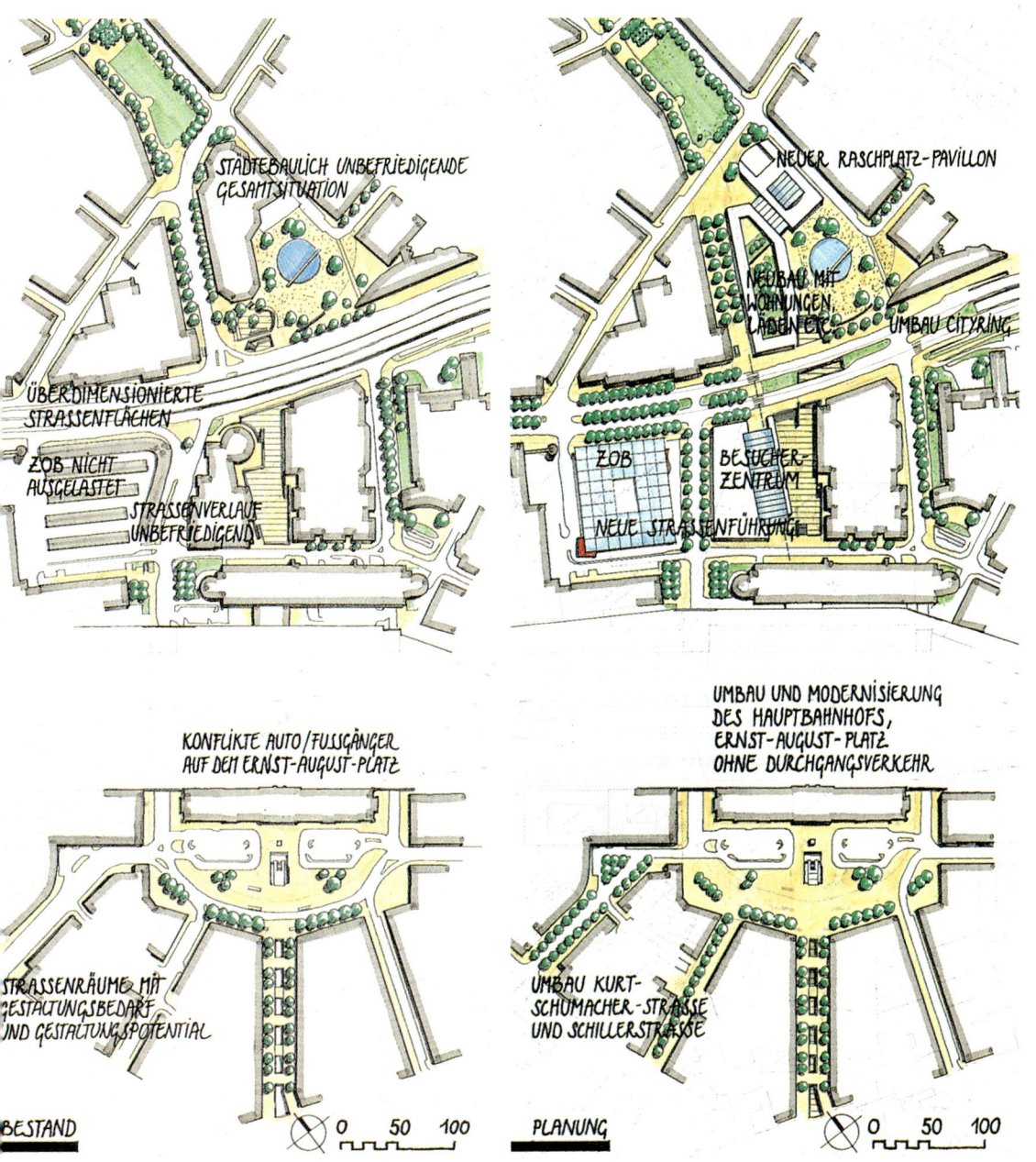

Labels within the images (top-left map):
STÄDTEBAULICH UNBEFRIEDIGENDE GESAMTSITUATION
ÜBERDIMENSIONIERTE STRASSENFLÄCHEN
ZOB NICHT AUSGELASTET
STRASSENVERLAUF UNBEFRIEDIGEND

Top-right map:
NEUER RASCHPLATZ-PAVILLON
NEUBAU MIT WOHNUNGEN LÄDEN ETC.
UMBAU CITYRING
ZOB
BESUCHER ZENTRUM
NEUE STRASSENFÜHRUNG

Bottom-left map:
KONFLIKTE AUTO/FUSSGÄNGER AUF DEM ERNST-AUGUST-PLATZ
STRASSENRÄUME MIT GESTALTUNGSBEDARF UND GESTALTUNGSPOTENTIAL
BESTAND
0 50 100

Bottom-right map:
UMBAU UND MODERNISIERUNG DES HAUPTBAHNHOFS, ERNST-AUGUST-PLATZ OHNE DURCHGANGSVERKEHR
UMBAU KURT-SCHUMACHER-STRASSE UND SCHILLERSTRASSE
PLANUNG
0 50 100

RASCHPLATZ/BESUCHERZENTRUM. Die Weltausstellung gibt Gelegenheit, gestalterische und funktionale Mängel des Bereiches Hauptbahnhof/Raschplatz auszugleichen. Der Raschplatz wird während der Weltausstellung der am meisten in Anspruch genommene Platz in der hannoverschen Innenstadt sein. Dies spricht dafür, auf ihm eine Reihe von Serviceleistungen für die Besucher der Expo unterzubringen. Die beiden Entwürfe zeigen den heutigen Zustand und den vorgeschlagenen Ausbau.

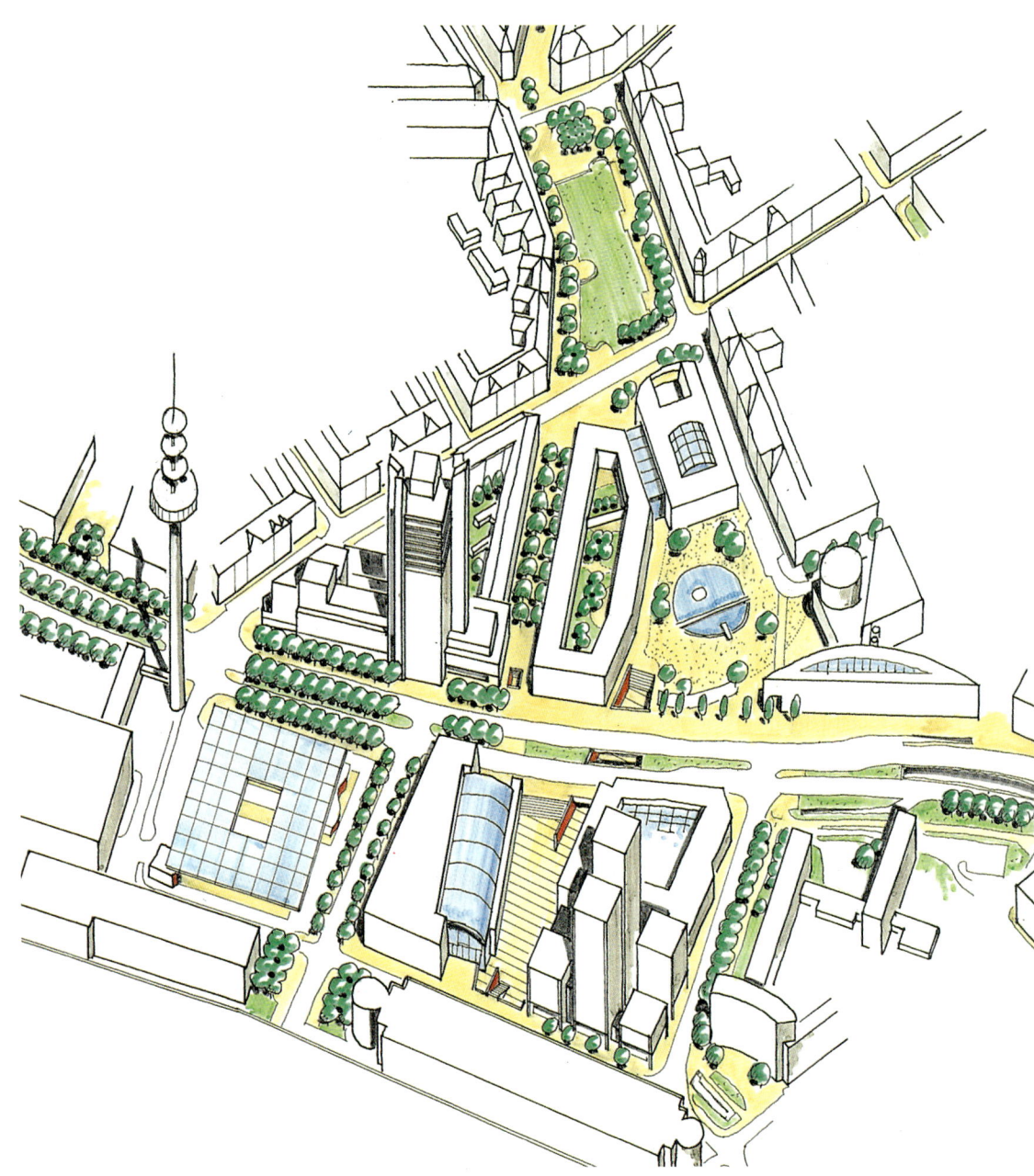

Auf dem Raschplatz soll ein Besucherzentrum entstehen, in dem
Dienstleistungen (Hotelnachweis, Verkauf von Eintrittskarten und Fahrkarten, Buchungen
von Flügen, touristische Angebote) angeboten werden. Zugleich wird
vorgeschlagen, die räumlichen Beziehungen zwischen Hauptbahnhof und Lister Meile zu verbessern,
Wohnungen und andere private wie öffentliche Einrichtungen
zu schaffen. Schließlich sollen die Verkehrsmöglichkeiten für Fußgänger,
Radfahrer und Autofahrer erweitert werden.

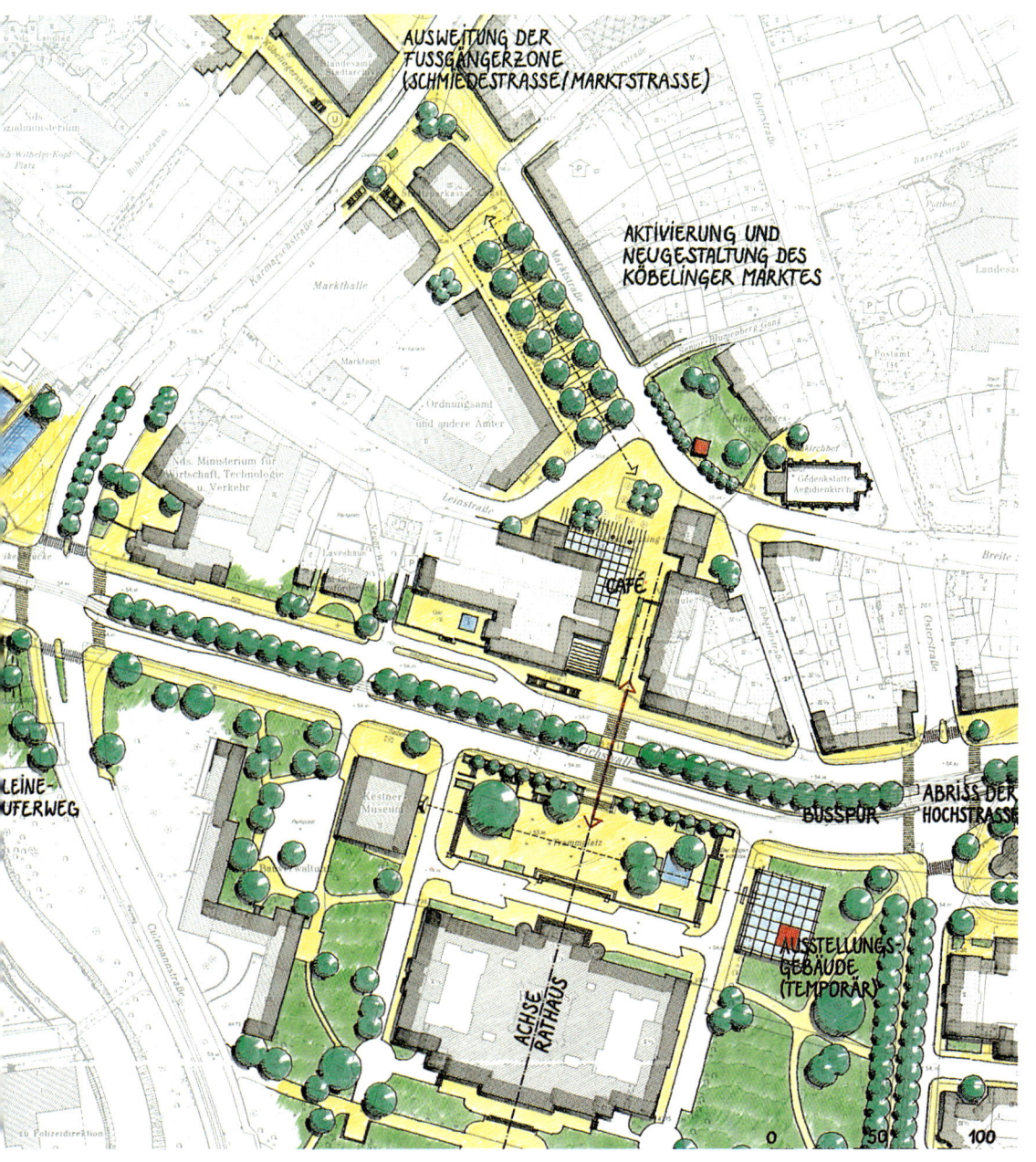

TRAMMPLATZ/KÖBELINGER MARKT. Dieser Plan enthält Vorschläge für eine bessere Anbindung des Rathauses an die Innenstadt. Dazu gehören der Abriß der Aegi-Hochstraße, ein temporäres Weltausstellungsgebäude der Stadt Hannover am Trammplatz, ein Café auf dem Theodor-Lessing-Platz sowie gestalterische Maßnahmen am Köbelinger Markt.

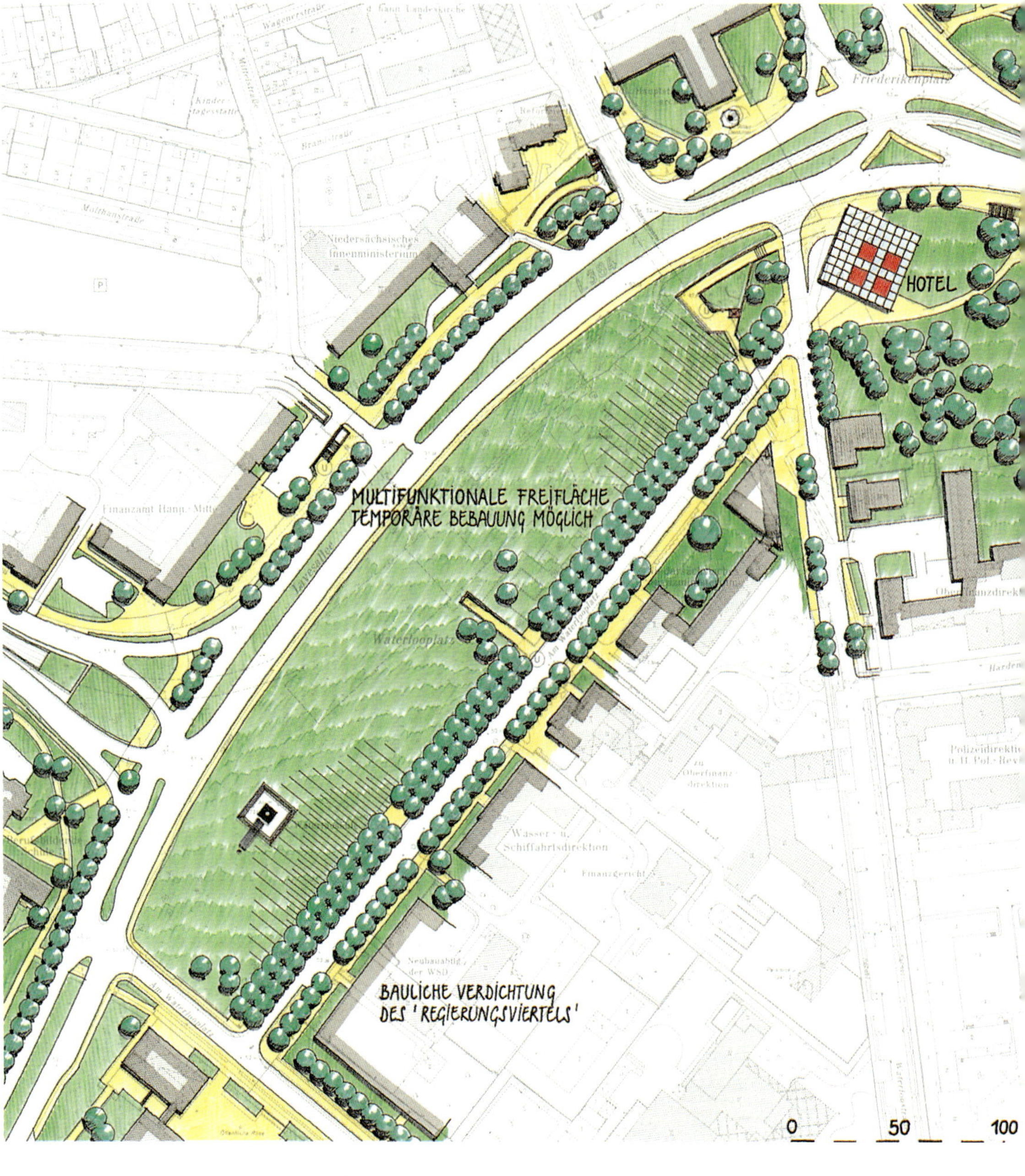
MULTIFUNKTIONALE FREIFLÄCHE
TEMPORÄRE BEBAUUNG MÖGLICH
HOTEL
BAULICHE VERDICHTUNG
DES 'REGIERUNGSVIERTELS'
0
50
100

WATERLOOPLATZ. Der Vorschlag enthält für den Waterlooplatz und den Friederikenplatz eine funktionale und gestalterische Aufwertung, so etwa durch die Vervollständigung der in Fragmenten vorhandenen Allee. Außerdem soll der Friederikenplatz mit einem Hotel bebaut, die Waterloostraße anders in die Lavesallee geführt und das Regierungsviertel baulich verdichtet werden.

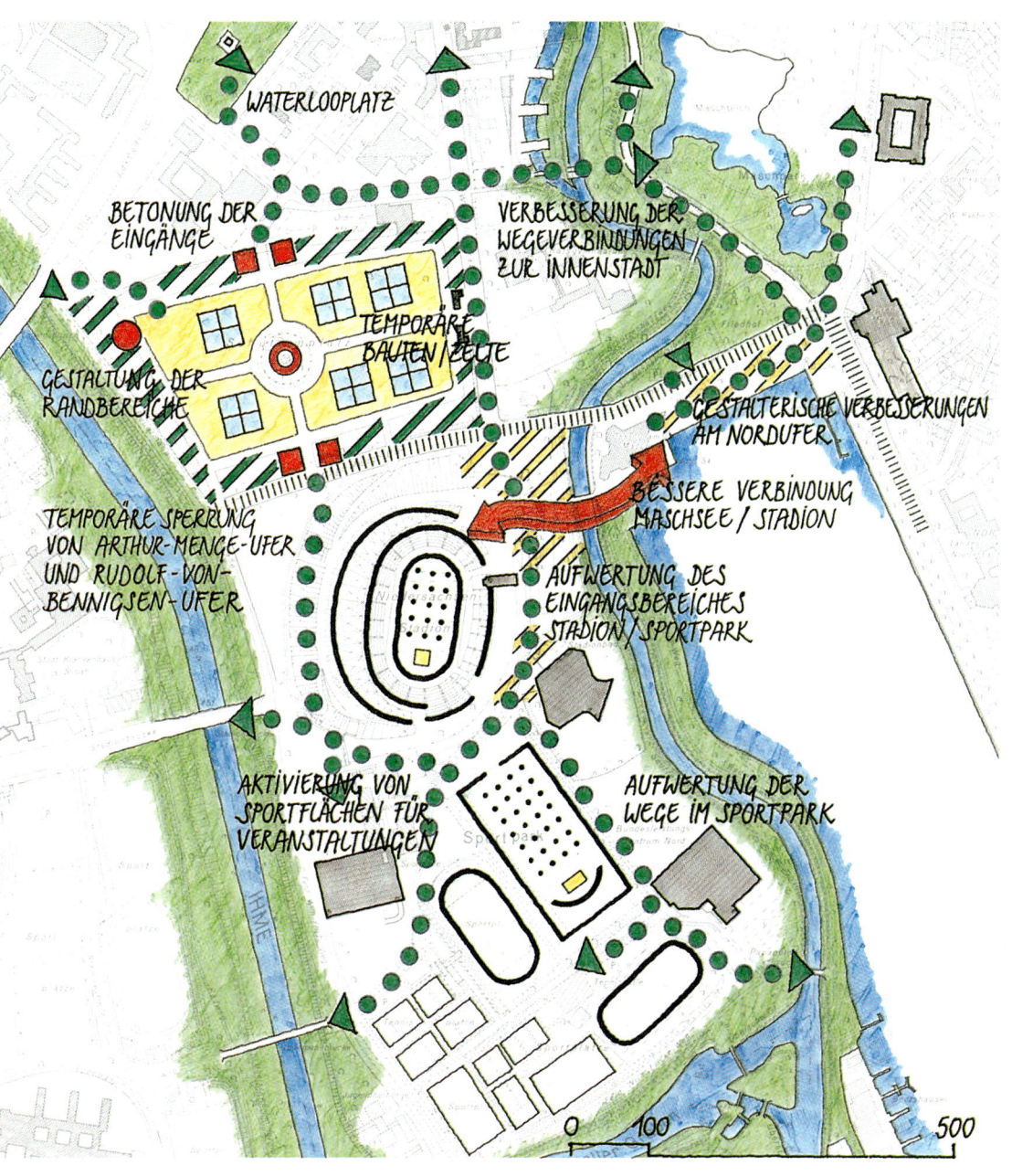

WATERLOOPLATZ

BETONUNG DER
EINGÄNGE

VERBESSERUNG DER
WEGEVERBINDUNGEN
ZUR INNENSTADT

TEMPORÄRE
BAUTEN/ZELTE

GESTALTUNG DER
RANDBEREICHE

GESTALTERISCHE VERBESSERUNGEN
AM NORDUFER

BESSERE VERBINDUNG
MASCHSEE/STADION

TEMPORÄRE SPERRUNG
VON ARTHUR-MENGE-UFER
UND RUDOLF-VON-
BENNIGSEN-UFER

AUFWERTUNG DES
EINGANGSBEREICHES
STADION/SPORTPARK

AKTIVIERUNG VON
SPORTFLÄCHEN FÜR
VERANSTALTUNGEN

AUFWERTUNG DER
WEGE IM SPORTPARK

0   100   500

SCHÜTZENPLATZ/STADION/SPORTPARK. Dieser Bereich soll besser auf
Großveranstaltungen während der Weltausstellung vorbereitet werden. Dafür sollen die
Zugänglichkeit zum Stadion und zum Sportpark erleichtert und die
gestalterischen Qualitäten verbessert werden. So wird es möglich, verschiedene Kultur-, Musik-
und Sportveranstaltungen sowie Zirkusvorführungen dort abzuhalten.

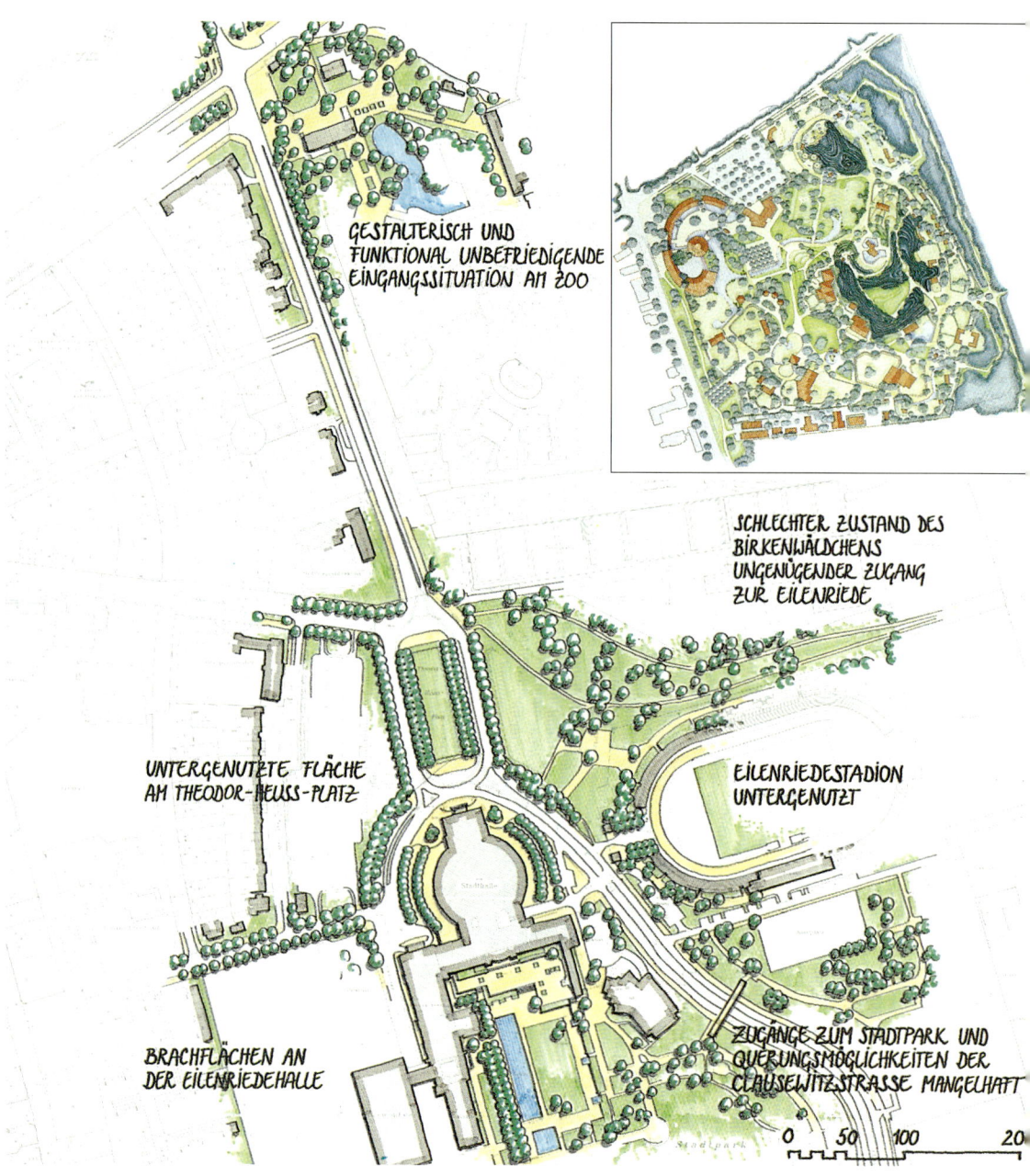

GESTALTERISCH UND
FUNKTIONAL UNBEFRIEDIGENDE
EINGANGSSITUATION AM ZOO

SCHLECHTER ZUSTAND DES
BIRKENWÄLDCHENS
UNGENÜGENDER ZUGANG
ZUR EILENRIEDE

UNTERGENUTZTE FLÄCHE
AM THEODOR-HEUSS-PLATZ

EILENRIEDESTADION
UNTERGENUTZT

BRACHFLÄCHEN AN
DER EILENRIEDEHALLE

ZUGÄNGE ZUM STADTPARK UND
QUERUNGSMÖGLICHKEITEN DER
CLAUSEWITZSTRASSE MANGELHAFT

0   50   100   20

Um den Zoobereich attraktiver zu gestalten, wird vorgeschlagen, den Haupteingang
neu zu gestalten, ein Planetarium und ein »Haus des Wassers« vorzusehen, zur besseren Orientierung
einen Hauptweg anzulegen und Gehegegruppen themenartig zusammenzufassen.

210

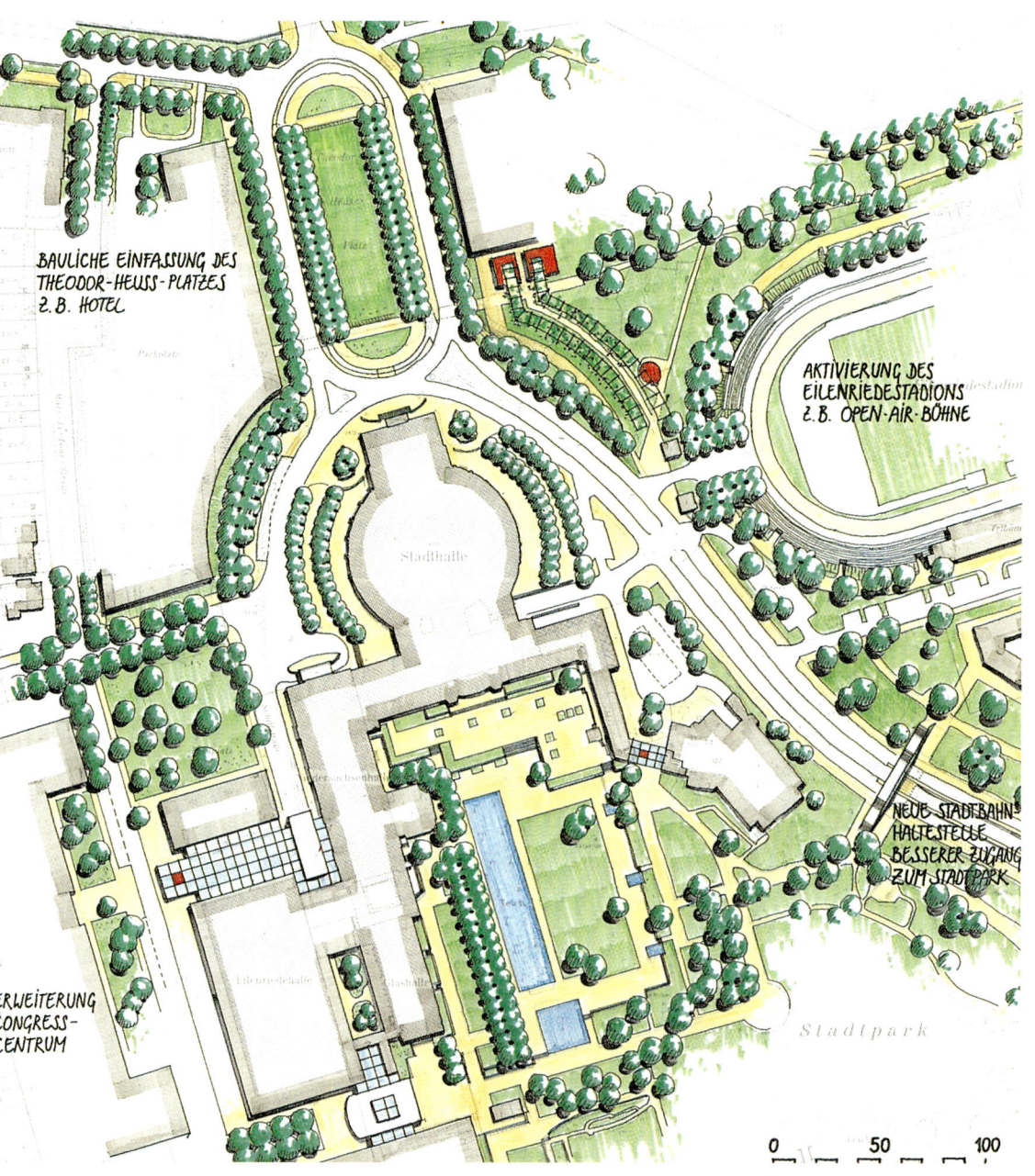

BAULICHE EINFASSUNG DES
THEODOR-HEUSS-PLATZES
Z.B. HOTEL

AKTIVIERUNG DES
EILENRIEDESTADIONS
Z.B. OPEN-AIR-BÖHNE

NEUE STADTBAHN
HALTESTELLE
BESSERER ZUGANG
ZUM STADTPARK

ERWEITERUNG
CONGRESS-
CENTRUM

Stadthalle

Stadtpark

0   50   100

STADTHALLE/STADTPARK/ZOO. Im Bereich der Stadthalle und des Zoos werden
eine Reihe von Maßnahmen vorgeschlagen, die Erscheinungsbild und Funktionalität erheblich
zu verbessern vermögen. Auf diese Weise können für die Weltausstellung
Räume für Kultur-, Sport- und unterhaltende Veranstaltungen gewonnen werden. Insbesondere
rechnen dazu eine Neuordnung des Zoologischen Gartens, eine Aktivierung
des Eilenriedestadions und ein Ausbau des Congress-Centrums und der Stadthalle.

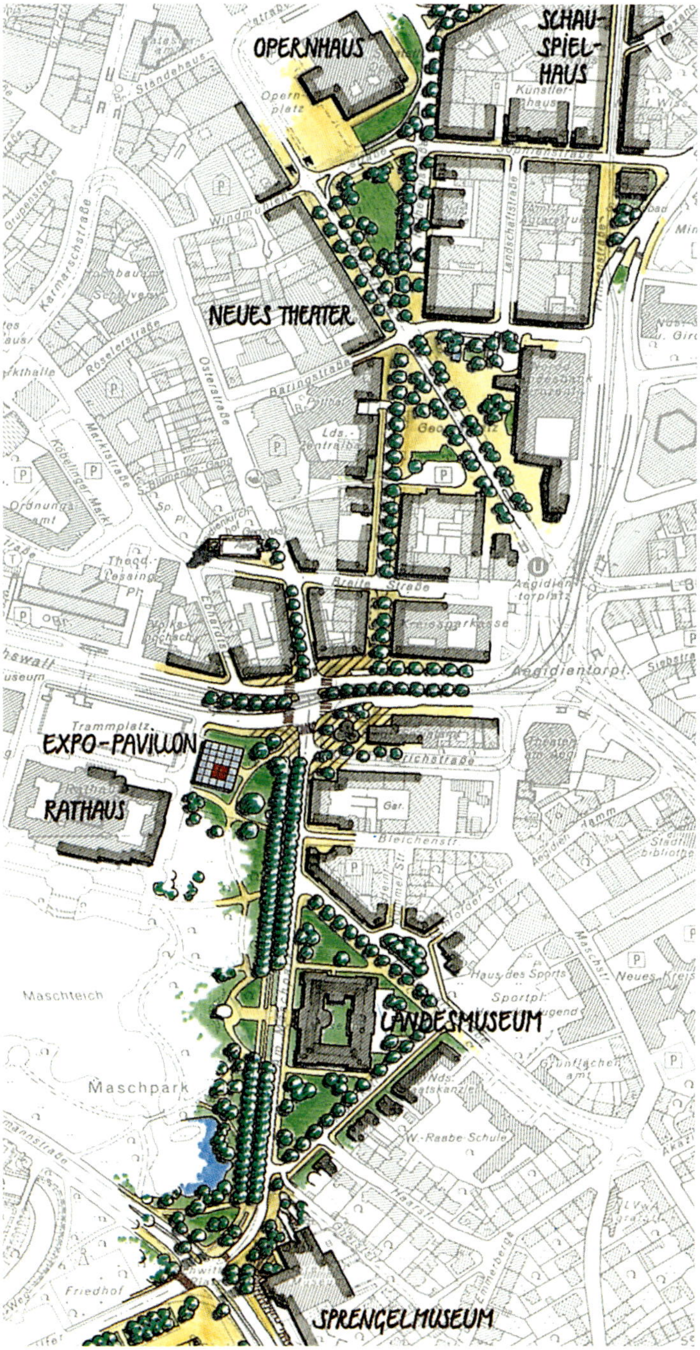

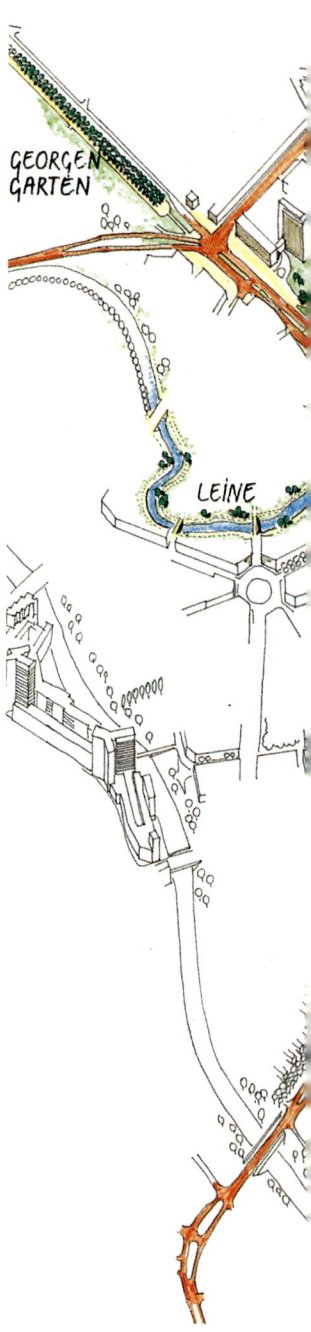

WEGEBEZIEHUNGEN/FUßGÄNGERZONE. Zwischen dem Maschsee und
dem Sprengelmuseum und Landesmuseum und der Oper sowie dem Schauspielhaus.

212

KLAGESMARKT

RASCHPLATZ

EILENRIEDE

HBT

MARSTALL

MARKTKIRCHE

CITYRING

WATERLOOPLATZ

RATHAUS

SCHÜTZEN PLATZ

SPRENGELMUSEUM

MASCHSEE

Wegebeziehungen zwischen den Orten der Weltausstellung in der Innenstadt können verbessert werden. Vorschlag: Umgestaltung von Klagesmarkt, Steintor, Raschplatz, Schiffgraben.

MASCHSEE/MASCHPARK. Am Maschsee sind eine bessere Gestaltung
des Nordufers und eine Reduzierung von Verkehrsflächen zugunsten der Fußgänger und Radfahrer
vorgesehen. Auch die Verbindung des Maschsees zur Innenstadt soll verbessert
werden. Der Maschpark soll im Rahmen des Expo-Programms »Stadt als Garten« zu einem
Beispiel für Gartendenkmalpflege entwickelt werden. Neugestaltung des
Kurt-Schwitters-Platzes am Sprengel-Museum

214

LEINEUFERWEG. Neue Grünverbindung zwischen Maschsee und Georgengarten, um die Leineauen nördlich und südlich der Stadt Hannover miteinander zu verbinden. Dadurch werden die Freizeitmöglichkeiten vergrößert und wichtige Standorte für Aktivitäten der Weltausstellung untereinander und mit der Innenstadt verbunden. Außerdem werden auf diese Weise Lücken im hannoverschen Fuß- und Radwegenetz ausgefüllt.
Detail aus einer neuen Grünverbindung zwischen Georgengarten und Maschsee.

215

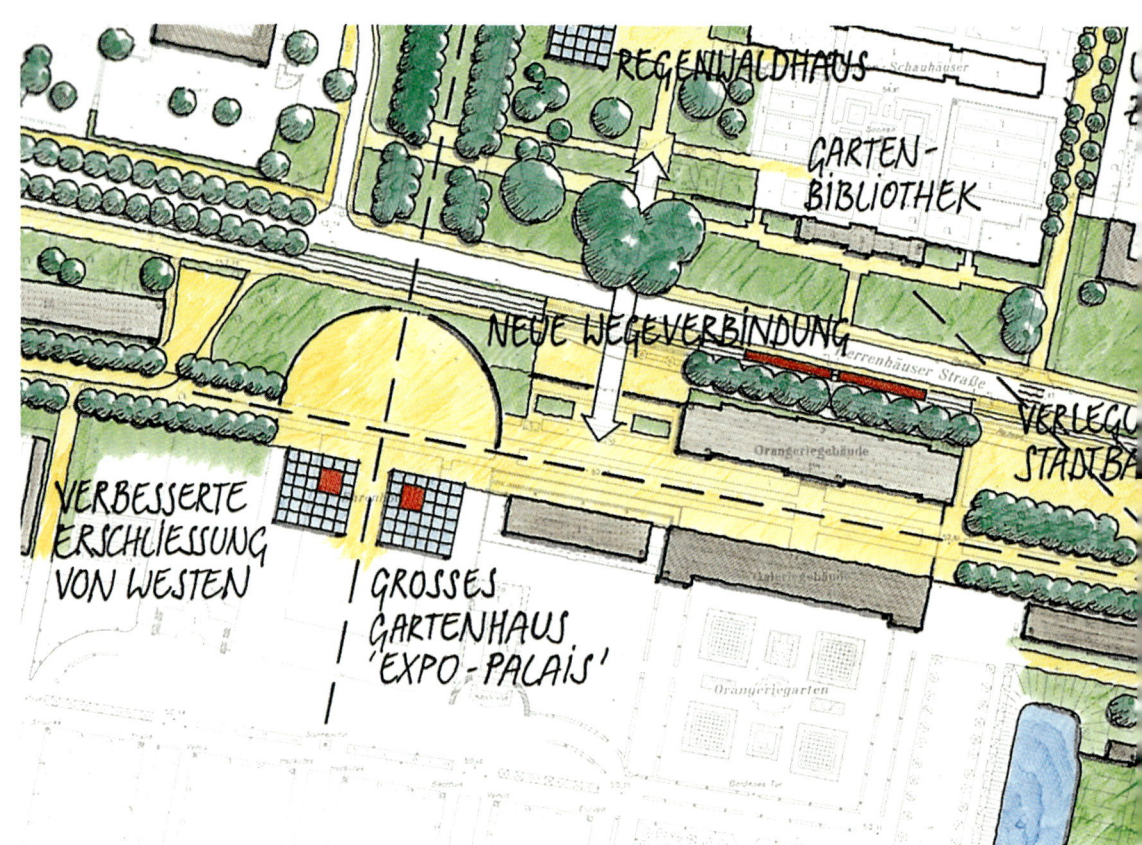

REGENWALDHAUS

GARTEN-
BIBLIOTHEK

NEUE WEGEVERBINDUNG

VERLEG...
STADTBA...

VERBESSERTE
ERSCHLIESSUNG
VON WESTEN

GROSSES
GARTENHAUS
'EXPO-PALAIS'

Schauhäuser

...errenhäuser Straße

Orangeriegebäude

...alerie gebäude

Orangeriegarten

216

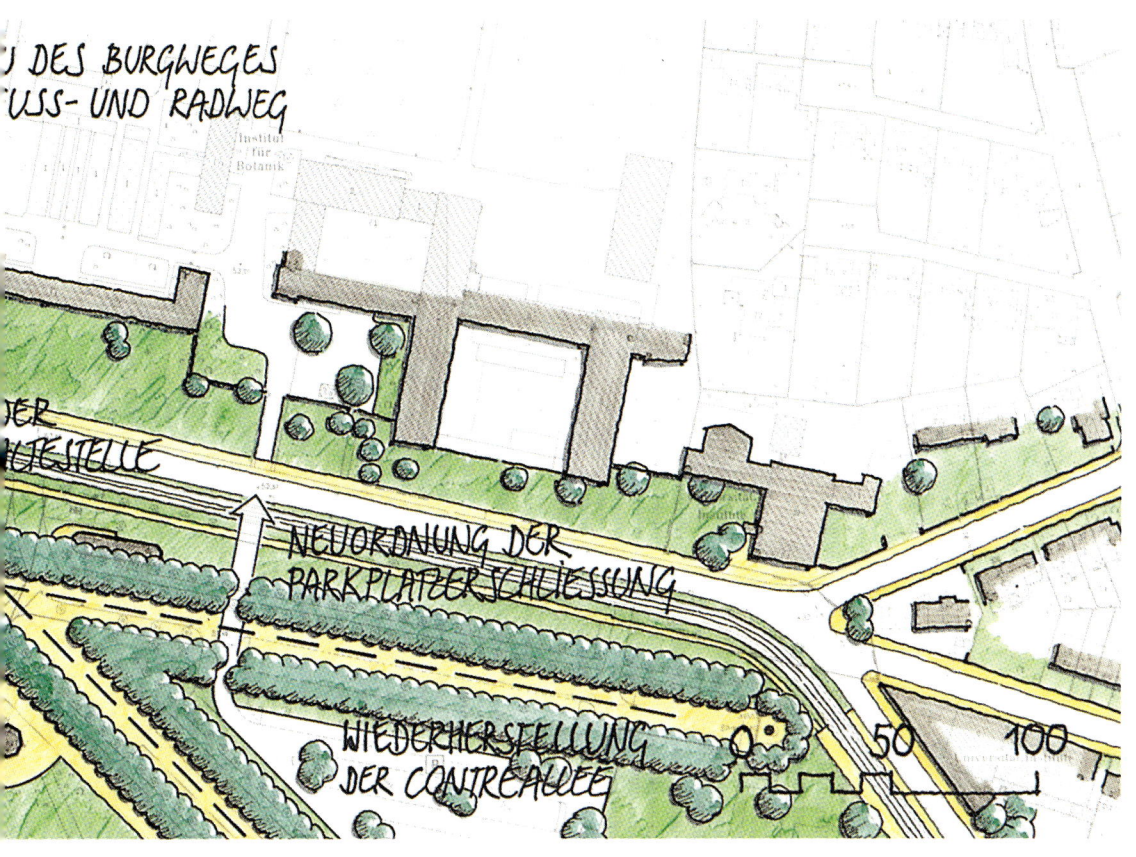

Text within the image:
J DES BURGWEGES
USS- UND RADWEG
Institut für Botanik
DER VORSTELLE
NEUORDNUNG DER PARKPLATZERSCHLIESSUNG
WIEDERHERSTELLUNG DER CONTREALLEE
0   50   100

HERRENHÄUSER GÄRTEN. Die Herrenhäuser Gärten werden ein herausragendes Element der Weltausstellung im Rahmen des Themas »Stadt als Garten« sein. Sie werden der Rahmen für zahlreiche Feste, Konzerte und Theateraufführungen sein. Der Vorschlag enthält darüber hinaus ein »Expo-Palais« als Konzerthaus und Café, ein Museum und eine Bibliothek der Gartenkunst, die Wiederherstellung der Contreallee und neue Wegebeziehungen.

SACHVERZEICHNIS

BILDNACHWEIS